W0357331

Zu diesem Buch

Wer hat nicht schon einmal, innerlich murrend, auf die Kinder der Freundin aufgepaßt, eine Reparaturrechnung bezahlt, die doppelt so hoch war wie vereinbart, sich im Beruf geärgert, daß ein Mann vorgezogen wurde? Selbstbehauptung, sich zu den eigenen Bedürfnissen zu bekennen und sie selbstsicher zu vertreten, ohne aggressiv zu sein, warum fällt das gerade Frauen oft so besonders schwer?

Viele haben es nicht gelernt. Noch immer werden Mädchen zu Frauen erzogen, deren Tugenden darin bestehen, bescheiden und anpassungsfähig zu sein und eigene Wünsche zurückzustellen. Viele Frauen fühlen sich nicht wohl in dieser Rolle, aber nur wenige haben Selbstvertrauen genug, ihre Situation zu ändern.

Dies ist der Ausgangspunkt der Autorinnen. An Hand vieler Erfahrungsberichte und Verhaltensanalysen aus ihrer eigenen gruppentherapeutischen Praxis zeigen sie einen Weg zur Selbstsicherheit auf. Durch bewährte Übungen, Fragestellungen und nachvollziehbare Beispiele lernt die Leserin, ihr Verhalten zu reflektieren und zu ändern und damit die Verantwortung für ihr eigenes Leben selbst zu übernehmen.

Lynn Z. Bloom/Karen Coburn/Joan Pearlman

Die selbstsichere Frau

Anleitung zur Selbstbehauptung

Aus dem Amerikanischen
von Brigitte Stein

rororo

Rowohlt

Die amerikanische Originalausgabe erschien unter dem Titel
«The New Assertive Woman» bei Delacorte Press, New York
Umschlagentwurf Jan Buchholz/Reni Hinsch

31.–36. Tausend September 1982

Veröffentlicht im Rowohlt Taschenbuch Verlag GmbH,
Reinbek bei Hamburg, Oktober 1979
«The New Assertive Woman»
© 1975 by Lynn Z. Bloom, Karen Levin Coburn
und Joan Crystal Pearlman
© 1977 für die deutsche Ausgabe
by Franz Ehrenwirth Verlag GmbH & Co KG, München
Satz Times (Linotron 404)
Gesamtherstellung Clausen & Bosse, Leck
Printed in Germany
580-ISBN 3 499 17281 X

Inhalt

1. Warum Selbstsicherheitstraining so wichtig für Frauen ist

Die Betten sind gemacht und das Frühstücksgeschirr ist gespült. Sie haben den Müll hinausgetragen, die Pflanzen gegossen und den Hund gefüttert. Es herrscht Ruhe im Haus. Jetzt haben Sie endlich etwas Zeit für sich – Sie können tun, was *Sie* wollen. Zwei Stunden ganz zu Ihrer Verfügung.

Das Telefon läutet. Eine gute Freundin fragt an, ob Sie ihr den großen Gefallen tun würden, ihre zweijährige Tochter vormittags zu beaufsichtigen, da sie zu einer Verabredung gehen wolle. Ihnen ist, als ob Ihr Magen absacke. Sie kennen das. Sie wollten diese Zeit wirklich einmal für sich haben.

Was werden Sie tun? Und, noch wichtiger, welche Haltung, welche Vorstellungen beeinflussen Ihre Entscheidung, von welchen Gefühlen in bezug auf sich selbst und andere werden Sie beherrscht?

Um solche Fragen geht es in diesem Buch. Es soll uns helfen, größere Klarheit über unsere Gefühle zu gewinnen, und uns mit Techniken vertraut machen, die uns befähigen, direkt, aufrichtig und in angemessener Weise mit unseren Mitmenschen zu verkehren. Dies ist möglich, ohne die Rechte anderer zu beeinträchtigen, und wenn es gelingt, werden wir uns in unserer eigenen Haut wohler fühlen. Dies sind die Ziele jedes Selbstsicherheitstrainings.

Was ist Selbstsicherheit?

Unserer Auffassung nach könnte man selbstsicheres Verhalten als «goldene Mitte» zwischen den beiden Extremen *Aggressivität* und *Selbstunsicherheit* definieren. Selbstsicheres Auftreten sollte nie mit «Aggressivität» verwechselt werden. Das Ziel selbstsicheren Verhaltens ist aufrichtige und direkte Kommunikation. Ziel aggressiven Verhaltens ist dagegen, andere zu beherrschen, den eigenen Willen auf Kosten anderer durchzusetzen. Ziel selbstunsicheren Verhaltens ist es, jeglichen Konflikt zu vermeiden, was gewöhnlich bedeutet, daß man seine eigenen Wünsche denen anderer unterordnet. Wenn wir uns aggressiv verhalten, sind wir unsensibel gegenüber den Rechten anderer und drücken uns in einer Art und Weise aus, die auf diese erniedrigend, demütigend oder nötigend wirkt. Wenn wir uns selbstunsicher verhalten, machen wir uns selbst zu Opfern eines Aggressors. Entweder wir sagen dem anderen nicht, was wir wünschen oder denken, oder wir versuchen, unsere Ziele auf Umwegen zu erreichen. Wir lassen andere für uns bestimmen und in unsere Rechte eingreifen. Wenn wir selbstsicher sind, treffen wir unsere eigene Wahl, ohne andere zu schädigen oder uns durch sie schädigen zu lassen.

Die Unterschiede zwischen «aggressivem», «selbstsicherem» und «selbstunsicherem» Verhalten werden deutlich, wenn wir einmal untersuchen, wie Sie auf die oben erwähnte Bitte Ihrer Freundin reagieren könnten – vorausgesetzt, daß Sie sie nicht erfüllen wollen. Eine aggressive Reaktion wäre: «Du bittest mich immer, Dinge für dich zu tun, aber du tust nie etwas für mich! Außerdem stellt Alison immer das ganze Haus auf den Kopf. Nein, danke – ich mache es nicht!»

Als selbstunsicherer Mensch würden Sie einfach Ihre eigenen Wünsche verleugnen und sich bereit erklären, Alison zu beaufsichtigen: «Hm, ich hatte eigentlich etwas anderes vor, aber das ist nicht so wichtig. Gut, bring sie rüber.»

Wenn Sie sich selbstsicher fühlten, würden Sie antworten: «Ich weiß, es ist eine Belastung, Alison mitzunehmen, aber ich habe heute vormittag zwei Stunden für mich reserviert, deshalb kann ich sie heute nicht nehmen.»

Wovon hängt es ab, wie Ihre Antwort ausfällt? Von Ihren Lebenserfahrungen, von den gesellschaftlichen Zwängen unserer Kultur und deren traditionellem Rollenbild der Frau? Viele Frauen würden vermutlich nachgeben und Babysitter für Alison spielen, ob sie es nun wollen oder nicht.

Wenn Sie nichts dagegen haben, das Kind zu sich zu nehmen, und beschließen, die Bitte Ihrer Freundin zu erfüllen, dann ist Ihre Beziehung nicht belastet. Falls Sie jedoch zustimmen, weil Sie Angst davor haben, *nein* zu sagen, oder nicht wissen, wie Sie die Bitte ablehnen können, ohne verletzend zu wirken, und falls Sie relativ häufig in eine solche Lage kommen, dann könnte ein Selbstsicherheitstraining eine nachhaltige Wende für Sie herbeiführen.

Ein kurzer Vergleich der drei angeführten Verhaltensweisen und deren Folgen mag das verdeutlichen:

Selbstunsicheres Verhalten

Charakteristisch für selbstunsicheres Verhalten ist es unter anderem, daß die eigenen Gefühle, Bedürfnisse und Vorstellungen nicht geäußert, die eigenen Rechte ignoriert und anderen Eingriffe in diese gestattet werden. Ein solches Verhalten ist gewöhnlich emotional nicht aufrichtig, indirekt, gehemmt, selbstverleugnend. Die selbstunsichere Frau erlaubt anderen, an ihrer Stelle zu wählen, sie ist oft ängstlich und enttäuscht von sich selbst und reagiert später vielleicht aufgebracht und wütend.

Warum verhält sie sich so? Sie hofft, dadurch unangenehme und riskante Situationen zu vermeiden und Konfrontationen, Spannungen und Konflikten auszuweichen. Das Problematische an diesem Verhalten ist, daß sie meist nicht erreicht, was sie im Grunde will, ihr Groll staut sich auf und sie fühlt sich in ihrer Haut nicht wohl.

Aggressives Verhalten

Kennzeichnend für aggressives Verhalten ist, daß eigene Gefühle, Bedürfnisse und Ideen auf Kosten anderer geäußert werden; daß man für seine eigenen Rechte eintritt, aber die Rechte anderer ignoriert; daß man andere zu beherrschen oder gar zu demütigen sucht. Zwar fördert dieses Verhalten die Selbstdarstellung, aber es zeugt auch von einer Abwehrhaltung; es ist feindselig, und man schadet sich letztlich selbst damit. Die aggressive Frau versucht, Entscheidungen für sich selbst und für andere zu treffen, mit dem Ergebnis, daß sie zuletzt meistens wütend und selbstgerecht reagiert und später möglicherweise Schuldgefühle hat.

Warum tut sie das? Sie reagiert auf diese Weise ihre aufgestaute Wut ab, und manchmal erreicht sie damit auch ihr Ziel, zumindest kurzfristig. Das Problem ist jedoch, daß sie sich von den anderen Menschen entfernt und sich zuletzt oft frustriert, verbittert und einsam fühlt.

Selbstsicheres Verhalten

Selbstsicheres Verhalten zeichnet sich dadurch aus, daß die eigenen Gefühle, Bedürfnisse und Vorstellungen geäußert werden und daß man für seine legitimen Rechte eintritt, ohne die Rechte anderer zu schmälern. Dieses Verhalten ist gewöhnlich emotional ehrlich und direkt, fördert die Selbstdarstellung und das Selbstwertgefühl. Die selbstsichere Frau trifft ihre Entscheidungen selbst, sie ist gewöhnlich zuversichtlich und hat eine positive Einstellung zu sich selbst, sowohl während sie selbstsicher agiert als auch nachher.

Was hat sie davon? Sie erreicht meist ihre Ziele, aber selbst wenn das nicht geschieht, ist sie positiv zu sich selbst eingestellt, im Bewußtsein, daß sie sich richtig verhalten hat. Ihr selbstsicheres Verhalten stärkt das gute Gefühl, das sie sich selbst gegenüber hat, hebt ihr Selbstvertrauen und führt zu freieren, ehrlicheren Beziehungen mit anderen.

Was ist nun Selbstsicherheitstraining?

Selbstsicherheitstraining basiert auf der Theorie, daß unser soziales Verhalten angelernt ist und daher auch wieder verlernt und durch neues, günstigeres Verhalten ersetzt werden kann. Sobald wir neue Verhaltensweisen erprobt und damit positive Resultate erzielt haben, neigen wir dazu, diese weiter zu praktizieren.

Selbstsicherheitstraining will den Menschen helfen, ihre selbstschädigenden, selbstunsicheren oder aggressiven Verhaltensmuster durch gesündere, der Selbstbehauptung dienende zu ersetzen und gleichzeitig mehr Selbstachtung zu entwickeln. Im Laufe dieses Prozesses lernen wir, zwischen selbstunsicherem, aggressivem und selbstsicherem Verhalten zu unterscheiden, und stellen fest, in welchen Situationen es jeder einzelnen von uns am schwersten fällt, selbstsicher zu reagieren. Allmählich lernen wir, für uns selbst einzustehen – zunächst in weniger riskanten Situationen, bis wir imstande sind, unsere Gefühle und Bedürfnisse direkt und offen zu äußern und ein gutes Gefühl dabei zu haben. Auf eine kurze Formel gebracht, das Selbstsicherheitstraining soll uns Frauen helfen, selbst die Verantwortung für unser Leben zu übernehmen.

Damit soll nicht gesagt sein, daß eine Frau durch selbstsicheres Auftreten jedesmal ihr Ziel erreichen wird, So einfach ist es nie, und es sind immer Risiken vorhanden. Aber zumindest hat die selbstsichere Frau ihre eigene Wahl getroffen, statt andere für sie bestimmen zu lassen (oder darauf zu bestehen, für andere zu bestimmen). Die Tatsache, daß sie sich kein Blatt vor den Mund genommen, sondern frei heraus gesagt hat, wie ihr zumute ist, wird vermutlich bewirken, daß sie sich ausgeglichen fühlt und daß ihre Selbstachtung steigt, und dies wird sie ermutigen, in ihren Beziehungen generell ehrlicher und offener zu sein. Und darüber hinaus hat sie die Frustration und den unterdrückten Ärger vermieden, die so häufige Begleiterscheinungen selbstunsicheren Verhaltens sind.

In den S.T.-Gruppen, die wir in den vergangenen Jahren leiteten, haben wir gezielt die Haltungen zu fördern versucht, die wir in diesem Buch befürworten. Die Gruppen, die sich sechs bis acht Wochen lang wöchentlich einmal zu einer zweistündigen Sitzung trafen, bestanden aus zehn bis sechzehn Frauen verschiedenen Alters und aus unterschiedlichem Milieu. Sie lernten, einander selbstsicher zu begegnen; sie machten Rollenspiele, um bestimmte Verhaltensweisen zu üben, und sie teilten ihre Erfolge und Frustrationen miteinander.

Es war stets eine aufregende Erfahrung, ihre Fortschritte mitzuerleben und dazu beizutragen, daß sich Frauen ihrer Rechte bewußt werden und sie wirksam nutzen. Dabei können wir immer wieder beobachten, wie Frauen ihre selbstgesteckten Ziele erreichen, zuerst in kleinerem und dann in größerem Rahmen, und daß sie sich selbst im Laufe dieses Prozesses fast zwangsläufig positiver zu sehen beginnen.

Warum ist Selbstsicherheitstraining gerade für Frauen wichtig?

Wir werden oft gefragt: «Warum Selbstsicherheitstraining für Frauen? Brauchen Männer das nicht auch?» Selbstverständlich: auch viele Männer würden davon profitieren. Aber in unserer Gesellschaft wird selbstunsicheres Verhalten bei Frauen oft als Vorzug betrachtet – und belohnt. «Sie ist so lieb, sie sagt nie ein unfreundliches Wort.» Die gleiche Fügsamkeit wird bei Männern gewöhnlich als ausgesprochenes Handicap angesehen. «Er ist ein solcher Waschlappen, er schafft das nie.» Vermutlich haben daher viel mehr Frauen als Männer Selbstunsicherheit zu ihrem Lebensprinzip erhoben.

Ungeachtet des zunehmenden Problembewußtseins in der Frage der Gleichberechtigung der Geschlechter setzen viele Leute immer noch voraus, daß eine Frau passiv ist und sich unterordnet. Männer, die lernen, selbstsicher aufzutreten, werden gewöhnlich ermutigt. «Er ist viel stärker geworden. Es ist erfreulich, wie er seine Rechte jetzt zu wahren weiß.» Frauen hingegen, die traditionell für nachgiebiges Verhalten gelobt wurden, begegnen oft gemischten Reaktionen, wenn sie sich zu ändern beginnen. «Was ist denn mit der los? Plötzlich ist sie so selbständig! Ich konnte mich immer darauf verlassen, daß sie alles für mich erledigt!»

Eine der ersten Übungen in unseren S.T.-Kursen zeigt, wie allgemein verbreitet diese Stereotypen sind. In der ersten Sitzung fordern wir die Frauen auf, die Adjektive zu nennen, die ihnen im Zusammenhang mit dem Begriff «selbstunsichere Frau» einfallen. Dann fragen wir nach Eigenschaften, die mit den Begriffen «selbstunsicherer Mann», «aggressive Frau» und »aggressiver Mann» assoziiert werden. In der nachstehenden Liste sind die am häufigsten genannten Eigenschaften aufgeführt:

selbstunsichere Frau	*selbstunsicherer Mann*	*aggressive Frau*	*aggressiver Mann*
feminin	feminin	maskulin	maskulin
sanft	Waschlappen	hart	dominierend
angenehm	Pantoffelheld	unverschämt	erfolgreich
hilfsbereit	hilflos	streitsüchtig	heldenhaft
charmant	nervös	herrschsüchtig	fähig
liebenswürdig	schwach	unsympathisch	stark
zurückhaltend	Schlappschwanz	kastrierend	energisch
fürsorglich	sentimental	lieblos	männlich

Obwohl mit dem Begriff »selbstunsichere Frau» auch manchmal negative Eigenschaften assoziiert werden und mit dem Terminus «selbstunsicherer Mann» gelegentlich positive, geht doch aus der überwältigenden Mehrheit der Reaktionen eindeutig hervor, daß wir bei Männern andere Verhaltensweisen bewundern als bei Frauen.

Wir haben es also mit einer geschlechtsgebundenen Doppelmoral zu tun, einem doppelten Maßstab, wonach das Verhalten selbstunsicherer Frauen («echt weiblich») und aggressiver Männer («echt männlich») gebilligt, das Gegenteil, selbstunsichere Männer und aggressive Frauen, hingegen abgelehnt wird. Wenn wir diese Normen nicht in Frage stellen, laufen wir Gefahr, diese Wertvorstellungen für alle Zeiten unserem eigenen Verhalten zugrunde zu legen. In unseren S.T.-Gruppen stellen wir sie daher gezielt in Frage. Da die meisten Frauen nicht zur Selbstsicherheit, sondern zur Passivität erzogen wurden, konzentrieren wir uns darauf, das selbstunsichere Verhalten der Frauen in Richtung auf Selbstsicherheit zu verändern, und beschäftigen uns weniger mit der Modifikation aggressiven Verhaltens. Wir fordern jede einzelne Frau auf, ihr eigenes Leben im Hinblick darauf zu analysieren, wie selbstunsicheres Verhalten bei ihr gefördert wurde.

Inwiefern sind wir als Frauen durch unsere Sozialisation geprägt? Wie lernen wir, wie wir uns zu verhalten haben und was von uns erwartet wird? Obwohl jede Frau individuell verschiedene Erfahrungen gemacht hat, gibt es Gemeinsamkeiten, die in der Lebensgeschichte jeder Frau festzustellen sind.

Stellen Sie sich als weiblichen Fötus vor. Wenn Sie sich in die warme dunkle Welt der Gebärmutter zurückversetzen, in der Sie sich einst so wohlig und geborgen fühlten, dann empfinden Sie vielleicht eine gewisse Beengung und haben das Bedürfnis, zu strampeln und sich zu strecken. Wenn Sie viel strampeln, dann werden bestimmt die Freunde Ihrer Eltern sagen, daß Sie ein Junge seien, der es nicht erwarten könne, auf die Welt zu kommen und dort seinen Weg zu machen. Wenn Sie sich behaglich fühlen und sich nur wenig rühren, dann werden die Leute denken, Sie seien ein Mädchen, zufrieden, die Welt zu akzeptieren, wie sie ist.

Wären Sie als Junge auf die Welt gekommen, so hätte man Sie wahrscheinlich wärmstens willkommen geheißen und von Ihnen erwartet, daß Sie in die Fußstapfen des Vaters treten (falls diese genügend groß sind) oder diesen überflügeln werden. Da Sie ein Mädchen sind, mag die Begrüßung etwas gedämpfter ausgefallen sein – insbesondere, falls Sie bereits eine ältere Schwester hatten. «Nun ja, vielleicht probieren wir es noch einmal», hat Ihr Vater vielleicht gesagt. «Sie ist wirklich ein niedliches kleines Ding.»

Als Säugling hören Sie vermutlich häufig: «Ist sie nicht süß – und so ein *braves* Kind.» Ein Junge hingegen hört: «Schau dir einmal an, wie der schon seinen Kopf hochhebt und sich umdreht – das ist ein kräftiger Bursche!» Während Sie heranwachsen, werden Sie mehr gehätschelt und geschmückt als ein Junge, der vielleicht weniger zart angefaßt und mit dem vermutlich mehr herumgetollt wird. Ihre Tränen werden von verwöhnenden Erwachsenen nachsichtig registriert – vielleicht sogar gefördert.

Zeit zum Spielen! Als Mädchen bleiben Sie eher im Hause und spielen Familie oder Schule oder Verkleiden oder mit Puppen, oder Sie halten sich in Ihrem eigenen Garten auf und vergnügen sich auf der Schaukel, während von Jungen häufig erwartet wird, daß sie nach draußen gehen, auf Bäume klettern, radfahren, ihre Kräfte messen und später an sportlichen Wettkämpfen teilnehmen.

Wenn es Zeit ist zum Geschichtenerzählen, werden Sie Aschenbrödel, Dornröschen und Schneewittchen kennenlernen und erfahren, daß alle diese schönen – und ewig jungen – Heldinnen darauf warten, auf zauberhafte Weise von hochgestellten Männern erlöst zu werden. Sie werden auch von Jung-Siegfried, Georg, dem Drachentöter, David und Goliath und dem tapferen Schneiderlein hören. Wenn Sie älter sind, werden Sie viele Geschichten lesen, in denen die Jungen als intelligent, einfallsreich und aktiv, die Mädchen hingegen oft als passiv und häuslich geschildert werden. Die Mütter kochen, machen sauber und kümmern sich um die Kinder, während die Väter zur Arbeit gehen, Geld verdienen, vorwärtskommen. In der Schule merken Sie vielleicht bald, daß Sie sich nicht überall durch gute Noten beliebt machen, besonders nicht bei Jungen, von denen erwartet wird, daß sie alles besser können. Das kann dazu führen, daß Sie eine Angst vor Erfolg entwickeln.

Im Laufe Ihrer Mädchenzeit machen Sie möglicherweise die Erfahrung, daß Sie Ihre Ziele am ehesten erreichen, wenn Sie schmollen, sich zurückziehen und weinen. Sie lernen, die Aufmerksamkeit auf sich zu ziehen, indem Sie häufig lächeln und sich kokett und hilflos verhalten. Wahrscheinlich wird man Ihnen einschärfen, «nicht egoistisch» zu sein, und dieser Grundsatz, die Bedürfnisse anderer über Ihre eigenen zu stellen, wird Ihnen schließlich zur zweiten Natur werden. Denken Sie tatsächlich einmal zuerst an sich, dann haben Sie nachher Gewissensbisse, im Gegensatz zu den Jungen, die sich durchsetzen können, die ihre Wünsche äußern – und um deren Erfüllung sogar kämpfen! Sie lernen, Konflikte zu vermeiden und Aggressionen zu unterdrücken. «Mach keinen Ärger», ermahnt man Sie, oder: «Mit Honig fängt man mehr Fliegen als mit Essig».

Falls Sie studieren, ist die Wahrscheinlichkeit größer, daß Sie eine der Geisteswissenschaften wie Kunstgeschichte oder Pädagogik wählen und nicht etwa eine der Naturwissenschaften wie Physik oder Mathematik oder gar Jura. Wenn Ihnen Ihr Lieblingsprofessor auch versichert, Sie seien hochbegabt und könnten im Leben alles erreichen, wird die erste Frage, die man Ihnen nach Ihrem Summa-cum-laude-Doktorat in Germanistik bei einem Bewerbungsgespräch stellt, vielleicht lauten: «Wie schnell können Sie tippen?»

Diese fiktive Lebensgeschichte endet für Sie – wie für so viele Frauen Ihrer Generation – im jungen Erwachsenenalter, denn wir nähern uns nun dem magischen Augenblick der Eheschließung, von dem ab die Frau erwartungsgemäß «glücklich und zufrieden bis ans Ende ihrer Tage lebt». Darauf sind wir in erster Linie vorbereitet worden.

Hier sind wir also, erwachsene Frauen, die von Kindesbeinen an darauf gedrillt wurden, «feminin» zu sein – passiv, zurückhaltend, anpassungsfähig, kokett und unselbständig – und rasch bereit, unsere eigenen Bedürfnisse denen anderer unterzuordnen. Wir haben unsere Selbstunsicherheit früh gelernt. Unsere Passivität und Zurückhaltung wurden im Laufe unseres Heranwachsens ständig bestärkt; wir nahmen diese Charakterzüge als Teil unseres weiblichen Vermächtnisses in unsere Erwachsenenzeit mit.

Wir befinden uns heute – wie auf vielen Gebieten – mitten in einer Revolution, die dieses Vermächtnis und die gesamte Gesellschaftsstruktur, auf der es basiert, in Frage stellt. Statt bloß jemandes Tochter, jemandes Frau, jemandes Angestellte zu sein, wollen die Frauen heute selbst jemand sein – sie entwickeln ein Bewußtsein ihrer selbst als eigenständige Persönlichkeiten. Tatsache ist, daß Frauen in immer größerer Zahl auf traditionellen wie nicht traditionellen Gebieten berufstätig sind. Selbst wenn eine Frau nicht Jockey, Lkw-Fahrerin oder Börsenmaklerin werden will, stehen ihr dank fast 100 Jahren

Frauenbewegung und ihren rechtlichen und sozialen Konsequenzen heute mehr berufliche Möglichkeiten offen, und sie kann unter einem breiter gefächerten Angebot wählen als je zuvor.

Obwohl das Leben vieler Frauen von all dem noch gar nicht berührt wird, gibt es Frauen, die das bereits erreicht haben! Vielen fällt es heute schon leichter, Darlehen zu bekommen oder Wohnungen auf ihren Namen zu mieten. Parallel mit diesen beruflichen und juristischen Veränderungen beginnen viele Frauen, ihre persönlichen Beziehungen aus neuen Perspektiven zu betrachten. Manche verändern diese Beziehungen, sie betrachten ihr Verhältnis zu Männern, zu anderen Frauen und zu Kindern mit anderen Augen. Obwohl dieser Prozeß des Umdenkens und Veränderns vielfach langsam vonstatten geht, ist doch ein Klimawechsel festzustellen, der den Frauen eine größere Vielfalt im Lebensstil, an beruflichen Möglichkeiten und Rollenerwartungen eröffnet, als dies je zuvor der Fall war.

Obwohl sich den Frauen überall neue Möglichkeiten bieten, werden die alten Leitbilder jedoch weiter praktiziert. Das Selbstsicherheitstraining kann dazu beitragen, die Kluft zwischen den alten Sozialisationsmustern und den neueröffneten Chancen zu überbrücken. Viele traditionelle Therapeuten und Berater haben sich zu lange darauf konzentriert, den Frauen zu helfen, sich an ihre jeweilige Lebenssituation anzupassen bzw. sich mit dieser abzufinden – was oft bedeutete, daß den Frauen nahegelegt wurde, sich passiv zu verhalten, sich unterzuordnen und die Wünsche anderer zu erfüllen, ihre eigenen jedoch zu unterdrücken.

Wenn sich Frauen nicht bloß anpassen, sondern verändern sollen, werden sie dazu bestimmter Hilfsmittel bedürfen. Das Selbstsicherheitstraining ist ein solches Hilfsmittel – und ein sehr effektives dazu. Es unterscheidet sich grundlegend von der auf Passivität abzielenden Beratung und Konditionierung, mit der es die Frauen traditionell zu tun hatten.

Das Selbstsicherheitstraining konzentriert sich nicht auf das Seelenleben der Frau – es versucht nicht herauszufinden, weshalb sie sich deprimiert oder minderwertig fühlt. Es beschäftigt sich vielmehr mit ihrem Verhalten und den Möglichkeiten, dieses zu verändern. *Als mobilisierende Kraft geht das Selbstsicherheitstraining über den Prozeß bloßer Bewußtmachung der jeweiligen Probleme hinaus, indem es die Frauen befähigt, die von ihnen erkannten Probleme auch aktiv anzupacken.* Wenn wir selbstsicher und offen agieren und lernen, für unsere Rechte einzutreten, wird aller Wahrscheinlichkeit nach auch unser Selbstvertrauen wachsen und uns aus dem Teufelskreis unserer Abhängigkeiten und Hemmungen befreien.

Vielleicht fragen sich manche von uns, ob es möglich ist, die wertvollen Elemente unserer Erziehung – Intuition, Sensibilität, Fürsorglichkeit – zu bewahren und uns gleichzeitig in einer komplexen Welt, die mehr von uns verlangt als diese Qualitäten, als Menschen zu verwirklichen. Können wir diese erfreulichen und unterschätzten «weiblichen» Charakterzüge beibehalten und zusätzlich andere Eigenschaften entwickeln, um tatkräftige, starke und unabhängige Menschen zu werden? Diese Frage ist uneingeschränkt zu bejahen. Die Gesellschaft heute darf nicht in zwei Hälften zerfallen – die Tatmenschen und die Trostspender. Wir müssen beides in uns vereinen.

Wie sind wir zu unserer Selbstunsicherheit gekommen?

Um sich das bewußt zu machen, empfiehlt es sich, die direkten oder indirekten «Richtlinien» unserer Eltern oder anderer wichtiger Bezugspersonen zu untersuchen, die unser Betragen beeinflußten. Da selbstunsichere Menschen in der Regel bestrebt sind, Konflikten aus dem Weg zu gehen, kann es nützlich sein, zu analysieren, wie wir in unserer Familie mit Konflikten umzugehen lernten. Dabei sollten wir uns folgende Fragen vorlegen:

1. Wie hat sich meine Familie mit Konflikten auseinandergesetzt?
2. Was haben mir meine Eltern in bezug auf Konflikte gesagt bzw. zu welchem Betragen haben sie mich angehalten? Wie lauteten ihre «Leitsätze»? (Z. B.: Mach keinen Ärger. Keine Widerrede. Brave Mädchen raufen nicht. Benimm dich oder geh in dein Zimmer. Brüll nicht. Gib das deinem kleinen Bruder. Kein Wort mehr. Sei ein braves Mädchen. Brave Mädchen streiten nicht. Du mußt nicht das letzte Wort haben. Kinder sollte man sehen, aber nicht hören. Sei lieb/herzig/hübsch, benimm dich wie eine Dame. Wenn du ein häßliches Gesicht machst, kriegst du Falten und wirst immer böse aussehen.)
3. Haben sie meinen Brüdern dieselben Leitsätze vermittelt?
4. Wie gehe ich jetzt mit Konflikten um?

5. Auf welche Weise habe ich, falls überhaupt, gelernt, meine Wünsche erfüllt zu bekommen, ohne direkt darum zu bitten?

6. Wende ich diese Methoden noch heute an, um meinen Willen durchzusetzen?

Sehen wir uns Beispiele selbstunsicheren, selbstsicheren und aggressiven Verhaltens an:

A) Jessica ist Ihre Bürokollegin. Sie bittet Sie, sie ab jetzt täglich abends in Ihrem Auto nach Hause mitzunehmen. Sie möchten das nicht machen. Sie antworten:

1. «Hm . . . äh . . . das könnte ich schon machen . . . (Pause) . . . äh . . . okay.» (*Selbstunsicher*: nonverbale (wortlose) Pausen, offenkundiges Zögern.)

2. «Ich würde Sie gern mitnehmen, aber manchmal habe ich auf dem Nachhauseweg Einkäufe zu erledigen. Und manchmal gehe ich später von hier weg.» (*Selbstunsicher*: Ausreden.)

3. «Ja, sagen Sie mal? Haben Norman und Sie immer noch keinen Zweitwagen angeschafft?» (*Aggressiv*: sarkastisch.)

4. «Also, Sie haben Nerven! Glauben Sie, ich habe nichts Besseres zu tun, als Sie herumzuchauffieren?» (*Aggressiv*: Versuch, beim anderen Schuldgefühle zu erzeugen.)

5. «Ich weiß, es macht keinen Spaß, auf Norman warten zu müssen, aber ich möchte mich lieber nicht darauf festlegen, Sie jeden Abend mitzunehmen. Einmal in der Woche mache ich es aber gern.» (*Selbstsicher*: Kompromiß.)

6. «Ich kann verstehen, daß Sie keine Lust haben, jeden Abend auf Norman zu warten, aber ich möchte mich wirklich nicht festlegen, Sie mitzunehmen.» (*Selbstsicher*: direkte Ablehnung.)

B) Es ist Ihre Mittagspause. Sie sitzen in einem Restaurant und warten auf Ihre Freundin. Sie kommt eine halbe Stunde zu spät, setzt sich und fragt Sie, ohne ein Wort über ihre Verspätung zu verlieren: «Wie geht's dir?» Sie antworten:

1. «Danke gut» und lächeln dabei. (*Selbstunsicher*: Sie leugnen Ihre wirklichen Gefühle.)

2. «Es geht» und runzeln dabei die Stirn (*Selbstunsicher*: Sie versuchen, Ihre wirklichen Gefühle auszudrücken, bleiben aber indirekt.)

3. «Was soll die Frage, wie's mir geht? Wie wird es mir schon gehen, wenn ich seit einer halben Stunde hier sitze und die Decke an-

starre? Denkst du je an irgend jemand außer an dich?» (*Aggressiv*: ein Versuch, den Zuspätkommenden zu demütigen.)

4. «Nun ja, ich hatte mich auf unser Mittagessen gefreut, aber da du mich so lang hast warten lassen, bin ich wirklich sauer. Jetzt haben wir nur noch eine halbe Stunde zusammen.» (*Selbstsicher*: eine direkte Äußerung Ihrer Gefühle.)

C) Als Sie eben zur Tür hinausgehen wollen, ruft Anna an. Sie beginnt, Ihnen von den Problemen zu erzählen, die sie mit ihren Eltern hat. Sie möchten das Gespräch gern abbrechen. Sie sagen:

1. «Könntest du mir später davon erzählen? Ich bin gerade im Weggehen. Ich rufe heute abend zurück.» (*Selbstsicher*: eine direkte Äußerung eines Wunsches.)

2. «Hör zu, ich hab im Moment keine Zeit, um mit dir zu reden. Du hast immer irgendein Wehwehchen, und ich habe Wichtigeres zu tun. Tschüs.» (*Aggressiv*: Mißachtung der Wünsche und Gefühle des anderen.)

3. Sie hören zu . . . und hören zu . . . und hören zu . . . (*Selbstunsicher*: Befriedigung der Bedürfnisse des anderen auf Kosten Ihrer eigenen.)

D) In der Blusenabteilung. Die Verkäuferin fragt: «Wer ist die Nächste?» Das sind Sie. Die Frau neben Ihnen antwortet: «Ich.» Sie sehen sie an und

1. lächeln. (*Selbstunsicher*: Befriedigung der Bedürfnisse des anderen auf Kosten Ihrer eigenen.)

2. runzeln schweigend die Stirn. (*Selbstunsicher*: Versuch, Ihre Wünsche indirekt zu kommunizieren.)

3. murmeln: «Manche Leute sind wirklich unverschämt.» Aber Sie sagen nichts laut oder direkt an jemanden gerichtet. (*Selbstunsicher*: Unterdrückung Ihrer eigenen Wünsche.)

4. sagen: «Ich glaube, ich war vor Ihnen da.» (*Selbstsicher*: direkte Äußerung Ihrer eigenen Wünsche.)

5. sagen: «Nein, das sind Sie nicht. Ich war zuerst da. Das lasse ich mir von Ihnen nicht bieten.» (*Aggressiv*: feindselige Überreaktion.)

E) Sie nehmen an einer kommunalpolitischen Versammlung teil. Ein Mann fordert die Stimmberechtigten auf, kein Geld für eine Kindertagesstätte zur Verfügung zu stellen. Um die Leute zu überreden, daß kein Bedarf für eine solche Einrichtung vorhanden sei, zitiert er falsche Informationen. Sie finden weder seine Meinung noch seine Angaben richtig. Sie

1. stehen auf und erklären: «Ich habe zugehört, was Sie gesagt haben, aber ich kann Ihnen nicht zustimmen. Ich möchte Sie bitten, sich meinen Standpunkt anzuhören.» (*Selbstsicher*: Sie treten für Ihre legitimen Rechte ein, ohne die Rechte anderer zu schmälern.)

2. stehen auf und sagen: «Sie lügen. Sie wissen nicht, wovon Sie reden.» (*Aggressiv*: Absicht der Demütigung.)

3. äußern sich überhaupt nicht. (*Selbstunsicher*: Sie versagen es sich, Ihre Meinung zu äußern.)

4. stehen auf und sagen: «Ich verstehe nicht viel von diesen Dingen. Ich bin keine Expertin, bloß eine Mutter, aber . . .» (*Selbstunsicher*: selbsterniedrigend und selbstentwertend.)

5. flüstern Ihrem Tischnachbarn zu, wie dumm der Redner sei. (*Selbstunsicher*: indirektes, gehemmtes Verhalten.)

Wie aus diesen Beispielen hervorgeht, gibt es viele verschiedene Möglichkeiten, sich selbstunsicher, selbstsicher oder aggressiv zu verhalten. Unser selbstunsicheres Verhalten kann sich als totales Schweigen manifestieren, oder wir können unsere Wünsche auf eine Weise äußern, die signalisiert: «Hör nicht auf mich» oder «Nimm mich nicht ernst.» Oder wir übermitteln verbal (mit Worten) eine bestimmte Botschaft, aber nonverbal (z. B. durch unsere Haltung) die entgegengesetzte. Wir können eine Weigerung durch Ausreden verschleiern, statt direkt zu sein.

Auch aggressives Verhalten kann verschiedene Formen annehmen, von offener Feindseligkeit und Grobheit bis zu höhnischem Sarkasmus und dem Versuch, den anderen zu beherrschen oder zu erniedrigen.

Das selbstsichere Verhalten, das wir durch Beispiele zu verdeutlichen suchten, ist direkt und ehrlich, ob es sich nun um eine Ablehnung, eine Bitte oder um eine Äußerung von Gefühlen handelt. In allen Fällen wird dabei unmittelbar die Person angesprochen, mit der man zu kommunizieren wünscht. Eine solche Verhaltensweise schließt Kompromisse, Verhandlungen und deutliche Signale an den Partner ein, daß wir ihm zugehört haben.

2. Die Grundrechte aller Frauen

Die Rechte, von denen wir hier sprechen wollen, sind persönlicher Natur: das Recht auf Selbstdarstellung der eigenen Persönlichkeit, das Recht, Erfüllung zu suchen und respektiert zu werden. Rechte dieser Art sind nicht gesetzlich garantierbar. Können Sie sich vorstellen, für das Recht, Ihre eigenen Prioritäten setzen oder zu jemandem ohne Schuldgefühle *nein* sagen zu dürfen, auf die Barrikaden zu gehen? Kaum. Aber diese Rechte werden leicht übersehen – manchmal von uns selbst und manchmal von denjenigen, die auf unsere Kosten ihren Willen durchsetzen wollen. Wenn wir uns selbstunsicher verhalten, neigen wir dazu, unsere Rechte völlig zu ignorieren oder sie sogar wissentlich verletzen zu lassen. Ein wichtiges Ziel des Selbstsicherheitstrainings besteht darin, an unsere Rechte glauben zu lernen, damit wir uns in zunehmendem Maß zu behaupten lernen und uns dabei wohl fühlen. In der nachstehenden Liste sind zehn Punkte genannt, die wir für die Grundrechte aller Frauen halten:

1. Das Recht, mit Respekt behandelt zu werden.
2. Das Recht, eigene Gefühle und Meinungen zu haben und diese zu äußern.
3. Das Recht, angehört und ernstgenommen zu werden.
4. Das Recht, eigene Prioritäten zu setzen.
5. Das Recht, *nein* zu sagen, ohne sich schuldig zu fühlen.
6. Das Recht, Wünsche zu äußern.
7. Das Recht, das zu bekommen, wofür ich bezahlt habe.
8. Das Recht, von Fachleuten Informationen zu erhalten.
9. Das Recht, Fehler zu machen.
10. Das Recht, gelegentlich auf Selbstbehauptung zu verzichten.

Es gibt noch eine Menge anderer Rechte, über die es sich nachzudenken lohnte: das Recht, die eigene Meinung zu ändern, zu sagen: «Ich weiß die Antwort nicht», oder: «Ich brauche Zeit, um darüber nachzudenken.» Vielleicht wollen Sie dies Ihrem persönlichen Katalog von Rechten hinzufügen, aber zunächst wollen wir uns auf die genannten Punkte konzentrieren.

1. Das Recht, mit Respekt behandelt zu werden

Dies ist das grundlegendste unserer persönlichen Rechte. Wir können jedoch nicht erwarten, mit Respekt behandelt zu werden, wenn wir nicht davon überzeugt sind, Respekt zu verdienen. Das kann bedeuten, daß wir uns über jahrzehntelange Verhaltensmuster hinwegsetzen müssen, aber es ist überraschend, wie rasch die anderen zu reagieren beginnen, sobald wir anfangen, uns selbst zu achten. Der Glaube an unser Recht, respektiert zu werden, schafft die Voraussetzung, daß wir uns auch in bezug auf alle unsere übrigen Rechte behaupten.

June sprach in einer unserer S.T.-Gruppen dieses Problem an. «Ich bin seit mehreren Jahren Patientin bei einem Gynäkologen, der zusammen mit anderen Fachärzten eine große Gemeinschaftspraxis betreibt. In dem allgemeinen Warteraum sind oft mehr Männer und Kinder als Frauen anwesend. Trotzdem ruft einen die Sprechstundenhilfe an ihren Schreibtisch und stellt mit lauter Stimme alle möglichen persönlichen Fragen: ‹Verwenden Sie Verhütungsmittel? Wenn nicht, warum nicht? Seit wann nehmen Sie die Pille? Oder benützen Sie andere Methoden? Welche? Wann war Ihre letzte Periode? Haben Sie spezielle Probleme? Sind Sie schwanger? Weshalb sind Sie hier?› usw.

Es kann also *jeder* der Wartenden hören, was da gesprochen wird – und manchmal äffen die Kinder nach, was man sagt. Bei meinem letzten Besuch habe ich mich besonders geärgert, weil mich die Schwester in ihrer üblichen gellenden Stimme aufforderte, in den Raum für ‹kleine Mädchen› zu gehen und eine Urinprobe zu hinterlassen. Ein vierjähriger Junge fragte seinen Vater, was das ist, und dieser erklärte es ihm in sehr lautem Ton. – Was mich außerdem stört», fügte June hinzu, «ist, daß mich dort niemand mit meinem Familiennamen anredet. Alle sagen ‹June› zu mir – aber von den Patientinnen wird erwartet, daß sie die Ärzte und das Pflegepersonal mit ihren Titeln ansprechen.

Ich ärgere mich über diese Verletzung meiner Intimsphäre. Ich habe ein Recht auf Achtung meiner Menschenwürde – aber darauf wird keine Rücksicht genommen. Ich bin so empört über diese Zustände, daß ich *diesen Wartesaal nicht mehr betreten werde*, obwohl ich meinem Arzt großes Vertrauen entgegenbringe.»

Die Gruppe gab June zu bedenken, daß sie vielleicht das Kind mit dem Bad ausgieße, wenn ihr Arzt wirklich gut sei, und daß sie, statt ihre Gefühle an sich selbst auszulassen, auf lange Sicht vermutlich besser daran täte, sich dem Arzt und der Schwester gegenüber direkt über den Mangel an Respekt zu beschweren, der ihr im Warteraum erwiesen wurde. Nachdem sie sich beruhigt hatte, versprach sie, das zu versuchen.

In der folgenden Woche erzählte uns June, daß sie ihren Arzt angerufen und ihm ihre Klage vorgetragen habe. Er stimmte ihr zu, daß der überfüllte Saal alles andere als ideal sei und fügte hinzu, daß er sich auch geärgert hätte, wenn er so behandelt worden wäre. Er versprach, sofort mit seiner Sprechstundenhilfe zu reden, um zu prüfen, wie das Problem zu lösen sei. Er dankte June, daß sie die Sache mit ihm besprochen habe, da zu vermuten sei, daß andere Patientinnen an der Situation ebensolchen Anstoß nahmen wie June.

2. Das Recht, eigene Gefühle und Meinungen zu haben und zu äußern

Wer seine Aufmerksamkeit auf Rachels weit auseinanderstehende grüne Augen und ihren schönen handgearbeiteten Schmuck konzentriert und sich von ihrem trockenen Humor gefangennehmen läßt, der vergißt rasch, daß sie etwas zu dick ist. Aber die 28jährige Rachel wirkte ganz und gar nicht humorvoll, als sie in der S.T.-Gruppe von einer Party erzählte, an der sie am vergangenen Wochenende teilgenommen hatte. Sie hatte eben angefangen, sich in der kleinen Wohnung in Gesellschaft von etwa einem Dutzend unbekannten Leuten wohl zu fühlen, als Donna, die einzige Person, die sie kannte, loslegte.

«He, ich dachte, du darfst keine Süßigkeiten essen!» Sie zeigte auf Rachels halbverzehrte Schokoladentorte.

«Ich weiß, aber ich konnte nicht widerstehen. Sie sieht so köstlich aus.»

«Rachel, so kommst du nie in den FdH-Club.»

Rachel antwortete nicht und tat, als habe sie nicht gehört, aber sie war vor Verlegenheit rot geworden, während sie trotzig weiteraß. Die Party hatte jeden Reiz für sie verloren. Sie ging früh mit Kopfschmerzen nach Hause.

Am nächsten Morgen beschloß sie, ihren Groll nicht aufzustauen, sondern sich selbstsicher zu verhalten und Donna zu sagen, daß sie nicht gehänselt werden wolle und Donna das künftig unterlassen möge. Sie machte Donna ruhig klar, was sie empfand und was sie von ihr wollte.

Aber Donna entgegnete: «Ach, Rachel, du weißt doch, daß ich dir niemals weh tun würde! Aber manchmal bist du wirklich überempfindlich. Ich meine, manche Leute sind so leicht beleidigt, daß sie sich viel Spaß entgehen lassen. Schau dich doch jetzt einmal an – völlig verkniffen und verkrampft. Es tut mir leid, daß ich dich gekränkt habe, aber du siehst das wirklich falsch. (Lacht.) Wenn du bloß gestern dein Gesicht hättest sehen können, als du die Schokoladentorte gegessen hast!» (Lacht noch einmal.)

Rachel hatte also wieder den kürzeren gezogen. Sie murmelte: «Vielleicht hast du recht.» Aber innerlich kochte sie und war nahe daran zu explodieren. Was war falsch gelaufen? Sie hatte sich zu behaupten versucht, wie es ihr gutes Recht war. Aber jetzt redete ihr Donna ein, ihr Gefühl sei völlig unbegründet, und Rachel fühlte sich unglücklicher als zuvor.

Donna hatte ihre Taktik gewechselt. Zunächst verstieß sie mit ihrer Hänselei gegen Rachels Grundrecht, mit Respekt behandelt zu werden. Als Rachel sie damit konfrontierte, gab Donna zwar leichthin zu, sie aufgezogen zu haben, und entschuldigte sich kurz dafür, fuhr aber fort, gegen Rachels Rechte zu verstoßen, indem sie den *Sachverhalt neu definierte* und Rachel vorhielt, sie sei zu leicht beleidigt. *Donna sprach Rachel das Recht ab, eigene Gefühle zu haben und auszudrücken.*

Rachel hätte Donnas Falle entgehen können, indem sie auf ihren eigenen Rechten bestand. Sie hätte nachdrücklich erklären können, daß sie, ob Donna das richtig finde oder nicht, in bezug auf ihr Gewicht tatsächlich empfindlich sei. Sie sei sich dessen bewußt und versuche, mit ihren eigenen Gefühlen klarzukommen, indem sie Donna bitte, sie nicht zu verspotten. Hätte Donna dagegen Einwendungen gemacht, hätte Rachel darauf hinweisen können, daß sie ein Recht auf eigene Gefühle habe.

In der Gruppe machten wir aus der Situation ein Rollenspiel, das etwa so verlief:

Rachel: Donna, ich möchte nicht, daß du dich über mich lustig machst. Du hast dich zwar entschuldigt, aber jetzt sagst du, ich sollte nicht so schnell beleidigt sein. Ich *habe* nun einmal diesen wunden Punkt, und es ärgert mich, daß du mir einreden willst, ich solle ihn nicht haben.

Donna: Ach komm – verstehst du überhaupt keinen Spaß?

Rachel (halb gekränkt, halb wütend): Für *dich* ist das vielleicht ein Spaß, aber ich finde es überhaupt nicht komisch.

Donna: Wie kann man sich bloß über eine solche Kleinigkeit so aufregen? Ich würde dir nie absichtlich weh tun.

Rachel: Donna, ich weiß, daß du mich nicht bewußt verletzen willst, aber mir ist das sehr wichtig, daß du aufhörst, mich aufzuziehen. Also halte dich bitte daran.

Donna: Okay, wenn es dir so viel bedeutet . . .

Rachel: Allerdings.

Die Erkenntnis, ein *Recht* auf unsere eigenen Gefühle zu haben, ist für viele von uns neu. Vielleicht hat man uns von klein auf beigebracht, umgänglich zu sein, so zu tun, als unterhielten wir uns gut, auch wenn dies nicht der Fall war, und kein Spielverderber zu sein, sondern bei allem mitzumachen. Die indirekte Botschaft einer solchen Erziehung lehrt uns, unsere eigenen Gefühle zu verleugnen, und wenn wir dies oft genug tun, sind wir uns kaum noch bewußt, welche Gefühle wir haben. Außerdem beraubt einen die Leugnung von Gefühlen des Rechts, sie zu äußern, und der Freude und Intimität freundschaftlicher Beziehungen, die nur in einem Klima der Offenheit und Ehrlichkeit gedreihen können.

Wenn wir unsere Gefühle äußern, dann sollten wir allerdings bedenken, daß wir auch die Verantwortung für diese übernehmen müssen. Wenn wir beispielsweise sagen: «*Du* kränkst mich, wenn du mich wegen meines Übergewichts aufziehst», dann machen wir dem anderen einen Vorwurf und drängen ihn in die Defensive.

Statt dessen könnten wir sagen: «*Ich* kränke mich, wenn du mich wegen meines Übergewichts aufziehst. Darum höre bitte damit auf.» In diesem Fall übernehmen wir die Verantwortung für unsere eigenen Gefühle und drücken unsere Wünsche aus. Wir machen dem anderen weder Vorwürfe noch bewerten wir ihn. Wir handeln im Einklang mit unserem Recht, unsere Gefühle offen auszudrücken. Unser Gegenüber hat dann die Wahl, unserer Bitte zu entsprechen oder sie zu ignorieren.

3. Das Recht, angehört und ernstgenommen zu werden

Joyce erzählte unserer Gruppe von einem Gespräch, das sie bei einer Abendgesellschaft mit einem liebenswürdig wirkenden Mann namens Ted geführt hatte:

Ted: He, ich habe gehört, daß du ein Selbstsicherheitstraining machst. Worum geht es denn dabei?

Joyce: Hm, man lernt, daß jeder Mensch das Recht hat, die eigene Persönlichkeit auszudrücken, und bekommt Techniken vermittelt, wie das zu realisieren ist. Und –

Ted (unterbricht sie): Aber wozu Selbstsicherheitstraining für *Frauen?* Das letzte, was uns auf dieser Welt fehlt, sind meiner Meinung nach noch mehr zänkische Weiber!

Joyce: Moment mal. Es besteht ein Unterschied zwischen selbstsicherem und aggressivem Verhalten –

Ted (unterbricht sie erneut, grinsend): Ach, dir ist es anscheinend wirklich ernst damit? Ihr Frauen seht so niedlich aus, wenn ihr von euren Emanzipationsgeschichten heiße Backen bekommt. Aber ehrlich – Selbstsicherheitstraining? Wozu brauchst du so etwas? Erzähl mir mehr darüber. Vielleicht habe ich es nicht richtig mitbekommen.

Joyce: Hör zu, Ted, sag mir nicht, daß ich niedlich aussehe, wenn ich dabei bin, dir etwas Wichtiges zu erklären. Wenn du wirklich über Selbstsicherheitstraining reden und meine Erklärungen hören willst, gut. Dann werde ich gern mit dir darüber diskutieren – aber erspar dir den Sarkasmus.

Ted: Ach, komm. Klar, ich möchte deine Erläuterungen hören. Aber sag selbst – Selbstsicherheitstraining für *Frauen* – die quasselnde Hälfte der Menschheit? Ich meine, du mußt zugeben, daß das etwas komisch ist. Ich kann nicht glauben, daß du das wirklich ernst nimmst.

Joyce: Ich nehme es ernst, aber ich habe nicht das Gefühl, daß du bereit bist, mir das zu glauben. Lassen wir also jetzt dieses Thema.

Die Wiedergabe dieses Gesprächs löste bei fast allen Teilnehmerinnen heftige Gefühle aus. Alle berichteten über Situationen, in denen sie mit Witzen und Sarkasmus heruntergemacht worden waren.

«Das ist eine Taktik», erklärte ein Gruppenmitglied. «Wenn sich Leute von den Ideen oder Aktionen anderer bedroht fühlen, werden sie sarkastisch, um sich nicht ernsthaft oder direkt damit auseinandersetzen zu müssen. Es ist herabsetzend, es ist aggressiv.»

Eine andere Teilnehmerin fügte hinzu: «Gratuliere, daß du dich so gut behauptet hast. Du bist nicht in Teds Falle gegangen; du hast dich nicht in die Defensive drängen lassen, du hast nicht aufgehört, dich selbst ernst zu nehmen, und du hast darauf bestanden, daß Ted deine Ansichten respektiert.»

Ein drittes Gruppenmitglied meinte: «Ich glaube, das ist ein typisches Frauenproblem. Könnt ihr euch vorstellen, daß ein Mann im Streit zu einem anderen sagt: ‹Sie sehen zum Anbeißen aus, wenn Sie so wütend sind›?»

Alle waren der Meinung, daß Joyce ihnen für ihr künftiges Verhalten ein gutes Beispiel gegeben habe, indem sie sich selbst ernst nahm.

4. Das Recht, eigene Prioritäten zu setzen

Marjorie, eine distinguiert aussehende Witwe, liebt ihre Arbeit in einem Damenkonfektionsgeschäft. Ihre Diensteinteilung läßt ihr jedoch wenig freie Zeit und Energie übrig, und sie geizt daher mit beidem. Gerade als Marjorie geduscht hatte und es sich für den Abend gemütlich machen wollte, rief Claire, eine Bekannte aus dem benachbarten Wohnblock, an und sagte: «Ich habe dich ewig lange nicht gesehen, und wir haben dich alle vermißt. Hättest du Lust, heute abend mit uns Bridge zu spielen?»

Marjorie erwiderte: «Heute nicht, Claire. Ich bin müde und möchte mich auf die Couch plumpsen lassen und mir die Wiederholung von *African Queen* im Fernsehen ansehen.»

«Du könntest wirklich ein bißchen mehr Unterhaltung im Leben brauchen. Du gehst überhaupt nicht mehr aus», antwortete Claire, süß und klebrig wie Sirup.

«Claire, es ist nett, daß du anrufst, aber ich bin den ganzen Tag auf den Beinen gewesen und möchte jetzt allein sein und mich ausruhen.» Marjorie wickelte sich fester in ihren Hausmantel und wollte auflegen.

Claire ließ nicht locker: «Hier kannst du ja sitzen –»

«Nein, wirklich –»

Claire ignorierte die Einwände und drängte: «Ach komm doch, Marjorie. Du hast doch nichts vor. Wir versuchen, ein Spiel auf die

Beine zu kriegen und wir brauchen eine Vierte . . . Nein, wir konnten niemand anderen finden. Wir sind zu dritt und es fehlt uns noch einer. Wenn du nicht kommst, können wir nicht spielen . . . Ja, wir müssen heute spielen. Nein, morgen geht es nicht. Du bist jetzt unsere einzige Hoffnung. Und es macht uns immer solchen Spaß, wenn du dabei bist.»

«Hm, na schön.» Marjorie legte den Hörer auf – sie konnte sich nur mit Mühe beherrschen, ihn nicht hinzuknallen. Während sie sich anzog, wurde sie immer wütender über Claires «Dampfwalzenmethode» und ihre Versuche, ihr Schuldgefühle einzujagen.

Obwohl Marjorie verstandesmäßig überzeugt sein mochte, daß sie das Recht habe, frei über ihre Zeit zu verfügen, hatte sie es sich von Claire ausreden lassen.

Dabei standen ihr andere Alternativen offen. Als Claire nach Marjories Ablehnung den Druck auf sie verstärkte, hätte Marjorie sagen können: «Ja, ich verstehe Euer Problem, wenn ihr keinen Vierten auftreiben könnt, aber trotzdem komme ich heute nicht. Ich werde mich aber freuen, wenn ihr mich ein anderes Mal einladet, wenn ich nicht so müde bin.»

In diesem Fall würde Marjorie Verständnis für Claires Lage zeigen, aber ihr gleichzeitig deutlich machen, daß sie ein Recht hat, ihre eigenen Prioritäten zu setzen.

5. Das Recht, nein zu sagen, ohne sich schuldig zu fühlen

Marilyn, Mutter von vier Kindern unter acht Jahren, berichtete unserer S.T.-Gruppe über ein hartnäckiges Problem. Ihr Mann ist als Vertreter oft auf Reisen, während sie meistens zu Hause anzutreffen ist, mit der Folge, daß ständig Bekannte mit der Bitte um Hilfe an sie herantreten – sie soll im Kindergarten und an Elternabenden aushelfen, soll Leute im Auto mitnehmen, für andere den Babysitter spielen, soll Tupperware-Parties organisieren, die Pflanzen der Nachbarn gießen, für wohltätige Zwecke sammeln usw.

«Manchmal sage ich zu, weil mir die Sache Spaß macht oder es sich um ein wichtiges soziales Anliegen handelt oder ich jemandem aus der Klemme helfen möchte», meinte sie.

Dann runzelte sie die Stirn: «Aber meistens sage ich *ja*, weil mir kein guter Grund einfällt, weshalb ich *nein* sagen könnte und weil ich mich schuldig fühlen würde, wenn ich mich weigerte. Noch schlimmer ist, daß ich manchmal tatsächlich *nein* sage und nachher schreckliche Gewissensbisse habe. Beispielsweise hat mich meine Nachbarin Doris vor drei Wochen gefragt: ‹Marilyn, könntest du mir dieses Jahr aushelfen? Ich bin in einer sehr unguten Lage, weil ich seit Jahren hier in unserem Viertel für die Krebshilfe gesammelt habe, aber dieses Jahr hat Jerry nur zur Zeit der Sammlung Urlaub bekommen, und wir werden daher in Florida sein.›

Ich versuchte es mit einer Ausrede und sagte, ich könne die Kinder nicht so lange allein lassen, aber sie wischte das beiseite: ‹Du brauchst die Kinder nicht allein zu lassen – du kannst sie mitnehmen. Die Nachbarn spenden erfahrungsgemäß mehr, wenn ein Kind die Büchse hält, und meinen Kindern hat es immer riesigen Spaß gemacht. Und deine Kinder sind doch so süß – besonders die Kleine.› Doris redete immer nachdrücklicher und schneller: ‹Wir haben beide das riesige Glück, gesunde Kinder zu haben, da ist das doch das mindeste, was wir tun können, meinst du nicht? Wenn du schon einmal Kinder im Krankenhaus gesehen hast, wirst du wissen, was ich meine. Ich bin sicher, daß du es für eine so wertvolle Sache gern tust.›»

Marilyn fuhr fort: «Ich stand da und schüttelte den Kopf, aber sie sagte: ‹Ich habe dich schon oft mit deinen Kindern spazierengehen sehen. Du könntest es doch machen, wenn du sowieso mit ihnen hinausgehst.›

Schließlich habe ich mich also breitschlagen lassen. Es war mir lieber als die Schuldgefühle, die ich sonst gehabt hätte. Ich habe es gemacht, aber ohne innerliche Überzeugung, und ich weiß, daß ich nicht genug Geld zusammengebracht habe – ich habe viele Leute nicht erreicht. Die ganze Sache war mir höchst zuwider, und ich weiß, daß das der Grund ist, warum ich Doris aus dem Weg gegangen bin, seit sie aus Florida zurück ist. Ich nehme ihr die Sache sehr übel, und das sollte ich nicht. Trotzdem habe ich das Gefühl, daß sie meine Zustimmung mit unfairen Tricks erzwungen hat, und obwohl ich den Zweck für wichtig halte, macht es mir keinen Spaß, dafür Klinken zu putzen.»

Als die anderen Gruppenmitglieder erklärten, daß es ihnen nichts ausgemacht hätte, sich für eine so wertvolle Sache einzusetzen, wiesen wir sie darauf hin, daß für sie Doris' Bitte keine Situation heraufbeschworen hätte, in der sie sich hätten behaupten müssen. Sie hätten aus freien Stücken zugesagt.

Für Marilyn hingegen, die dieser Aufgabe nichts abgewinnen konnte, ging es darum, sich durchzusetzen. Durch eine klare und eindeutige Weigerung hätte sie die unangenehmen Folgen vermeiden können. «Aber ich hätte Schuldgefühle bekommen», wandte sie ein.

«Aber wie ist dir jetzt zumute – in bezug auf dich selbst und auf Doris?» fragten wir sie. «Du willst Schuldgefühle vermeiden, aber jetzt bist du wütend auf dich und wütend auf Doris und machst dir außerdem Vorwürfe, daß du nicht genug gesammelt hast.»

Zweifellos wäre Marilyns Beziehung zu Doris auf einer ehrlicheren Basis verblieben, wenn sie *nein* gesagt hätte. Sie hätte ihrer Absage die Versicherung vorausschicken können, daß sie verstehe, wie schwierig es sei, für solche Aufgaben Ersatzleute zu finden, und sie hätte mit Doris sympathisieren können, ohne sich erbötig zu machen, ihr Problem zu lösen.

Marilyn beschloß schließlich, künftig *nein* zu sagen – oder dies zumindest zu versuchen –, wenn es ihren Bedürfnissen entsprach, in der Hoffnung, daß es ihr von Mal zu Mal leichterfallen würde. Tatsächlich wirkt jedes erfolgreiche *Nein* anspornend und mindert die Angst vor dem nächsten Mal.

6. Das Recht, Wünsche zu äußern

(im Bewußtsein, daß der andere das Recht hat, diese abzulehnen)

Viele Frauen zögern aus Angst vor Ablehnung, eigene Wünsche zu äußern. Wenn Sie in einem Hotel übernachten und ein Zimmer in einer lärmerfüllten Straße zugewiesen bekommen, haben Sie zweifellos das Recht, um ein anderes in einem ruhigeren Teil des Hauses zu ersuchen. Vielleicht bekommen Sie es, vielleicht auch nicht, aber Sie bekommen es *sicher nicht*, wenn Sie nicht darum bitten.

Frauen verzichten manchmal darauf, Wünsche zu äußern, weil sie Angst haben, unwissend zu erscheinen oder dem anderen Ungelegenheiten zu bereiten. Es ist unter den meisten Umständen durchaus akzeptabel, anderen zu erkennen zu geben, daß man Hilfe braucht. Und was die Angst betrifft, andere über Gebühr zu beanspruchen: unser Gegenüber hat immer die Möglichkeit, unsere Bitte abzulehnen.

7. Das Recht, das zu bekommen, wofür wir bezahlt haben

Wir sprechen hier von Durchsetzungsvermögen bezüglich unserer Rechte als Konsumenten von Gütern oder Dienstleistungen. Wenn wir unser Haar sehr kurzgeschnitten haben wollen, dann haben wir ein Recht darauf, diesen Wunsch erfüllt zu bekommen. Wenn wir einen Babysitter engagieren, haben wir das Recht zu erwarten, daß unsere Kinder unseren Weisungen entsprechend betreut werden.

Es war ein kalter Novembertag, als Sherry, Angestellte des öffentlichen Dienstes, unserer Gruppe von ihrer langen Auseinandersetzung mit ihrem Hausverwalter Mr. Jenkins erzählte. Als sie die Wohnung im Sommer mietete, war sie sich keiner Probleme bewußt gewesen, aber Ende Oktober wurde es nicht nur draußen kalt, sondern auch in ihren vier Wänden. In der ersten Woche – das Thermometer kletterte nie über 18 Grad – bat sie den Verwalter, die Zentralheizung stärker aufzudrehen. Er behauptete, er könne nichts tun; es sei ihre Schuld, wenn sie friere. Schließlich beschwere sich außer ihr im ganzen Haus niemand. Sherry erwiderte nichts darauf.

Je länger sie fror, desto unruhiger wurde sie. Sie besprach das Problem schließlich mit unserer Gruppe, die sie drängte, Mr. Jenkins gegenüber für ihre Rechte einzutreten. Sherry rechnete zwar mit Gleichgültigkeit oder gar mit Schwierigkeiten von seiner Seite, aber sie nahm sich trotzdem ein Herz, klopfte bei ihm an und erklärte ihm ihr Problem.

Sherry: Ich friere jetzt seit einer Woche. Die Heizkörper geben keine Wärme, und ich möchte Sie bitten, sie bald reparieren zu lassen, da die kalte Jahreszeit vor der Tür steht.

Mr. Jenkins: Sind Sie sicher, daß es zu kalt ist? Außer Ihnen hat sich niemand beklagt.

Sherry: Das kann gut sein. Es scheint an meinen Heizkörpern zu liegen. In der Wohnung hat es meist nur 18 bis 20 Grad, und das ist mir zu kalt. Bitte, lassen Sie die Heizkörper nachsehen.

Mr. Jenkins: Woher wissen Sie, daß es so kalt ist? Vielleicht ist Ihr Thermometer kaputt, nicht Ihre Heizkörper.

Sherry: Mein Thermometer ist nicht kaputt. Ich friere, und ich möchte, daß die Heizung repariert wird.

Mr. Jenkins: Schon gut, schon gut, ich schicke Ihnen George, meinen Installateur, vorbei, damit er nachsieht.

Eine Woche verging, aber niemand kam. Sherry zögerte diesmal noch mehr, sich an Mr. Jenkins zu wenden, da sie es bereits zweimal erfolglos versucht hatte. Sie überlegte sich jedoch genau, worauf sie in dieser Situation Anspruch hatte: da die Heizkosten in ihrer Miete inbegriffen waren, hatte sie ein Recht darauf, die Gegenleistung für ihr Geld auch tatsächlich zu erhalten. Ihr nächster Dialog mit Mr. Jenkins verlief folgendermaßen:

Sherry: Wie ich mich erinnere, haben Sie mir vor zwei Wochen versprochen, meine Heizkörper richten zu lassen. Es ist aber noch niemand gekommen. Meine Wohnung ist nach wie vor zu kalt.

Mr. Jenkins: Ach ja, ich habe vergessen, es Ihnen zu sagen. Ich habe George angerufen, aber er sagte, es werde eine Weile dauern, bis er kommen könne. Diese Leute haben viel zu tun – speziell zu dieser Jahreszeit.

Sherry: Ich glaube gern, daß Ihr Installateur viel zu tun hat. Aber meine Wohnung wird täglich kälter und ungemütlicher, und ich will einfach nicht länger auf die Reparatur warten.

Mr. Jenkins: Nun ja, ich werde ihn noch einmal anrufen, aber erwarten Sie keine Wunder.

Sherry: Das ist schön, daß Sie nochmals nachfragen wollen. Aber nachdem es bereits so lang gedauert hat, schlage ich vor, daß wir eine Frist von drei Tagen vereinbaren. Wenn George innerhalb dieser Zeit nicht kommen kann, rufen Sie bitte jemand anderen. Oder ich besorge selbst einen Handwerker und ziehe die Kosten von meiner nächsten Monatsmiete ab.

Mr. Jenkins: Nein, ich lasse die Reparaturen nur von George ausführen. Er ist der einzige, der sich bei dieser Zentralheizung auskennt. Außer ihm lasse ich da niemanden ran. Ich werde mich bemühen, aber ich kann nichts versprechen.

Sherry (nachdrücklich): Nun, ich werde mich morgen wieder bei Ihnen melden. Wenn George nicht innerhalb von drei Tagen kommen kann, werde ich jemanden besorgen, der es schneller macht, und die Reparaturkosten von der Miete abziehen. In meiner Wohnung ist es viel zu kalt.

Nach dieser Ankündigung ging Sherry. Sie fühlte sich wesentlich wohler als vorher. Es war ihr klar, daß sich die Sache noch lange so hätte hinschleppen können, wenn sie sich nicht behauptet und dem Verwalter eine Frist gesetzt hätte, innerhalb derer er Wort halten mußte. Tat er das nicht, dann würde Sherry trotz seiner Einwände selbst handeln.

In engem Zusammenhang mit dem eben behandelten Anspruch steht der nächste Punkt.

8. Das Recht, von Fachleuten Informationen zu erhalten

Als Patienten von Ärzten und Zahnärzten haben wir eine Reihe nicht zu unterschätzender Rechte. Vielleicht zögern wir, sie geltend zu machen, aus Angst, den Arzt zu verärgern – denn wir sind in ehrfürchtigem Respekt vor diesem Berufsstand aufgewachsen. Das Selbstsicherheitstraining kann uns jedoch helfen, unseren Standpunkt zu verändern und unser Zögern zu überwinden, alle Informationen zu verlangen, die uns zustehen.

Als Patient haben wir das Recht, unseren Arzt um verschiedene Auskünfte über unseren körperlichen Zustand und die in Aussicht genommene Behandlung zu ersuchen.

So haben wir einen Anspruch darauf, Antworten auf folgende Fragen zu erhalten:

In welchem allgemeinen und spezifischen Gesundheitszustand befinde ich mich?

Welche Resultate haben die diagnostischen Untersuchungen ergeben? Zu welchem Zweck wurden sie durchgeführt?

Mit welchen Medikamenten oder anderen Therapieformen werde ich behandelt werden? Weshalb? Welche kurz- oder langfristigen Ziele werden mit dieser Behandlungsmethode angestrebt? Welche Vorteile bietet sie? Mit welchen möglichen Nebeneffekten ist zu rechnen? Gibt es akzeptable Alternativen zu der vorgesehenen Behandlung?

Patienten, die Selbstzahler sind, sollten auch fragen: Was wird die ärztliche Behandlung kosten?

Mit welchen Nebenkosten (Labortests, Röntgenaufnahmen, physikalische Therapie etc.) für Dienstleistungen, die von anderen Stellen erbracht und abgerechnet werden, ist zusätzlich zu rechnen?

Gleich, ob die Antworten des behandelnden Arztes auf die obigen Fragen zufriedenstellend ausfallen oder nicht, haben wir auch noch andere Rechte. Dazu zählen:

Das Recht, uns gegebenenfalls von einem Spezialisten beraten zu lassen.

Das Recht, den Personen, die uns behandeln werden, unsere Sorgen oder Befürchtungen mitzuteilen.

Das Recht zu verlangen, daß eine ungenügend oder mangelhaft erbrachte Dienstleistung ohne zusätzliche Kosten für uns wiederholt wird.

Das Recht, als Klienten von Ärzten, Anwälten etc. mit Respekt und Diskretion behandelt zu werden.

Nach unseren S.T.-Gruppen zu schließen, fällt es vielen Frauen sehr schwer, genügend Selbstsicherheit aufzubringen, um diese unsere Rechte in der Praxis geltend zu machen.

Diese sind jedoch ohne Ausnahme gerechtfertigt. Verständnisvolle, vertrauenswürdige Praktiker werden solchen Fragen ohnedies aufgeschlossen gegenüberstehen und manche vielleicht sogar vorwegnehmen. Wenn nicht, wäre ein Arztwechsel zu überlegen. Schließlich sind wir die Patienten, und die genannten Punkte zählen zu den Pflichten des Arztes.

Wir haben aber nicht nur auf medizinischem Gebiet Rechte – wir haben auch Anspruch darauf, zu erfahren, welche Dienstleistungen Anwälte, Banken, Wirtschaftsprüfer, Steuerberater, Erzieher, Psychotherapeuten etc. zu erbringen bereit sind, und in welcher Weise, in welchem Zeitraum und zu welchem Preis. Wir haben auch ein Recht zu wissen, welche Leistungen die genannten Fachleute nicht erbringen können oder wollen und an welchem Punkt sich die Notwendigkeit ergeben kann, andere Fachleute hinzuzuziehen. Selbstverständlich haben wir diese Rechte auch gegenüber Handwerkern und Gewerbetreibenden.

9. Das Recht, Fehler zu machen

Kein Mensch ist vollkommen. Wir mögen uns gar nichts dabei denken, wenn andere Leute Fehler machen, mit uns selbst jedoch sehr scharf ins Gericht gehen, wenn es uns passiert.

Der Erwerb jeder neuen Kenntnis und Fertigkeit erfordert Übung, und wer übt, macht naturgemäß auch Fehler. Um zu wachsen, müssen wir experimentieren und zu Risiken bereit sein – insbesondere jetzt, da uns als Frauen so viele neue Möglichkeiten offenstehen.

Wir behindern unsere eigene Entfaltung, wenn wir Vollkommenheit von uns verlangen. Seien Sie etwas nachsichtiger mit sich selbst! Riskieren Sie zu sagen, was Sie denken, auch wenn Sie vielleicht unrecht haben. Wir haben das Recht, Fehler zu machen, und das gilt auch für die anderen.

10. Das Recht, gelegentlich auf Selbstbehauptung zu verzichten

Eine unserer Freundinnen schlug folgenden Titel für unser Buch vor: ‹Selbstsicherheit heißt wissen, wann . . .› – und wir könnten hinzufügen, . . . ‹und *wann nicht.*› Wir haben bereits davon gesprochen, daß nicht alle unsere Probleme automatisch aus der Welt geschafft sind, wenn wir über selbstsichere Verhaltenspraktiken verfügen.

Wir sollten versuchen, realistisch abzuschätzen, wann sich die Durchsetzung eigener Wünsche und Bedürfnisse als Bumerang erweisen könnte und uns unter Umständen mehr Schwierigkeiten einbringt, als sie löst. Wenn eine Situation von Leuten beherrscht wird, die über Macht verfügen und diese um jeden Preis aufrechterhalten wollen, dann könnte der Versuch der Selbstbehauptung zu Frustration oder gar zur Katastrophe führen. In solchen asymmetrischen Situationen (so sagt man in Fällen, in denen die Gewichte ungleich verteilt sind) empfiehlt es sich, die möglichen Folgen zu kalkulieren und dann zu entscheiden, ob die Durchsetzung des eigenen Willens das Risiko wert ist.

Manchmal werden wir beschließen, nicht auf bestimmten Ansprüchen zu bestehen, obwohl wir wissen, daß wir ein Recht darauf haben. Wenn Sie beispielsweise Ihr Verhältnis zu Ihrem kettenrauchenden Chef gefährden würden, indem Sie ihn bitten, bei einer Besprechung nicht zu rauchen, dann werden Sie vermutlich lieber davon absehen. Manchmal wiegt eine Priorität schwerer als die andere. Dann gibt es auch Fälle, in denen es einfach nicht die Mühe lohnt, sich zu behaupten. Etwa, wenn Sie es eilig haben oder ganz einfach müde sind oder wenn Ihnen Ihr Gegenüber nicht wichtig genug ist.

Schließlich sollten wir auch noch überlegen, wann es angemessen ist, unsere Rechte geltend zu machen, und wann nicht.

Sicher habe ich das Recht, meine Meinung zu äußern, aber habe ich das Recht, dies mit lauter Stimme während eines Films oder Theaterstücks zu tun? Haben die übrigen Besucher nicht das Recht zu bekommen, wofür sie bezahlt haben? Habe ich das Recht, angehört zu werden, wenn ich immer noch weiterrede, obwohl mein Gegenüber sichtlich längst kein Interesse mehr hat? Hat der Zuhörer nicht das Recht seine eigenen Prioritäten zu setzen? Hat nicht auch er das Recht, mit Respekt behandelt zu werden?

Manchmal geraten die Rechte eines Menschen eben in Konflikt mit denen eines anderen. Als Mitglied einer Wohngemeinschaft zählt Helen es vielleicht zu ihren Prioritäten, ihre ganze Habe und den vorhandenen Wohnraum mit sämtlichen Mitbewohnern zu teilen. An welchem Punkt beginnt ihr Verhalten in die Rechte der anderen einzugreifen? Helen hat das Recht, den anderen zu sagen, worin ihre Überzeugungen und Prioritäten bestehen, und sie hat ein Recht darauf, von ihnen auch wirklich angehört zu werden. Aber sie hat nicht das Recht zu erwarten, daß sich die übrigen Gruppenmitglieder stets ihren Vorstellungen anschließen und ebenfalls danach leben wollen.

Wenn wir unsere Rechte geltend machen, sollten wir uns immer vor Augen halten, daß auch die anderen Rechte haben. Flexibilität ist ebenso wichtig wie Geradheit und Direktheit.

3. Spiele, die Frauen spielen, um sich nicht behaupten zu müssen

«Leider leben wir in einer Gesellschaft, die verschiedene Formen von Heuchelei fördert, persönliche Offenheit entmutigt, zahlreiche soziale Hemmungen begünstigt und im Namen von Takt und Rücksichtnahme eine Tradition persönlicher Unehrlichkeit aufrechterhält. Innerhalb dieses korrumpierenden Gefüges fällt den Frauen die doppelt schwierige Aufgabe zu, diese üblen gesellschaftlichen Spiele gewandt mitzuspielen und gleichzeitig geistige Unbedarftheit vorzutäuschen.» (Arnold M. Lazarus)

Die Spiele, die man vielen von uns beibrachte und zu denen man uns anhielt, könnte man geradezu als Übungen in selbstunsicherem Verhalten bezeichnen. Direkt oder indirekt hat man viele von uns gelehrt, daß sich die anderen vor den Kopf gestoßen fühlen und wir uns unbeliebt machen, wenn wir offen bekennen, was wir wollen. Aus Furcht vor den möglichen Folgen von Offenheit und Ehrlichkeit (und weil wir stets das Schlimmste annehmen) finden wir oft Wege, unserer eigenen Angst zu entgehen, indem wir im Umgang mit anderen Direktheit vermeiden. Weil unsere Bedürfnisse trotz ihrer Unterdrückung aber bestehen bleiben, greifen wir dann zu verschiedenen indirekten und manipulativen Methoden, um sie dennoch zu befriedigen.

Freilich können sich auch Männer indirekter Techniken bedienen, um Selbstbehauptung zu vermeiden; dies sind nicht unbedingt geschlechtsspezifische Verhaltensmuster. Weil sich unser Buch aber speziell an Frauen wendet, wollen wir diese Muster vom Standpunkt einer Frau aus betrachten und einige der Spiele beschreiben, die so viele von uns spielen.

‹Spiele› sind nach unserer Definition manipulative und unehrliche Verhaltensweisen. Sie beinhalten versteckte, zweideutige, indirekte und unklare Kontakte. Die Hauptakteurin wendet diese indirekten Techniken in einer schematisierten Abfolge von Schachzügen an. Sie ist sich dabei oft selbst nicht bewußt, daß sie spielt.

Manchmal wird sie für ihr Spiel belohnt – mit Anerkennung, mit Kooperation oder indem sie ihr Ziel erreicht. Falls sie bekommt, was sie wollte, dann freut sie sich gewöhnlich über den Gewinn und wird dazu neigen, das erfolgreiche Spiel zu wiederholen – immer und immer wieder.

Trotz dieser scheinbaren Vorteile sind Spiele in der Regel für alle Beteiligten – oft auch für die Initiatorin selbst – unbefriedigend, denn das Endergebnis kann sie teuer zu stehen kommen. Da sie ihre Ziele durch indirekte, manipulative Mittel zu erreichen sucht, liefert sie sich an andere aus, denn sie ist davon abhängig, daß diese die Andeutungen und Winke, mit denen sie ihre Wünsche signalisiert, aufnehmen. Sie riskiert außerdem, mißverstanden zu werden. Da solche Spiele auf der unsicheren Annahme basieren, daß die anderen fortfahren werden, auf ihre Taktiken so zu reagieren, wie sie es von ihnen erwartet, gibt die Spielinitiatorin freiwillig die Kontrolle über ihre eigene Kommunikation aus der Hand.

Wie wir zeigen werden, sind Spiele überflüssig, da uns selbstsichere Verhaltensweisen positivere Möglichkeiten eröffnen.

Spiel Nr. 1: Die Märtyrerin
oder «Nach allem, was ich für dich getan habe»

Eine Frau, die *Märtyrerin* spielt, versucht, soviel Mitleid für ihre Lage zu erregen, daß sich jemand verpflichtet fühlt, ihr zu helfen, ohne daß sie je direkt darum zu bitten braucht. Die Märtyrerrolle bringt häufig mit sich, daß die Spielerin schließlich alle Arbeiten übernimmt, die die anderen nicht verrichten wollen, und daß sie die Wünsche der anderen erfüllt, ihre eigenen hingegen unterordnet. Darüber ist sie gewöhnlich verärgert.

Die Märtyrerin versucht, ihre Ziele durch das Aussenden indirekter Botschaften zu erreichen. Sie gibt sich überarbeitet, drangsaliert oder völlig abhängig. Oder sie spielt die Ausgenützte, seufzt viel und äußert indirekte Klagen. Damit versucht sie zu sagen: «Wenn du all das, was ich für dich tue, alle Opfer, die ich dir bringe, schätztest oder auch nur bemerktest, dann würdest du ganz von selbst mehr für mich tun wollen.»

Märtyrerstrategien erweisen sich jedoch häufig als Bumerang. Unser selbstverleugnendes Verhalten ermutigt die anderen nicht selten, es als selbstverständlich anzusehen, daß ein Teil unserer Funktionen darin besteht, ihnen zu dienen – auf unsere Kosten. Sie erwarten

Dienstleistungen – und wir liefern sie. In der Tat keine sehr verlokkende Position. Der Schuß kann auch insofern nach hinten losgehen, als die Menschen, denen das Märtyrerspiel vorgespielt wird, mit der Zeit mehr Ärger als Mitleid über die Märtyrerin empfinden und versuchen werden, aus dem Spiel auszuscheiden, sobald sie merken, daß sie manipuliert werden.

Wie sieht die selbstsichere Alternative zur Märtyrerrolle aus? Teilen Sie Ihre Ziele offen mit, stellen Sie klar, bis zu welchen Grenzen Sie zu gehen bereit sind, und machen Sie sich bewußt, was Sie von den anderen wollen. Und denken Sie immer daran, daß auch die anderen Rechte haben. Solange Ihr Gedankenaustausch offen, ehrlich und teilnehmend ist, werden Sie vermutlich ohne allzu große Schwierigkeiten befriedigende Lösungen finden. Selbst wenn Ihre Wünsche nicht erfüllt werden, so haben Sie doch wenigstens nicht damit hinter dem Berg gehalten, und es ist weniger wahrscheinlich, daß Sie die Ablehnung als persönliche Zurückweisung empfinden werden. Und mit der Zeit werden Sie vermutlich feststellen, daß die Menschen hilfsbereiter sind, wenn man sie geradeheraus um ihren Beistand bittet, als wenn man ihre Kooperation auf Umwegen, etwa indem man sie beschämt, zu erzwingen sucht.

Spiel Nr. 2: Unbeteiligt
oder «Wie du willst, mir ist es egal»

John (am Telefon): Hast du heute abend was vor? Hättest du Lust, ins Kino zu gehen?

Alice (zögernd): Hm, ich glaube, das ginge. (Eigentlich hatte sie geplant, nach der Arbeit Einkäufe zu erledigen und dann nach Hause zu gehen und ihre Haare zu waschen.) Ja . . . wirklich keine schlechte Idee . . . (wenig überzeugend).

John: Welchen Film möchtest du sehen?

Alice (sanft): Ach, das ist mir im Grunde gleich.

John: Wir könnten uns den neuen Fellini-Film in der Stadt ansehen, oder wir könnten drüben im Varsity den Western anschauen.

Alice: Wie du meinst (sie haßt Western).

John: Ich habe eigentlich keine Lust, den weiten Weg in die Stadt zu fahren, also gehen wir ins Varsity.

Alice (lange Pause, dann Seufzer): Hm . . . okay.

John: Ist dir das auch wirklich recht?

Alice: Mir ist es wirklich ziemlich egal – was dir lieber ist.

Wenn wir unbeteiligt bleiben und uns aus Entscheidungsprozessen heraushalten, dann geschieht das häufig aus der irrigen Überzeugung, daß die anderen es uns verübeln könnten, wenn wir offen unsere Meinung sagen. Wenn wir Angst haben, einen Wunsch frei heraus zu äußern, bedienen wir uns oft indirekter Mittel, um Situationen so zu manipulieren, daß wir unser Ziel erreichen.

Wer *Unbeteiligt* spielt, geht gewöhnlich eigenen Entscheidungen aus dem Weg; er richtet sich stets nach den Wünschen anderer und drückt seine Meinung nicht aus. Seine Meinung nicht äußern heißt, sich vor der Verantwortung für den Ablauf einer Handlung, für mögliche Konflikte und für das schließliche Ergebnis zu drücken. «Mir kann man keinen Vorwurf machen. Ich hatte nichts damit zu tun.» – «Alle haben das getan.» – «Ich habe ja gewußt, daß der Film nichts taugen würde, aber *du* wolltest ihn ja sehen.»

Die absichtlich unbeteiligt bleibende Frau hat nie unrecht – und nie recht. Sie riskiert nie, sich zu behaupten und ihren Willen auszudrücken – und sie lernt nie das befriedigende Gefühl kennen, dafür verantwortlich zu sein, daß sie ihr Ziel erreicht, falls sie es erreicht. Durch ihre Bemühungen, die anderen nicht zu verärgern, irritiert sie sie schließlich oft mehr, als wenn sie offen ihre Meinung gesagt hätte. Ihre Weigerung, die Schuld für unerwünschte Resultate auf sich zu nehmen, wird ebenfalls oft übelgenommen. Wenn man wirklich eine eigene Meinung hat, ist es nicht nur frustrierend, sondern schlicht unaufrichtig, sie nicht zu äußern.

Frauen, die *unbeteiligt* bleiben wollen, wischen ihre Wünsche oft hinweg, indem sie deren Stellenwert herunterspielen. «Es ist dumm von mir, das zu wollen.» – «Ich brauche es eigentlich gar nicht.» – «Ich kann ja auch ein anderes Mal zum Mittagessen ausgehen.» – «Ja, gebt Jack die Beförderung. Ihm bedeutet sie wahrscheinlich mehr als mir.»

In extremeren Fällen kann Angst vor Konflikten eine Frau nicht nur veranlassen, eigene Wünsche zu unterdrücken, sondern sogar andere zu bitten, dasselbe zu tun. Falls das funktioniert, kann sie sich als Glätterin der Wogen fühlen und bei Streitigkeiten die Vermittlerrolle übernehmen. Sie wirkt dann auf die Leute ein, sich die von ihr praktizierten Verhaltensweisen, für die es eine Reihe von Klischees gibt, zu eigen zu machen: «Ruhe ist die erste Bürgerpflicht.» – «Halte die andere Wange hin.» – «Nur keine Szenen.» – «Immer nur lächeln.»

Versöhnungsapostel dieser Art können ihre Mitmenschen durch ihren blauäugigen Optimismus und ihre Leugnung echter Gefühle auf die Palme treiben. Nicht selten lassen die anderen ihren persönlichen Ärger an ihnen aus. Solange eine Frau unbegründeterweise meint, für die Gefühle anderer verantwortlich zu sein, wird sie dazu neigen, ihre eigenen Bedürfnisse zu vernachlässigen.

In all den genannten Fällen benimmt sich die Spielerin insofern selbstunsicher und unaufrichtig, als sie hinter ihrer zur Schau getragenen Billigung der Entscheidungen und des Verhaltens der anderen ihren inneren Groll verbirgt, nicht das zu bekommen, was sie eigentlich will. Sie bezahlt mit inneren Spannungen dafür, daß sie immer alles hinunterschluckt. Oder sie reagiert ihre Wut indirekt, aber aktiver ab, indem sie sie an Dingen ausläßt (Türen zuschlägt, riskant Auto fährt etc.) oder auf andere Menschen, die unschuldigen Opfer ihres Spiels, überträgt.

Die auf der Hand liegende Alternative zum Raushalte-Spiel ist, offen und ehrlich seine Meinung zu sagen. Als John anrief, hätte Alice zugeben können, daß sie bereits geplant habe, Einkäufe zu machen. Sie hätte sich dann Johns Kinovorschläge anhören und es sich anders überlegen können, falls sie ihr wirklich zugesagt hätten. Wenn nicht, hätte sie ihm für die Einladung danken und hinzufügen können, sie ziehe es vor, bei ihrem ursprünglichen Plan zu bleiben. Falls sie John ein anderes Mal sehen wollte, hätte sie ihm auch das sagen können.

Spiel Nr. 3: Die Spaßverderberin
oder «Ich streite mich nicht mit dir,
aber ich gebe dir auch nicht recht»

Helen lebt im Haus ihres Sohnes Bob und ihrer Schwiegertochter Emily. Emily möchte das gemeinsame Fernsehzimmer neu einrichten – mit geflochtenen Korbsesseln und großen Sitzkissen auf dem Boden. Helen würde eine bequeme Couch vorziehen. Das nachstehend geschilderte Verhalten kann auch als passiver Widerstand bezeichnet werden.

Emily: Gestern habe ich Kissen aus wunderschönem Stoff gesehen.

Helen: War das Baumwolle?

Emily: Ja.

Helen: Baumwollbezüge gehen beim Waschen ein. Und sie werden schnell schmutzig.

Emily: Hm, vielleicht könnten wir einen anderen Stoff kaufen und die Bezüge selbst nähen.

Helen: Das sollte man Fachleuten überlassen. Außerdem wird alles, was auf dem Fußboden herumliegt, bald fürchterlich aussehen; (resigniert) aber wenn du unbedingt willst, kauf sie.

Emily: Nun ja, ich mag große Sitzkissen. Möchtest du irgend etwas Bestimmtes?

Helen: Eigentlich nicht. Möbel sollten vernünftig und haltbar sein. Aber das ist ja dein Haus. Mach nur, was du willst. Ich kann mich ja auch im Wohnzimmer aufhalten.

Später erzählte Helen scheinheilig einer Bekannten, daß sie nicht zu den Müttern gehöre, die ihren Kindern auf die Nerven fallen, indem sie ihnen ihre Meinung aufdrängen oder ihnen Ratschläge erteilen. Das tue sie nur, wenn sie darum gebeten werde. In Wirklichkeit unterstützte Helen nie die Pläne der anderen, es sei denn, sie deckten sich mit ihren eigenen. Damit stellte sie die Leute vor die unausgesprochene Alternative: «Entweder du errätst, was ich will, und gehst darauf ein oder ich leiste so lange passiven Widerstand, bis du genügend frustriert oder wütend bist, um mich nach meiner Meinung zu fragen und zu tun, was ich will.»

Die Widerständlerin will also einerseits eingebildete oder reale Konflikte vermeiden, gleichzeitig aber ihren Willen durchsetzen, ohne den anderen zu sagen, was sie will. Sie entzieht den anderen ihre Unterstützung für deren Pläne und weigert sich unter Umständen sogar, die Gründe dafür zu erörtern. Vielleicht gibt sie nicht einmal zu, daß sie das tut. «Ganz wie du meinst. Es ist dein Haus. Tu, was du für richtig hältst.» Oft weist sie auf Mängel im Verhalten der anderen hin, ohne zu sagen, was sie anders wünscht. Sie hofft, daß die anderen ihre Mißbilligung schon merken und sie bitten werden, ihnen zu sagen, wie sie es ihr recht machen könnten.

Passiver Widerstand kann drei verschiedene Resultate zeitigen, die alle als unbefriedigend zu bezeichnen sind. Zum einen kann die verschlüsselte Botschaft der Spielerin ihrem Gegenüber schlicht entgehen. Obwohl in diesem Fall die Beziehung konflikt- und reibungslos bleibt, wird sich in der Widerständlerin vermutlich Ärger aufstauen, weil ihre eigenen Wünsche, die sie nicht ausgesprochen und der andere nicht erraten hat, unerfüllt geblieben sind. Gerade in engen Beziehungen kommt diese Variante häufig vor. «Wenn du mich wirklich liebtest, würdest du wissen, was ich will.»

Zum anderen können die Gegenspieler zu der Überzeugung gelangen, daß die Widerständlerin mit zu hohen Einsätzen spielt; ihre Kooperation muß durch zu viele Konzessionen erkauft werden. Sie ignorieren sie daher einfach – was nicht allzu schwierig ist, da sie nie offen sagt, was sie will. Dadurch frustrieren sie ihr Verlangen, ihren Kopf durchzusetzen. Falls sie sich außerdem über sie ärgern und ihr das ins Gesicht sagen, dann hat sie durch ihren passiven Widerstand genau den Konflikt provoziert, den sie zu vermeiden trachtete.

Die dritte Möglichkeit ist, daß sich die Partner auf Kosten ihres eigenen Seelenfriedens von der Akteurin manipulieren lassen, sie nach ihrer Meinung fragen und auf ihre Wünsche eingehen. Kurzfristig bekommt sie also, was sie will. Auf längere Sicht wird die Unehrlichkeit ihrer Mittel freilich dazu führen, daß auch sie leidet – unter zunehmenden Schuldgefühlen, unter dem schwindenden Vertrauen ihrer Partner und zuletzt unter der stillen Verzweiflung derer, die sich widerstrebend ihren Wünschen fügten.

Die positive Alternative zum passiven Widerstand ist offenes Ausdiskutieren, gegenseitiges Verständnis und Bereitschaft zum Kompromiß oder zu alternativen Lösungen. Helen hätte einfach sagen können, daß sie eine komfortable Couch vorziehe. Sie hätte aber Emilys Rechte und Gefühle ebenso in ihre Überlegungen einbeziehen sollen wie ihre eigenen. Wenn sie so vorgegangen wäre, hätte Emily vielleicht der Anschaffung einer Couch zugestimmt und Helen hätte ihren Wunsch erfüllt bekommen, ohne Emily zu frustrieren.

Möglicherweise wäre Emily bei ihrer Ablehnung geblieben und hätte Helen erklärt, weshalb sie keine Couch wolle – aber selbst wenn Helens Wunsch nicht erfüllt worden wäre, hätte sie die aus ihrem manipulativen Verhalten und ihren irreführenden Reaktionen resultierenden Spannungen vermieden.

Alle bisher beschriebenen Strategien – die Märtyrerrolle, das Raushaltespiel und passiver Widerstand – sind unter Umständen als Varianten des nächsten Spiels anzusehen, das wir Sabotage nennen.

Spiel Nr. 4: Die Saboteurin
oder «Ich mach zwar, was du willst, aber ich lege dir wortlos Steine in den Weg. Wenn ich mein Ziel nicht erreiche, dann wehe dir – ich räche mich so oder so»

Sehen wir uns drei Beispiele von Sabotage an:

Pats Arbeitgeber erwartete von den Sekretärinnen, daß diese abwechselnd Kaffee kochten und sauber machten. Pat haßte das, getraute sich aber nicht, dagegen Einspruch zu erheben, obwohl ihr klar war, daß dies die einzige Möglichkeit gewesen wäre, die Situation zu ändern. Sie fürchtete, daß sie mit ihrer Weigerung ihre Kolleginnen verärgern und mit deren Zorn dann nicht fertigwerden könnte.

Sie lehnte es also nicht ab, jeden Donnerstag für alle Kaffee zu machen, aber es passierten ihr ständig Mißgeschicke. Der Kaffee war entweder zu stark oder zu schwach. Manchmal vergaß sie einfach, daß sie an der Reihe war. Oder sie vergaß, sauber zu machen. Oder die nötigen Ingredienzien gingen ihr aus. Gelegentlich bekam sie Kopfschmerzen. Oft fühlte sie sich in anderer Hinsicht überlastet. Bald begann sie, abfällige Bemerkungen über ihren Chef zu machen, der die Sache mit dem Kaffeekochen eingeführt hatte. Sie dachte daran, ihre Stellung zu kündigen. Statt ihre Wünsche zur Diskussion zu stellen, machte Pat allen Beteiligten das Leben sauer – am meisten aber sich selbst.

Janes Mann war in letzter Zeit immer häufiger verspätet nach Hause gekommen. Obwohl er sie jedesmal anrief und ihr sagte, um wieviel Uhr er eintreffen werde, setzte ihm Jane stets ein mißratenes Abendessen vor: Entweder fiel es arg kümmerlich aus, oder es war völlig verkocht und unappetitlich. Jane rächte sich auf diese Weise, anstatt mit ihrem Mann über das Problem zu sprechen.

Gerry, eine Verkäuferin, wurde von ihrem Abteilungsleiter ersucht, mehrere Monate lang an einem Abend in der Woche Überstunden zu machen. An diesen Abenden lagen ihre Umsätze deutlich unter ihrem sonstigen Durchschnitt, und sie machte zahlreiche Buchungsfehler. Sie besprach ihre Abneigung gegen die Überstunden nicht mit ihrem Chef; das Problem blieb daher ungelöst. Statt dessen sabotierte sie.

Die Saboteurin ordnet ihre eigenen Wünsche denen der anderen unter. Sie sucht Konflikte zu vermeiden und zornigen Reaktionen ihrer Mitmenschen zu entgehen, die sie für den Fall erwartet, daß sie diese direkt mit ihren Wünschen konfrontiert. Doch ihre Selbstverleugnung läßt Ressentiments gegen diejenigen entstehen, die sie ihrer Meinung nach ausnützen. Auf Grund ihrer Frustration sucht sie nach indirekten Möglichkeiten der Revanche, während sie gleichzeitig nach außen hin so tut, als komme sie den Wünschen der anderen nach. Dahinter steht die Hoffnung, daß ihre Manöver die anderen früher oder später auf ihren Seelenzustand aufmerksam machen oder doch wenigstens erkennen lassen, was sie eigentlich will, und daß sie darauf Rücksicht nehmen, ohne daß die Saboteurin offen ihre Sache vertreten muß.

Die Saboteurin hält sich also nach außen hin an die Spielregeln der anderen. Sie tut, was diese wollen, gewöhnlich ohne verbalen Protest. Gleichzeitig kreiert sie jedoch ihre eigenen, entgegengesetzten Spielregeln, an die sie sich ebenfalls hält. «Ich werde es auf meine Art machen – wenn mir danach ist – falls ich nicht vergesse.» Ihr selbstunsicheres Verhalten ist also widersprüchlich und selbstschädigend. Die Saboteurin möchte im Grunde, daß die anderen ihre Forderungen an sie zurückziehen, aber sie wagt nicht, ihnen das direkt zu sagen. Deshalb bedient sie sich verschiedener Taktiken, um diese Forderungen insgeheim zu unterlaufen. Dazu zählen:

Hinausschieben. «Ich mache es morgen» – und ob *mañana* je kommt, steht nicht fest.

Zuspätkommen. Sie kommt zu Anlässen zu spät, die sie meiden möchte. Dies ist eine Kompromißlösung, die niemanden befriedigt. Sie wäre am liebsten gar nicht hingegangen; ihr(e) Partner hätten es gern gesehen, daß sie von Anfang an dagewesen wäre. (Ihr Zuspätkommen kann auch störend wirken – eine indirekte Methode, ihre Ressentiments gegenüber den Veranstaltern auszudrücken.)

Trödeln. Wenn sie die eiligen Arbeiten, die ihr der Chef bei Büroschluß noch auf den Schreibtisch geknallt hat, mit innerem Widerwillen tut, braucht sie viel länger und arbeitet viel flüchtiger, als wenn ihr eine Aufgabe Spaß macht.

Schlamperei und Nachlässigkeit. Sie macht die Arbeit, aber so mangelhaft, daß zusätzliche Zeit und Energie für die Korrektur der Fehler aufgewendet werden müssen. Unter Umständen kann ein ganzes Projekt dadurch so unbrauchbar geworden sein, daß es neu angefangen oder ganz aufgegeben werden muß.

Vergessen oder Versäumnis. Der Gipfel selbstunsicheren Verhaltens ist vielleicht, eine Verpflichtung, die man widerstrebend einging, aber nicht halten wollte, durch Vergessen zu leugnen.

Beim Sabotagespiel wird manchmal mit noch eindeutiger manipulativen Methoden gearbeitet – statt sich offen einer Situation zu stellen, wird beispielsweise eine Person unterminiert. Die Saboteurin verbreitet dann Gerüchte bzw. macht Andeutungen und abfällige Bemerkungen über den Menschen, den sie für eine ihr unangenehme Situation verantwortlich macht. Sie hofft, auf diese Weise andere Leute auf ihre Seite zu ziehen und in ihnen dieselben Ressentiments zu erwecken. Eventuell versucht sie, einen Fürsprecher zu finden, der bei Auseinandersetzungen mit ihrem vermeintlichen Widersacher ihren Standpunkt vertritt. Manchmal stachelt sie die oppositionellen Kräfte an, aktiv gegen ihren Widersacher vorzugehen, aber auch dabei vermeidet sie es, sich dem Problem als solchem direkt und selbstsicher zu stellen.

Das Sabotagespiel kann sich für die Hauptakteurin schädlicher auswirken als für die übrigen Mitspieler. So können ihre selbstunsicheren Taktiken indirekter Kommunikation die falsche Botschaft übermitteln – beispielsweise sie als unfähig, zerstreut, nachlässig, rachsüchtig und illoyal charakterisieren –, statt ihrer Ansicht Geltung zu verschaffen, daß eine an sie gerichtete Forderung überzogen oder eine bestimme Situation unzumutbar sei.

Außerdem hat sie selbst häufig mehr als ihr Widersacher unter den Verzögerungen und der zusätzlichen Arbeit zu leiden, die durch ihre Sabotage entstehen. Wenn sie Überstunden machen muß und bei der Arbeit trödelt, vergeudet sie ihre eigene Zeit und Energie, nicht die ihres Chefs. Und die Arbeit, die ihr so zuwider ist, bleibt ihr trotzdem nicht erspart und ebensowenig die damit verbundenen Ressentiments.

Und falls ihre Verzögerungstaktik, ihre Nachlässigkeit und ihre Versäumnisse anderen Ungelegenheiten bereiten, so wird sie sie zweifellos verärgern – aus einem *realen* Grund, nicht aus dem von ihr vermuteten. Durch ihre Selbstunsicherheit dürften also mehr Probleme entstehen als gelöst werden.

Die selbstsichere Alternative wäre, das anstehende Problem freimütig – und unverzüglich – mit demjenigen zu erörtern, der die Forderungen an einen stellt bzw. der in der Lage ist, die Situation zu ändern. Gemeinsam könnten andere Lösungen besprochen oder ein Kompromiß in Betracht gezogen werden. Selbst wenn dies nicht gelänge, wären die Schwierigkeiten direkt angegangen worden. Obwohl die unter einer Situation leidende Person ihr Ziel vielleicht nicht erreichen würde, hätte sie wenigstens die Gewißheit, alles in ihrer Macht stehende getan zu haben, um ihr Problem zu lösen. Damit würde die Wahrscheinlichkeit auf ein Minimum zusammenschrumpfen, daß verdeckte Ressentiments entstehen, und, so ist zu hoffen, auch die Gefahr der Sabotage gebannt.

Spiel Nr. 5: Die Verführerin
oder «Ein armes kleines Mädchen wie ich braucht einen großen, starken, schönen Mann wie dich»

Zu spüren, daß wir ähnlich empfinden wie ein anderer Mensch, und das von diesem auch bestätigt zu bekommen, kann aufregend und beglückend sein oder ein starkes Gefühl der Intimität in uns auslösen. Gegenseitige Wertschätzung, Austausch von Komplimenten und ein pikanter Flirt bereitet beiden Partnern Vergnügen und kann zu einer engeren Beziehung führen.

Beim Verführungsspiel setzt die Spielerin hingegen Koketterie in manipulativer Absicht ein, als sexuelles Mittel zur Erreichung nichtsexueller Ziele, etwa um bestimmte Vorteile oder Privilegien für sich herauszuschlagen, ohne direkt darum bitten zu müssen.

Obwohl in unserer Gesellschaft traditionell die Männer in der Verführerrolle gesehen wurden, sprechen wir hier von verführerischem und flirtendem Verhalten, das *Frauen* speziell in ihrer Beziehung zu Männern an den Tag legen. Selbstverständlich können Schmeicheleien und Selbstherabsetzung nach dem Muster «Ich armes kleines Ding brauche einen so tüchtigen bzw. selbstsicheren Menschen wie dich» auch im Umgang mit anderen Frauen angewandt werden, aber wir wollen uns hier darauf konzentrieren, wie diese Masche gegenüber Männern benutzt wird.

Im Laufe unseres Jahrhunderts galten beispielsweise der Vamp, der frivole Backfisch, das Pin-up-girl und die üppige, aber kindliche Blondine abwechselnd als Leitbilder, denen eine «richtige Frau» nacheifern sollte. Jedes dieser Vorbilder enthält bestimmte Aspekte echten verführerischen Verhaltens. Doch zusätzlich zu den sexuellen Aspekten koketten Benehmens werden die Frauen ständig von der Gesellschaft ermutigt, dieses Verhalten auch für andere Zwecke zu nutzen. Wir begegnen diesem Phänomen in der Trivialliteratur auf Schritt und Tritt: die Agentin verführt den Helden, um ihm militärische Geheimnisse zu entlocken; die dumm-schlaue Comics-Heldin Blondie schmeichelt ihrem Freund Dankwart, damit er ihr einen neuen Hut kauft; das kurvenreiche Fotomodell in der Anzeige einer Fluglinie fordert die Leser auf: «I'm Ginger – fly me!»

Es kommen immer noch Bücher auf den Markt, die der Frau alle Tricks der Manipulation und Verführung zu vermitteln suchen und die von der Annahme auszugehen scheinen, daß sie es im Leben um so leichter haben wird, je besser sie die geschilderten Taktiken beherrscht. So lernt sie beispielsweise, welche Komplimente sie ihrem Mann in bezug auf seinen Körper machen soll, wie sie ihm am überzeugendsten schmeichelt, wie sein ramponiertes Selbstwertgefühl wieder aufpoliert werden kann und auf welche Weise sie sich seiner Führung anvertrauen sollte. In diesen Büchern wird der Frau geraten, sich «den Eigenheiten des Mannes willig anzupassen, auch wenn es ihr manchmal zutiefst zuwider ist. Er wird sich dafür dankbar erweisen und sie belohnen, indem er ihre Wünsche erfüllt. Vielleicht wird er sie sogar mit schönen Dingen verwöhnen». (Marabel Morgan)

Die Popularität dieser Bücher und der vorgestellten Thesen beweist, wie mächtig der Einfluß der Gesellschaft auf das Individuum tatsächlich ist. Den Frauen wird immer noch beigebracht, ihre Erfüllung liege darin, einen Mann um jeden Preis glücklich zu machen. Unser neues Rollenverständnis läßt uns jedoch immer klarer erkennen, wie selbstschädigend diese Art von manipulativer Verführung sein kann.

Obwohl beim selbstunsicheren Verführungsspiel ein Wunsch offen zum Ausdruck gebracht werden kann, geschieht es nicht auf direkte Weise. Die Spielerin stattet ihre Kommunikation mit erotischen Untertönen aus, sie arbeitet mit Koketterie oder Schmeichelei. Sie bedient sich dieser indirekten Verhaltensweisen in der Überzeugung, a) daß Männer direktes, offenes und ehrliches Verhalten bei Frauen ablehnen, entweder weil sie nicht daran gewöhnt sind oder nicht damit umgehen können, und b) daß Männer eitel, egozentrisch und äußerst anfällig für Schmeicheleien sind, weil sie sich Frauen gegenüber für unwiderstehlich halten. Die logische Erwartung ist hier, daß die für Schmeicheleien so anfälligen Männer widerstandslos jeder List auf den Leim gehen, die eine Frau anwendet, um sie um den Finger zu wickeln.

Diese Denkweise ist für Männer und Frauen gleichermaßen entwürdigend. Erotische Tricks, die dem Zweck dienen, direkte Kommunikation zu vermeiden, sind durch und durch unehrlich, denn die Verführerin sucht aus der Eitelkeit und den Schwächen ihres «Opfers» für sich Kapital zu schlagen. In manchen Fällen erreicht sie ihr Ziel, und dieser Erfolg ermutigt sie, ihr manipulatives Verhalten fortzusetzen. Die Verführerin läuft jedoch Gefahr, daß ihre indirekte Kommunikation mißverstanden wird. Sie sendet eine bestimmte Botschaft (Sexualität, falsche Unterwürfigkeit) und erwartet Antwort auf eine zweite, verborgene Botschaft, die ein völlig anderes Thema betrifft. Sie sagt: «Ich gehe gern mit Ihnen aus. Sie sind so attraktiv.» Sie meint: «Laden Sie mich zum Abendessen ein.» Sie ist also davon abhängig, ob und wie ihr Gegenüber ihre Botschaft entschlüsselt, und muß ständig darauf achten, daß ihre Signale richtig ankommen.

Im Selbstsicherheitstraining wird versucht, den Frauen die Erkenntnis zu vermitteln, daß Direktheit, Ehrlichkeit und nichtmanipulatives Verhalten zu ihren stärksten und unerschöpflichsten Kraftquellen zählen. Diese Quellen ermöglichen ihnen nicht nur, ihr Selbstwertgefühl in jedem Alter zu bewahren, sondern befähigen sie auch, ihre Ziele direkt anzusteuern, statt warten und hoffen zu müssen, daß ihre Winkelzüge Erfolg haben.

Schlußfolgerungen

Wir haben über das Märtyrer- und das Raushaltespiel, über passiven Widerstand, Sabotage und Verführung gesprochen – lauter Spiele, die allen Beteiligten teuer zu stehen kommen. Offensichtlich versprechen sich die Spielerinnen aber trotzdem irgendwelche Vorteile davon, sonst wären sie nicht so lange Zeit von so vielen Frauen gespielt worden – diese vermeintlichen Vorteile sind jedoch gewöhnlich kurzfristig; auf lange Sicht schaden sich die Spielerinnen selbst. Mit ihren ständig erforderlichen Manövern um kurzlebiger Vorteile willen – wie Vermeidung von Konflikten oder Flucht vor Verantwortung – verschlingen solche Spiele Unmengen von Energie.

Mit der Zeit kommen die alten, in den Untergrund gedrängten Probleme in der gleichen oder einer noch schärferen Form jedoch wieder hoch. Spiele errichten Mauern zwischen den Menschen, die in der Regel nicht von selbst verschwinden.

Selbstsicheres Verhalten kann Spiele überflüssig machen. Es erleichtert das Verständnis der eigenen Persönlichkeit, vermittelt klarere Einsichten im Umgang mit den anderen und fördert die direkte, ehrliche Kommunikation. Durch selbstsicheres Verhalten werden die Mauern abgebaut.

4. Der Entschluß sich zu ändern – vielleicht die größte Hürde

Verhaltensänderungen sind nicht leicht zu erreichen. Sie können einem nicht von außen unter Zuhilfenahme der Logik und Rhetorik aufgezwungen werden, auch nicht durch die Überredungskünste eines S.T.-Leiters. Der Entschluß, uns zu ändern, kann nur aus uns selbst kommen.

Wenn wir diesen Entschluß fassen, sollten wir uns sowohl überlegen, was wir dabei zu verlieren, als auch, was wir zu gewinnen haben. Wir werden uns auch in diesem Kapitel weniger mit dem Problem aggressiven Verhaltens als mit der Umwandlung selbstunsicheren Verhaltens in selbstsicheres Verhalten beschäftigen, da sich dies als die Hauptschwierigkeit der Teilnehmerinnen an unseren Gruppen erwiesen hat. Der Fragebogen am Schluß dieses Kapitels soll Ihnen den Entschluß erleichtern, Ihr Verhalten zu ändern.

Sobald wir einmal auf wiederkehrende Verhaltensmuster von Selbstunsicherheit aufmerksam geworden sind, sollten wir untersuchen, was sie uns eigentlich einbringen. Obwohl wir Selbstunsicherheit nicht als günstiges Verhalten bezeichnen würden, bietet sie doch auch einige scheinbare Vorteile.

So hilft sie uns manchmal, Konflikte, Ärger und Ablehnung zu vermeiden, und ermöglicht uns, die Verantwortung für unsere Gefühle nicht übernehmen zu müssen. Wie es eine Frau ausdrückte: «Obwohl ich mich selbst dafür hasse, daß ich den Mund nicht aufmache, lohnt sich mein Schweigen wenigstens insofern, als immerhin Ruhe im Haus herrscht.»

Andere die Probleme anpacken und lösen zu lassen oder «unbeteiligt» zu spielen, ist auch ein Mittel, uns vor Verantwortung zu drükken. «Es ist nicht meine Schuld, daß sich die Hälfte der Leute, die an dem Winterpicknick teilnahmen, erkältet hat. Das war ja nicht meine Idee.»

Durch selbstunsicheres Verhalten fordern wir die anderen auf, sich um uns zu kümmern und uns zu beschützen. Wenn wir die Hilflose spielen, findet sich vielleicht jemand, der uns die Mühe der Selbstbehauptung weitgehend abnimmt. Eine Frau, die sich nicht traut, die Installateurrechnung in Frage zu stellen, wird es ihrem Mann überlassen, Aufklärung zu verlangen oder gar sich zu beschweren. Falls der Installateur wütend wird, entlädt sich sein Zorn über ihren Mann, nicht über sie.

Obwohl uns der Gedanke zutiefst zuwider ist, daß wir den Mund halten, statt unsere wahren Gefühle zu äußern, stellen Komplimente und Lob einen mächtigen Ansporn dar, uns den Erwartungen anzupassen, die andere an uns richten. «Mit dir kommt man so gut aus», heißt es dann, oder «Man kann sich immer darauf verlassen, daß du dich an die jeweilige Lage anpaßt.»

Ein weiteres, und vielleicht das mächtigste Motiv, in selbstunsicheren Verhaltensweisen zu verharren, ist, daß sie uns vertraut sind: Wir wissen, wie diese Verhaltensmuster funktionieren, selbst wenn wir uns nicht ganz wohl dabei fühlen. Wenn wir Angst davor haben, etwas Neues zu riskieren, dessen Folgen wir nicht absehen können, neigen wir dazu, uns auf erprobte Verhaltensweisen zu stützen. Ist das Ergebnis günstig, haben wir Glück gehabt. Ist es weniger günstig, wünschen wir vielleicht, über Alternativen zu verfügen, wissen aber nicht, wie wir Änderungen herbeiführen können.

Sie fragen vielleicht: Warum sollten wir uns ändern wollen? Ist überhaupt zu erwarten, daß wir dabei mehr gewinnen als verlieren werden?

Wenn wir unseren Gruppen diese Fragen stellen, antworten die Frauen oft, daß sie durch ihr selbstunsicheres Verhalten zwar manchmal ihre Ziele erreichen, daß sie aber die Gefühle nicht mögen, die sie sich selbst gegenüber haben. So urteilten Frauen über die Nachteile ihres selbstunsicheren Verhaltens.

«Ich weiß, daß ich viel in Schutz genommen werde, insbesondere von meinem Mann, aber ich verliere dadurch meine Unabhängigkeit.»

«Ich kann zwar auf Nummer Sicher gehen und das Risiko vermeiden, daß meine Ideen oder Meinungen abgelehnt werden, aber ich verzichte dadurch auf die Möglichkeit, einige Entscheidungen zu treffen.»

«Ich habe das Gefühl unehrlich zu sein. Auch wenn ich eine wirklich fundierte Meinung habe, behalte ich sie für mich und schließe mich den anderen an, um Schwierigkeiten zu vermeiden.»

«Wenn ich meine eigenen Rechte nicht achte, werden auch die anderen dies nicht tun. Ich riskiere nichts, aber ich verliere mein eigenes Selbstwertgefühl, und wenn das passiert, schätzen mich auch die anderen nicht.»

«Wenn ich mich lange Zeit hindurch selbstunsicher verhalte, dann staut sich so viel Groll in mir auf, daß ich schließlich explodiere und meine Wut an irgend jemandem auslasse. Dadurch schränke ich meine Fähigkeit ein, zu kontrollieren, wie ich meine Gefühle äußere.»

«Ich verliere meine innere Ruhe. Die Ironie ist: ich verhalte mich passiv, um Konflikte zu vermeiden, aber der Kampf tobt dann in meinem Inneren.»

«Indem ich den anderen die Führung überlasse, gebe ich mir nie die Chance, selbst einen Plan zu fassen und auszuführen.»

«Ich fühle mich so ausgeliefert. Es scheint, als sei ich immer davon abhängig, daß andere herausfinden, was ich eigentlich will.»

Zu den Vorteilen zunehmender Selbstsicherheit zählen: größere Unabhängigkeit, Entscheidungsfähigkeit und Übernahme der Verantwortung für die eigenen Entschlüsse und das eigene Verhalten; ein Zuwachs an Ehrlichkeit, innerer Ruhe, Selbstbeherrschung, Selbstachtung und Achtung vor den anderen; und die Freiheit direkter Kommunikation, statt davon abhängig zu sein, daß die anderen unsere Andeutungen verstehen und erraten, was wir denken oder wollen.

Wenn wir die Vor- und Nachteile bestimmter Verhaltensweisen einmal unter diesen Aspekten abgewogen haben, können wir besser beurteilen, was am besten für uns geeignet ist. Die Vorzüge einer selbstsicheren Zukunft auf der einen und die Handicaps durch gehemmtes Verhalten auf der anderen Seite mögen uns veranlassen, Veränderungen anzustreben.

Ein letztes, aber sehr wichtiges Wort zum Thema Verhaltensänderung: Wir leben nicht isoliert von unseren Mitmenschen, sondern in einer Gesellschaft, in der wir in ein Netz zwischenmenschlicher Beziehungen eingebettet sind. Unsere Mitmenschen pflegen bestimmte Verhaltensweisen von uns zu erwarten – je nachdem, wofür sie uns halten und welcher Art unsere Beziehung zu ihnen ist.

Wenn in einer Gruppe oder einer Beziehung eine Person selbstsicherer wird, reagieren die anderen darauf. Veränderungen eines Individuums können Veränderungen in dessen Beziehungen zu anderen auslösen – und das kann bedrohlich werden. Das muß sich jeder unbedingt vor Augen halten, der neue Verhaltensweisen ausprobiert.

In der Phase des Übergangs von selbstunsicherem zu selbstsicherem Verhalten werden sich daher die Fähigkeiten des Zuhörenkönnens und der Einfühlung als besonders nützlich erweisen, denn nur so läßt sich beurteilen, wie unser neues Verhalten bei den uns am nächsten stehenden Menschen ankommt.

Wir müssen uns auch im klaren darüber sein, daß der Wandel eine gewisse Zeit in Anspruch nehmen wird. Ebenso wie wir uns erst an unsere neue Selbstsicherheit gewöhnen müssen, brauchen auch die anderen Zeit, um sich an unser verändertes Verhalten anzupassen und die neuen Qualitäten der Beziehung schätzen zu lernen.

Nach der dritten S.T.-Sitzung gab uns eine Teilnehmerin eine schriftliche Darstellung, wie sie zu ihrem Entschluß gelangt war, ihr Verhalten zu verändern. Sie schilderte darin, wie ihr die Eltern und Großeltern in ihrer Kindheit suggeriert hatten, welche Art von Mensch sie sei und wie sie sich verhalten solle, um gut durchs Leben zu kommen – in erster Linie, um die Erwartungen zu erfüllen, die andere an sie richteten. Sie untersuchte, inwiefern sich diese Kindheitseinstellungen auf ihre Jugend und ihr Erwachsenendasein ausgewirkt hatten, und erklärte, wie sie zu der Einsicht kam, ihr Leben nach zwanzig Jahren, die immer in gleichen Bahnen verlaufen waren, tiefgreifenden Veränderungen zu unterziehen. Hier einige Auszüge.

> Als Kind bekam ich oft die Geschichte zu hören, wie Großmutter Stevens mich als halbverhungerten Säugling dazu brachte, aus der Flasche zu trinken. Das sollte mich wohl zu der Überzeugung führen, ich verdankte Oma Stevens geradezu mein Leben. Immerhin dachte ich, ich müsse versuchen, so wie diese Frau zu werden, die selbstlos, ja opferbereit handelte und immer «alles in ihrer Kraft stehende» für andere getan hatte – jene Frau, die mein Leben gerettet hatte. Vierzig Jahre später, als ich aufhörte, die Märtyrerin zu spielen, tat mir Annie Stevens leid, nach deren Vorbild nun niemand mehr sein Leben einrichtete. Doch tröstete ich mich in der Erkenntnis, daß sie in ihrer Zeit und ihren Umständen ge-

mäß gelebt hatte und daß ich versuchen mußte, das gleiche zu tun: *meiner* Zeit entsprechend zu leben.

Als ich vier Jahre alt war, erkrankte meine älteste Schwester Jane plötzlich an Meningitis und starb im Alter von sieben Jahren. Jahrelang sprachen meine Mutter und meine Tanten, so oft sie zusammenkamen, über die liebe kleine Jane. Ich hörte sie immer wieder sagen, wie sehr sie sie geliebt hatten und was für ein gutes, braves Mädchen sie gewesen war: Sie war das goldigste Mädchen der Welt, immer folgsam, tat niemandem etwas zuleide und so weiter. In der Hoffnung, endlich auch einen Teil der Aufmerksamkeit auf mich zu ziehen, beschloß ich, als das älteste Kind nun genauso folgsam zu werden, nie ungezogen oder egoistisch oder laut oder im Weg zu sein. Dies waren offensichtlich die Qualitäten, die die Erwachsenen am meisten schätzten.

Das Problem, mit dem ich dabei zu kämpfen hatte, war, daß solche Dinge den Kindern nie erklärt wurden. Wenn meine Angehörigen über andere Leute redeten, wurde stets nur über die Person geurteilt, nicht über deren Handlungen. Der einzig sichere Weg, als «brav» zu gelten, war, so schien es, nie unangenehm aufzufallen. Ich verbrachte viel Zeit damit, auf Hinweise zu warten, zu beobachten und zuzuhören, um herauszufinden, welches Verhalten erwünscht sei. Tatsächlich erhielt ich einen Anhaltspunkt. Meine Mutter lobte mich anderen gegenüber, indem sie sagte: «Sie ist so still, ich merke kaum, daß sie im Haus ist.» Für sie war es selbstverständlich, daß meine beiden kleinen Brüder aktiv, lärmend, voll Schabernack und Energie waren, aber von mir schien sie zu glauben, ich verfügte über eine geheime Quelle an Wissen, Weisheit und Reinheit, die mich mein ganzes Leben lang leiten werde. Sie war nie neugierig auf meine Gedanken und Gefühle . . . sie wußte, daß ich ein braves Mädchen war.

Mein Vater mußte während der Wirtschaftskrise der dreißiger Jahre hart arbeiten, um seiner Familie ein Dach über dem Kopf, Kleidung und Nahrung zu sichern. Als Elektriker verdiente er trotz Überstunden gerade genug, um sein Auskommen zu haben. Er war stolz darauf, daß ihm dies in einer Zeit gelang, als viele Männer nicht imstande waren, ihre wachsenden Familien mit dem Nötigsten zu versorgen. Anscheinend glaubte er, damit auch seine Pflicht gegenüber seinen Kindern getan zu haben. Meine Erinnerungen an ihn als Person sind nebelhaft. Soweit ich mich entsinne, hatte er nie wirklich engen Kontakt mit uns.

Nur bei zwei Anlässen rückte ich während meiner Kindheit jeweils in den Mittelpunkt des Interesses. Das eine Mal, wenn die Zeugnisse verteilt wurden und ich fast immer lauter Einsen hatte.

Der zweite Anlaß, bei dem ich auf ungeteilte Aufmerksamkeit rechnen konnte, war, wenn ich neue Kleider brauchte. Meine Mutter nähte die meisten selbst, und die Großmutter half ihr manchmal dabei. Es gab Anproben, Änderungen und viele Kommentare über Paßform und Schnitt. Meine Schneiderinnen versicherten mir wiederholt, wie gern sie für ein so braves Mädchen Kleider nähten. Die meiste Zeit zogen jedoch meine Brüder die Aufmerksamkeit meiner Mutter auf sich.

Einen Großteil meiner ernsthaften Überlegungen stellte ich im Haus meiner Großmutter Stevens an. Dort kam ich auch im Alter von etwa sechs Jahren zu dem Schluß, daß meine Mutter recht habe und ich eben von Natur aus ein stilles, braves Mädchen sei. Nicht, daß ich diese Eigenschaften an mir feststellte, sondern ich war überzeugt, wenn sie es sage, müsse es so sein. Vielleicht kannte sie mich besser als ich mich selbst. Wenn sie recht hatte, mußte meine Zukunft aus Situationen bestehen, über die ich keine Kontrolle haben, sondern denen ich in vieler Hinsicht hilflos ausgeliefert sein würde. Ich würde mich opferbereit verhalten müssen und von einem Mann abhängig sein. All dies war für sie fester Bestandteil des Frauenschicksals.

Meine Oberschulzeit verlief in typischen und ziemlich ruhigen Bahnen, wenn ich mich auch in Gesellschaft von Bekannten, die nach meinen Begriffen in Luxus aufgewachsen waren, nie ganz sicher fühlte. Ich hatte jedoch viele Freunde, bei denen ich als hübsches Mädchen mit guten Schulerfolgen galt. Ich war eine loyale Freundin und arbeitete aktiv im Redaktionsteam der Schulzeitung mit. Nach dem Abitur ging ich an die Universität von Iowa, die 80 Kilometer von meiner Heimatstadt entfernt ist.

Am College verfolgte ich das freilich unausgesprochene Ziel, einen Ehemann zu finden, der in das Leben passen würde, das ich mir wünschte. Den Leuten machte ich natürlich weis, daß ich einen Beruf anstrebte. Niemand nahm das ernst genug, um mich zu fragen, welchen Beruf ich mit Soziologie im Hauptfach im Auge hatte. Ich hätte vermutlich geantwortet, daß ich anschließend Jura studieren wolle, da ich mich für keine bestimmte Arbeit besonders geeignet fühle. Aber mein Vater wäre gewiß lieber tot umgefallen, als einem Mädchen ein solches Studium zu finanzieren. Wenn es nach ihm gegangen wäre, hätte ich als Hauptfach Hauswirtschaft belegen sollen, um mir nützliche Kenntnisse für meine eigentliche Lebensaufgabe anzueignen. Tatsache ist, daß ich mir ein Leben ohne Ehemann und Haushalt auch gar nicht vorstellen konnte, obwohl ich das meinem Vater nicht sagte. Zehn Jahre später bemerkte ich zu einer Freundin, daß es besser wäre, Mädchen überhaupt nicht zur Schule zu schicken, wenn man ihnen später nicht gestatte, ihre Bildung zu verwerten.

Ich lernte John Harris 1948 in meinem zweiten Collegejahr nach den Weihnachtsferien auf der Rückfahrt nach Iowa City in einem mit Studenten überfüllten Zug an einem improvisierten Bridgetisch kennen. Dieser selbstbewußte junge Mann teilte mir sofort alles Wissenswerte über ihn selbst mit. Er war einundzwanzig und stand an der Universität vor dem Abschluß in Politikwissenschaft. Er war Leichtathletikchampion und spielte in einer Jazzgruppe Klarinette. Er hatte vor, seinen Abschluß in Betriebswirtschaft zu machen und danach zwei Jahre bei der Marine zu dienen. Anschließend wollte er den väterlichen Betrieb in Davenport übernehmen, den er eines Tages auch erben würde. Ein letztes, sehr wichtiges Faktum sei, daß er eine besondere Schwäche für hochgewachsene brünette Mädchen habe, sagte er.

Unser erstes Rendezvous am nächsten Abend war der Anfang einer stürmischen Liebesgeschichte. Ich fürchtete abwechselnd, John zu verlieren oder nie wieder von ihm loszukommen. Er war der schönste, intelligenteste und zielstrebigste Mann, den ich je kennengelernt hatte – ich war ungeheuer beeindruckt von ihm. Es stand außer Zweifel, daß ihm Erfolg beschieden sein würde, und ich wollte daran teilhaben.

Ihm zuliebe begann ich Bier zu trinken und mich auf Schmusereien einzulassen, aber es endete immer damit, daß ich auf ihn wütend war, weil ihm nichts zu genügen schien, was immer ich auch tat.

Ich spielte meine eigenen Fähigkeiten herunter und lobte die seinen, und er stimmte mir zu. Ich gestattete ihm, für uns beide

Entscheidungen zu treffen, und beklagte mich dann darüber, und er konterte mit Kritik an mir. Er entdeckte, daß er sich mir gegenüber alles erlauben konnte und ich keine andere Möglichkeit der Revanche hatte als stumme Wut.

Unseren Freunden und Verwandten erschienen wir jedoch als ein sehr attraktives, intelligentes und unbeschwertes Paar, das auf dem besten Wege war, die Erfolgsleiter zu erklimmen. Meine Eltern freuten sich über unsere Verlobung; sie genossen es, ihren gutaussehenden künftigen Schwiegersohn ihren Freunden vorzustellen.

Seine Mutter reagierte hingegen anders. Sie sträubte sich mit einleuchtend klingenden Argumenten gegen unsere Verbindung, wobei sie vor allem unsere Jugend ins Treffen führte. Dahinter verbarg sich der wahre Grund ihrer Abneigung – sie hatte sich eine Schwiegertochter mit entsprechendem gesellschaftlichem Status erhofft. Am liebsten hätte sie selbst eine Frau für John ausgesucht, so wie sie bisher alle Weichen in seinem Leben und in dem seiner Schwester gestellt hatte. Ihre Frustration wurde akut, als sie erkennen mußte, daß er ihr diese Entscheidung nicht überlassen würde. Sie gab schließlich widerwillig nach und versicherte, sie habe nichts gegen mich persönlich, sondern freue sich, mich in die Familie aufzunehmen. Ich glaubte ihr zwar nicht, beschloß aber, ihr zu Gefallen zu sein und sie so weit möglich zufriedenzustellen, und sei es auf meine Kosten.

Während unserer einige Monate dauernden Verlobungszeit begann ich mein eigenes forciertes Rollenspiel zu durchschauen. Zumindest gelegentlich mußte ich mir meine Enttäuschung darüber eingestehen, daß Johns Freude über unsere bevorstehende Hochzeit weitaus mehr von seinem Sieg über seine Mutter herrührte als von dem Glück, das er sich durch unser Zusammenleben erhoffte.

Ich erkannte, daß es ein schrecklicher Fehler war, an unseren Plänen festzuhalten, aber ich glaubte, keine andere Wahl zu haben. In den Semesterferien verbrachten wir einen langen Abend auf einer Party bei Schulfreunden. Ich hatte inzwischen damit begonnen, harte Sachen zu trinken; John sagte, ich müsse das, weil das «jeder tut», und ich folgte ihm. Als wir an jenem Abend nach Hause kamen, schlief John mit mir.

Von diesem Tag an glaubte ich, John heiraten zu müssen, falls mir überhaupt an Heirat lag, da mich bestimmt kein anderer mehr haben wollte. Außerdem wußte ich, daß ich nie den Nerv haben würde, irgend jemandem meinen Sündenfall zu gestehen, und daß es einem anderen Mann gegenüber nicht fair wäre, auch nur mit ihm auszugehen, wenn ich ihm diese Sache verschwieg. Der Gedanke, den Rest meines Lebens mit John zu verbringen, machte mich unglücklich, aber da ich glaubte, keine Alternative zu haben, versuchte ich, das Beste daraus zu machen, in der Hoffnung, die Beziehung werde sich bessern, sobald wir verheiratet sein würden.

Unsere ersten Ehejahre bestätigten alles, was man mir in der Kindheit in bezug auf mich selbst, die Männer und das Leben allgemein beigebracht hatte. Um die Anerkennung meines Mannes zu erringen – nur sie gab mir das Gefühl, richtig zu funktionieren –, mußte ich einen hübschen Anblick bieten, speziell, wenn seine Freunde da waren, mußte still sein, während sie mitsammen studierten, und mich unter Hintansetzung meiner eigenen Pflichten wie Hausarbeit oder meiner sonstigen Pläne seinem Wohlergehen widmen. Ich sehnte mich danach, von John anerkannt zu werden, hatte jedoch niemals die Gewähr, dies zu erreichen.

Ich meinte, eine gute sexuelle Beziehung würde unser Verhältnis insgesamt verbessern. Aber ich wagte nicht, offen über Sex zu sprechen, und wollte nicht die Initiative ergreifen oder Ablehnung riskieren, also schwieg ich. John haßte Kritik. Das Thema blieb unerörtert.

John fing bald an, sarkastische Bemerkungen zu machen und praktisch alles, was ich tat, zu kritisieren. Die Wohnung war nicht sauber genug, das Essen kam nicht rechtzeitig auf den Tisch oder schmeckte ihm nicht und, was das Schlimmste war, ich verdiente als Empfangsdame für seine Begriffe nicht genug. Meine typische Reaktion in dieser Lage war, mich noch stärker zu bemühen, ihn zufriedenzustellen, statt mir meine eigenen Rechte realistisch klarzumachen.

Wir waren fast vier Jahre verheiratet, als unser erstes Kind, Richard, geboren wurde. Ich war außer mir vor Freude und hoffte, daß sich durch die Geburt des Kindes die Beziehung zwischen John und mir bessern würde. Die Mutterschaft machte mir Spaß, und Richard erwies sich als besonders begabtes, wenn auch anstrengendes Kind. Aber die Tatsache, daß wir nun Eltern waren, blieb ohne Auswirkung auf unser persönliches Verhältnis. Sie bewirkte allerdings zwei einschneidende Veränderungen in unserem

Leben. Da ich nicht mehr berufstätig war – und wir dachten nach der Geburt des Kindes nie daran, daß ich je wieder einen Beruf ausüben sollte –, machte John mehr und mehr Überstunden, um in der Firma seines Vaters voranzukommen. Und wir übersiedelten aus unserer Wohnung in ein Haus am Rand der Stadt.

Das gesellschaftliche Leben dort gefiel uns beiden von Anfang an. Unsere Nachbarn taten alles Erdenkliche, damit wir uns willkommen fühlten. Wir wurden in der Kirche aktiv, traten politischen Vereinigungen und einem Bridgeklub bei und genossen den gesellschaftlichen Status und das Einkommen von Akademikern.

John meinte, es würde sich für seine geschäftlichen Kontakte als günstig erweisen, wenn ich ehrenamtliche Gemeinschaftsaufgaben übernähme. Ich wurde ersucht, in der League of Women Voters (Wählerinnenvereinigung) einen Ausschußvorsitz zu übernehmen, ich unterrichtete in der Sonntagsschule und arbeitete ehrenamtlich in einem nahegelegenen Krankenhaus. Ich übernahm alle diese Aufgaben in der Hoffnung, meinem Mann zu nützen, obwohl mir die Arbeit auch Spaß machte und ich die Anerkennung schätzte, die mir dafür zuteil wurde. John mußte bald feststellen, daß mich meine Ämter daran hinderten, täglich die Mahlzeiten pünktlich auf den Tisch zu bringen und mich ganz ihm zu widmen. Er beklagte sich, konnte mich aber nicht davon abhalten, in den nächsten fünfzehn Jahren dank harter Arbeit führende Positionen in der Kirche und der Gemeinde einzunehmen. Ich lernte jedoch auch, Johns Ärger zu besänftigen, indem ich mich mit besonderem Eifer unserem Haushalt widmete.

Auch John war in diesen Jahren geschäftlich erfolgreich. Wir hatten insgesamt drei Kinder, und unsere Beziehung zueinander wurde mit der Zeit etwas entspannter. Der Gedanke, John je zu verlassen, schreckte mich jedoch, da ich wußte, daß ich nicht drei Kinder allein ernähren und großziehen konnte.

So lang meine kleineren Kinder noch nicht zur Schule gingen und Richard die Grundschule besuchte, genoß ich meine Gemeinschaftsaufgaben. Es tat mir gut, Haus und Kinder gelegentlich zu verlassen, und ich war glücklich bei dem Gedanken, meinen eigenen Beitrag zu meiner Welt leisten zu können.

Zu Hause konnte ich immer noch nicht genug tun, um meinen Mann zufriedenzustellen. Er sah in mir die Mutter, die ihn gängeln wollte und die er aus Selbstschutz gängeln mußte. Und ich erkannte, daß ich nicht nur von meinen Eltern bevormundet worden war, sondern auch John ständig gestattete, mich in verschiedener Hinsicht auszunützen und zu unterdrücken. Ich wurde mir immer stärker der Notwendigkeit bewußt, eine Änderung unseres Verhaltens zueinander anzustreben.

Auch spürte ich immer deutlicher, daß der in der Öffentlichkeit außer Haus wirkende Teil meiner Persönlichkeit der Mensch war, der ich eigentlich sein wollte. Ich wußte inzwischen, daß ich organisatorisches Talent hatte und gut mit anderen Leuten umgehen konnte und daß es mich befriedigte, eine führende Rolle zu spielen.

Im Lauf der Jahre begann ich zu fürchten, daß mein ganzes Leben vorübergehen könnte, ohne daß ich je Gelegenheit haben würde, selbständig zu denken und zu handeln. Viele schlaflose Nächte lang weinte ich und sagte mir vor, daß ich diese Ehe gewählt hatte und als gute Ehefrau das Vergangene vergessen, alles verzeihen und jeden neuen Tag aufgeschlossen und dankbar für alles Gute, das mir beschieden war, beginnen sollte. Ich machte mir furchtbare Vorwürfe, weil ich dazu nicht fähig oder bereit war. Manchmal wachte John nachts auf, wenn mich diese Gedanken quälten, aber ich war nie imstande, ihm zu erklären, worüber ich unglücklich war. Er war ehrlich davon überzeugt, seiner Pflicht als Ehemann zu genügen, wenn er für die materielle Lebensgrundlage sorgte, ja, er meinte sogar, mehr als seine Pflicht zu tun, da er mir Urlaube ermöglichte und hübsche Kleider kaufte.

Ich wollte aber als ebenbürtig anerkannt und als wertvoller Mensch geschätzt werden. Ich hatte den Bedürfnissen anderer Leute immer größere Aufmerksamkeit geschenkt als meinen eigenen. Ich war viele Stunden lang von dem Wunsch erfüllt gewesen, die Dinge sollten sich ändern, aber nun begann mir die Erkenntnis zu dämmern, daß jegliche Veränderung in meinem Leben von mir und keinem anderen ausgehen und herbeigeführt werden mußte und daß es sinnlos war, auf eine wundersame, spontane Wandlung Johns, meiner Eltern oder anderer mir nahestehender Personen zu warten. Die Weichen für meinen bisherigen Lebensstil waren in der frühen Kindheit gestellt worden, das mochte damals unvermeidlich gewesen sein. Jetzt aber konnte ich meine damaligen Entscheidungen revidieren und durch neue ersetzen.

Als erstes versuchte ich, mir über meine persönlichen Rechte klarzuwerden. Was ich wollte, war mehr Achtung für mich, als Mensch von normaler Intelligenz und Befähigung, und die Freiheit, meine Freunde selbst zu wählen und mit ihnen zu unternehmen, was ich wollte, solange meine Aktivitäten nicht meine Rolle als Ehefrau und Mutter beeinträchtigten. Was John betraf, so wünschte ich mir, von ihm weniger distanziert behandelt zu werden. Tief innen fürchtete ich, daß er sich nicht genügend ändern würde, um einzusehen, daß ich diese Rechte hatte. Gleichzeitig wußte ich, daß ich mich mit weniger nicht zufriedengeben würde. Ob wir zusammenbleiben sollten oder nicht, war eine Frage, der ich mich nun zu stellen bereit war.

Ich schaute mich lange und genau selbst an: dreiundvierzig Jahre alt, überdurchschnittliche Intelligenz, noch einigermaßen gutaussehend, jugendliche Lebenseinstellung, meist flexibel, interessiert an anderen Menschen und ihren Gedanken und Gefühlen. Ich hatte immer noch drei Kinder aufzuziehen – allein, falls ich mich zur Scheidung entschließen sollte. Ich verfügte weder über eine Ausbildung noch über berufliche Erfahrungen, die auf dem Arbeitsmarkt verwertbar waren, aber ich war bereit, zur Schule zurückzukehren – um vielleicht eines Tages einen Studienplatz in Jura zu erhalten. Dies wollte ich tun, wie auch immer meine Entscheidung in bezug auf die Ehe ausfallen mochte.

Als ich in meinen Überlegungen diesen Punkt erreicht hatte, meldete ich mich zur Teilnahme an einem S.T.-Kurs an. Ich wollte dahin kommen, mich in meiner Haut wohlzufühlen, und zu anderen Menschen – insbesondere zu John – auf eine Weise in Beziehung zu treten, die sowohl mir als auch den anderen Freiheit und Achtung sicherte.

Ich mußte mich von vielen meiner früheren Überzeugungen trennen. Beispielsweise habe ich gelernt, daß ich Entscheidungen treffen kann. Ich möchte das Gefühl haben, diese auch in die Tat umsetzen zu können, ohne darauf warten zu müssen, daß andere meine Handlungen billigen und als «gut» bewerten. Ich habe gelernt, daß es nicht notwendig ist, mich ständig um andere zu kümmern; ich möchte das Gefühl haben, daß es in Ordnung ist, wenn andere sich gelegentlich um mich kümmern. Es fällt mir jetzt leicht zuzugeben, daß ich eine intelligente Frau bin, und selbst wenn das manche Männer stört, brauche ich es nicht zu leugnen. Gegenwärtig lerne ich, eigene Meinungen zu äußern, ohne zum Beweis ihrer Richtigkeit stets eine höhere Autorität zitieren zu müssen. Ich weiß jetzt, daß es nur natürlich ist, wenn ich manchmal wütend bin, aber ich möchte lernen, meinen Ärger auszudrücken, ohne andere zu verletzen, und ich möchte wissen, welches meine legitimen Rechte sind. Ich möchte imstande sein, Spaß am Leben zu haben, ohne mich schuldig zu fühlen, und den Erfolg ebenso zu genießen wie früher die Selbstaufopferung.

Mein Wandlungsprozeß ist manchmal schmerzhaft gewesen. Für jede neue Art und Weise zu handeln, zu denken und zu fühlen, mußten alte und vertraute Verhaltensmuster aufgegeben werden. Manchmal habe ich Angst vor der Zukunft. Ich möchte auch künftig mein Leben mit einem Mann teilen, sei es John oder jemand anderer, aber manchmal fürchte ich, daß kein Mann eine Frau mag, die nicht abhängig und hilflos ist.

Dann erinnere ich mich daran, daß dies eines meiner alten Vorurteile ist und daß ich beschlossen habe, meine bisherigen Wertvorstellungen zu überprüfen und mir ein neues Leben auf der Basis dessen aufzubauen, was ich nunmehr als gültig und richtig erkenne. Das tue ich jetzt, was auch immer dabei herauskommen mag. Mein Lernprozeß hat es mir ermöglicht, mir selbst und anderen gegenüber aufrichtiger zu sein. Ich habe Zutrauen zu mir selbst gewonnen und verspüre zum erstenmal die Kraft und Zuversicht, meinen Problemen ehrlich ins Auge zu sehen.

Ob ich bei John bleibe oder einen anderen heirate, es wird auf der Basis der Gleichberechtigung sein. Falls ich keines von beidem tue, werde ich immer noch ein besseres Leben haben als zu der Zeit, als ich den Kampf um Achtung und Liebe ständig verlor. Es gibt eine Zeit des Weinens und eine Zeit des Lachens. Ich weiß, daß ich genug geweint habe und es Zeit ist, damit aufzuhören und mich zu ändern.

Obwohl die hier beschriebenen Veränderungen gravierend und tiefgreifend sind, haben wir dieses Beispiel gewählt, um einen Entwicklungsprozeß darzustellen. Der Prozeß, der zum Wendepunkt führt, kann ebensogut weniger schwerwiegende Probleme betreffen, die innerhalb von Minuten statt von Jahren gelöst werden können.

Fragebogen: Der Beschluß, sich zu ändern

Die Beantwortung der folgenden Fragen kann Sie bei dem Versuch unterstützen, eine Situation dahingehend zu prüfen, ob Sie Ihr Verhalten ändern sollten oder nicht. Versuchen Sie, zusätzliche Kriterien heranzuziehen, die für Ihren speziellen Fall von Belang sind.

1. Welche Vorteile habe ich, wenn ich bei meinem bisherigen Verhalten bleibe?

a) Ich erhalte Schutz durch andere.

b) Ich werde gelobt, weil ich mich an die Erwartungen anderer anpasse.

c) Ich habe mich an meine Verhaltensmuster nun einmal gewöhnt.

d) Ich brauche für Planung und Durchführung neuer Vorhaben keine Verantwortung zu übernehmen.

e) Ich erspare mir Konflikte bzw. Ärger und Ablehnung.

f) Ich brauche meine Gefühle nicht zu verantworten.

2. Bin ich bereit, auf einige der genannten Vorteile zu verzichten? Auf welche?

3. Was verliere ich durch mein selbstunsicheres Verhalten?

a) Meine Unabhängigkeit.

b) Die Möglichkeit, eigene Entscheidungen zu treffen.

c) Aufrichtigkeit in zwischenmenschlichen Beziehungen.

d) Daß meine Rechte und Wünsche durch die anderen respektiert werden.

e) Die Kontrolle über meine Gefühle (ich kann meine eigenen Rechte nur eine bestimmte Zeit lang verleugnen, irgendwann explodiere ich).

f) Entspanntheit, Ausgeglichenheit.

g) Die Möglichkeit, die Entscheidungen, Forderungen und Erwartungen der anderen zu beeinflussen (speziell darin, was ich für sie oder mit ihnen tun soll).

h) Die Genugtuung, selbst Pläne zu machen und auszuführen.

4. Wiegen die Vorteile meines selbstunsicheren Verhaltens schwerer als die Nachteile?

a) Wenn ja, warum?

b) Wenn nein, bin ich bereit, mich zu ändern und selbstsicher zu handeln?

c) Kann ich dann mit der Unterstützung, dem Verständnis und der

Kooperation der anderen rechnen, die in dieser Situation bzw. in meinem Leben eine Rolle spielen?

5. Welches sind meine kurzfristigen Ziele in meinen Beziehungen und meinen Aktivitäten?

6. Welches sind meine langfristigen Ziele?

7. Inwiefern kann mir selbstsicheres Verhalten helfen, diese Ziele zu erreichen?

5. Selbstsicherheitsprobleme erkennen: Kauen Sie an Ihrem Bleistift?

Sieben Uhr fünfundzwanzig. Marcia weckt ihre drei Kinder und treibt sie zur Eile an, damit sie rechtzeitig in die Schule kommen. Der siebenjährige Jimmy kleidet sich vor dem eingeschalteten Fernseher an, wobei er seinen Pyjama auf dem Fußboden liegen läßt. Jody, zwölf, erscheint zwei Minuten bevor er das Haus verlassen muß am Frühstückstisch und bricht einen Streit mit der zehnjährigen Monika vom Zaun. Marcia runzelt die Stirn, sagt jedoch nichts.

Ihr Mann Ben kommt pfeifend in die Küche. Während er sich zum Fortgehen fertig macht, bereitet er Marcia darauf vor, daß er einen Geschäftsfreund zum Abendessen mitbringen möchte, obwohl er weiß, daß sie um neunzehn Uhr fünfundvierzig aus dem Haus hasten wird, um an ihrem Kurs teilzunehmen. Sie stimmt widerwillig zu, in der Hoffnung, daß er ihre mangelnde Begeisterung bemerken wird. Alle verlassen schließlich das Haus, und Marcia macht sich daran, die morgendliche Unordnung zu beseitigen.

Dann geschieht etwas. Es geschieht nicht plötzlich, und Marcia könnte auch nicht genau sagen, was es ist, aber bald darauf hat sie ihre morgendlichen Kopfschmerzen. Sie nimmt ein Aspirin und beginnt mit der sich endlos hinziehenden Hausarbeit. Sie unterbricht diese Tätigkeit, setzt sich hin und ißt ein großes Stück Erdbeerkuchen, das vom vergangenen Abend übriggeblieben ist, obwohl sie gar keinen richtigen Hunger hat.

Während sie ißt, hört sie den Nachbarhund in ihrem Garten, und als sie hinausschaut, sieht sie eine Reihe geknickter Tomatenstauden. Sie möchte ihre Nachbarin anrufen und sich über den Hund beschweren, aber irgend etwas scheint sie zurückzuhalten. Und bevor sie sich's versieht, hört sie schon die lauten Stimmen der Kinder, die zum Mittagessen nach Hause zurückkommen. Marcia fährt sie unfreundlich an.

Was geht hier vor?

Sie weiß es nicht. Sie könnte viele Kleinigkeiten nennen, die sie stören, aber sie weiß nicht, weshalb sie sich zusammengenommen zu einem großen Schatten verdichten, den sie nicht recht identifizieren kann. Als nachmittags ihre Schwester Betty zu Besuch kommt, klagt sie nur allgemein, daß nichts richtig laufe.

Als Marcia abends der S.T.-Gruppe ihre Situation schilderte, bemerkte sie: «Ich habe den größten Teil meines Lebens damit zugebracht, anderen Leuten zu helfen, zuerst als ältestes von vier Kindern und jetzt viele Jahre lang in meiner eigenen Familie. Ich habe immer die Rolle der Friedenstifterin gespielt und versucht, die Konflikte der anderen beizulegen und selbst Konflikte zu vermeiden.

Aber in letzter Zeit bekomme ich es immer mehr satt, allen anderen zu Gefallen zu sein. Ich würde gern einmal zur Abwechslung etwas nur für mich tun. Manchmal bin ich nicht einmal sicher, was ich mir wünsche außer etwas Ruhe und Frieden, ich weiß bloß, daß ich diese Kopfschmerzen loswerden und mehr Energie haben möchte – und daß ich fünfzehn Pfund abnehmen sollte.

In anderen Momenten, wenn mir endlich klar wird, was ich möchte, ist es entweder zu spät, um etwas zu unternehmen, oder ich bin so frustriert und wütend, daß ich es nicht wage, meinen Mund aufzumachen, aus Angst zu explodieren. Manchmal explodiere ich natürlich trotzdem – und lasse meine Wut besonders an den Kindern aus –, aber das steht nicht dafür, weil ich mich nachher so schuldig fühle. Was ich wissen möchte», schloß sie, «ist, wie ich lernen kann, mir meiner Wünsche und Gefühle bewußt zu sein – und sie angemessen zu äußern.»

Die Gruppe erörterte, wie Marcia ihr Bewußtsein schärfen könnte. Sie stimmte überein, daß wir oft unser Problem benennen könnten, indem wir über die Umstände nachdächten. «Der Hund ruiniert meinen Garten.» – «Jimmy hinterläßt morgens eine Unordnung.» – «Jody sollte rechtzeitig zum Frühstück erscheinen.» – «Es ist zu mühsam, Leute zum Abendessen einzuladen, wenn ich gleich nach dem Essen weglaufen muß.» Sobald wir das Problem erkannt haben, können wir uns Ziele stecken, Wege zu ihrer Erreichung erkennen, diese Alternativen miteinander vergleichen und dann handeln – der naheliegendsten, wünschenswertesten, ungefährlichsten oder in anderer Hinsicht günstigsten Möglichkeit entsprechend.

In anderen Fällen, wenn unser Problem schwieriger zu identifizieren ist, empfiehlt es sich, die Hinweise zu beachten, die unser eigener Körper oder unser Verhalten liefern – wie Angst, Aggressionen,

Hinausschieben, Depressionen oder «Spiele». Das Bewußtmachen dieser Hinweise kann uns helfen, das jeweilige Problem zu identifizieren. «Ich weiß, daß etwas nicht in Ordnung ist, wenn ich morgens Kopfschmerzen bekomme, obwohl ich gut geschlafen habe, oder wenn ich esse, obwohl ich nicht hungrig bin. Wenn das passiert, sollte ich vielleicht innehalten, einen Blick auf mein Leben werfen und mich fragen: ‹Was stört mich eigentlich?›» Sobald wir das Problem identifiziert haben, ist der Lösungsvorgang wieder derselbe: die Ziele bestimmen, verschiedene Lösungen in Betracht ziehen und gegeneinander abwägen und beschließen, wie wir uns durchsetzen wollen, um sie zu erreichen.

In diesem Kapitel werden wir uns mit den verschiedenen erkennbaren Fingerzeigen beschäftigen, die uns der eigene Körper oder unsere Verhaltensmuster liefern. Sobald wir uns über diese Anzeichen und Verhaltensmuster und ihre Funktion klargeworden sind, werden wir leichter die Situationen erkennen können, in denen wir Schwierigkeiten haben, uns selbstsicher zu verhalten. Auf diese Weise können wir genauer bestimmen, was wir unter welchen Umständen ändern wollen.

1. Körperliche Anzeichen: Angstsymptome

Angst hemmt das selbstsichere Verhalten. Wenn wir uns ängstlich, angespannt oder besorgt fühlen, ist das oft ein Signal für uns, daß es uns nicht gelingt, uns selbstsicher zu verhalten. Dieses Gefühl kann sich als allgemeines Unbehagen oder als Sorge in bezug auf die nähere oder fernere Zukunft äußern. Manchmal zeigt sich die Angst in nervösem Verhalten wie Zittern, Nägelbeißen, Zähneknirschen, Fingertrommeln, Fußwippen und freudlosem Lachen. Wir können an Schlaflosigkeit, Appetitmangel oder übersteigertem Eßbedürfnis leiden. Diese (wenn auch nicht immer) auf Angst hindeutenden Anzeichen können vor, in oder nach Situationen auftreten, die selbstsicheres Verhalten erfordern.

Freilich steht nicht jede Form von Angst in Beziehung zu selbstunsicherem Verhalten, aber wenn wir versuchen, unser Bewußtsein in bezug auf unser Bedürfnis nach Selbstbehauptung zu schärfen, sollten wir den Angstsymptomen besondere Aufmerksamkeit schenken.

Sehr häufig werden wir feststellen, daß sie in Situationen auftreten, die wir durch selbstsicheres Verhalten meistern könnten.

Manchmal sind physische Angstsymptome eindeutig mit Selbstsicherheitsproblemen verknüpft. Kathleen beschrieb, was sie empfindet, wenn sie als Kursteilnehmerin der Leiterin eine Frage stellen will: «Ich weiß, daß kein vernünftiger Grund zur Nervosität vorhanden ist. Aber selbst wenn ich genau weiß, was ich fragen will, spüre ich, wie die Angst in mir hochsteigt. Manchmal empfinde ich die körperliche Angst, bevor mir bewußt ist, daß ich etwas sagen möchte. In beiden Fällen bekomme ich Herzklopfen, und meine Kehle schnürt sich zu. Meistens sitze ich bloß da und sage gar nichts. Wenn die Leiterin zu einem anderen Thema übergeht, fühle ich mich erleichtert und spüre, wie sich mein Körper entspannt. Aber später bin ich auf mich selbst wütend, weil ich nichts gesagt und mir keine Antwort auf meine Frage geholt habe.»

Kathleen weiß, daß ihre Angstsymptome von ihrer Furcht herrühren, im Unterricht Fragen zu stellen. Sie weiß, was sie dagegen tun will: das Sprechen in der Unterrichtssituation üben und die Hindernisse überwinden lernen, die ihrer Selbstbehauptung im Weg stehen.

Es kann jedoch auch vorkommen, daß wir das mit unserer Angst verbundene Spannungsgefühl verspüren, aber nicht genau wissen, wovor wir Angst haben. Wenn dies geschieht, wenn unser Körper uns signalisiert: «Kümmere dich um mich!», dann empfiehlt es sich zu untersuchen, was in unserem Leben oder in unseren Beziehungen vor sich geht, das uns Angst machen könnte. Statt zu versuchen, die Angst zu umgehen, indem wir sie ignorieren, Beruhigungsmittel nehmen oder uns intensiv mit anderen Dingen beschäftigen, sollten wir klären, worin das Problem besteht und was wir eigentlich wollen.

Janet, eine ernsthafte Frau, die über allgemeine Spannungsgefühle geklagt hatte, ohne sie näher identifizieren zu können, wurde von uns aufgefordert, möglichst genau auf ihre physischen Angstsymptome zu achten. Sie führte daraufhin eine Woche lang eine Art Tagebuch in Tabellenform (siehe S. 80). Sie verzeichnete darin täglich die Situationen, in denen sie Angst empfand, das jeweilige Spannungsgefühl und die Art und Weise, wie es sich physisch manifestierte. Durch diese tägliche Selbstbeobachtung wurde ihr klar, daß sie jedesmal, wenn sie Angst verspürte, die Zähne zusammenbiß: das war der Fall, so oft sie jemandem eine Bitte abschlagen mußte. Als Sekretärin in einem vielbeschäftigten Büro jonglierte sie ständig mit Forderungen, die ihre Vorgesetzten und deren Klienten an sie herantrugen, und mußte oft Bitten um Termine und Dienstleistungen abschlagen.

«Ich habe gestaunt», berichtete sie später. «Es war mir nicht bewußt gewesen, wie oft ich die Zähne zusammenbeiße. Wäre mir das schon vor Jahren klargewesen, hätte ich mir viel Geld für Zahnarztrechnungen sparen können. Infolge meiner ständigen Spannungszustände habe ich bei einigen Zähnen Kronen machen lassen müssen. Jetzt weiß ich wenigstens, woran ich arbeiten muß – ich muß lernen, selbstsicherer zu werden und zu Leuten *nein* zu sagen, ohne daß meine armen Zähne dabei draufgehen.»

Sicherlich sind nicht alle Situationen so dramatisch wie die Janets. Auch das geringste Anzeichen kann uns jedoch helfen, uns unserer Gefühle bewußt zu werden; wir müssen daher auf unseren Körper achten, um Hinweise auf unsere Ängste zu erhalten. Obwohl unsere körperlichen Reaktionen unterschiedlich sein mögen, können die meisten Menschen ein oder zwei charakteristische Symptome bei sich identifizieren und diesen künftig größere Aufmerksamkeit widmen, wenn sie auftreten.

2. Verhaltensmuster: Wie man sich um Selbstbehauptung drückt

Die Verhaltensmuster, die wir nachstehend erörtern, können ebenfalls Anhaltspunkte dafür sein, daß wir uns in einer Situation nicht selbstsicher verhalten.

Wutausbrüche: Aggressivität

In manchen Situationen, die uns Angst einjagen, ballen wir buchstäblich die Fäuste, holen tief Luft – und platzen mit unseren wütenden Reaktionen heraus. Ein aggressiver Ausbruch dieser Art kann bedeuten, daß es uns in dieser bestimmten Situation schwerfällt, selbstsicher zu reagieren. Wenn wir selbstunsicher sind, lassen wir uns von unserer Angst überwältigen; wenn wir aggressiv sind, kann es sein, daß wir die Angst und die Selbstbehauptung als solche umgehen wollen, denn ein aggressiver Wutausbruch, mit dem wir unseren Widersacher «zur Schnecke», das heißt klein machen, erfüllt ja den Zweck, unsere Angst vorübergehend zu reduzieren. Die Resultate sind jedoch oft destruktiv. Manchmal müssen wir uns fragen, ob die kurzfristige Erleichterung, die ein solcher Ausbruch verschafft, auf längere Sicht den Preis gestörter Beziehungen lohnt bzw. die Zeit und Mühe, die es später kostet, diese wieder in Ordnung zu bringen.

Ann schilderte uns beispielsweise den Verlauf ihrer wiederholten Zornausbrüche gegenüber ihrer Mitbewohnerin Libby, die mit der Versicherung, nur einige Wochen bleiben zu wollen, in Anns Wohnung eingezogen war. Sechs Monate später wohnte Libby immer noch da und machte keine Anstalten auszuziehen. Ihre Platten füllten Anns Bücherregal, ihre nasse Wäsche blockierte das winzige Bad, ihr Efeu kletterte die Wände hoch – und das gleiche tat auch Ann.

Sie reagierte immer ablehnender gegenüber Libby. Sie zeterte, weil Libby Geschirr in der Spüle stehenließ, weil sie ein Kätzchen mit nach Hause brachte und weil sie Gäste zum Abendessen einlud. Die sonst so gelassene Ann verlor häufig die Beherrschung über sich und war beunruhigt über ihre Aggressivität gegenüber Libby. Nachdem sie mit der Gruppe darüber gesprochen hatte, wurde Ann klar, daß sie jedesmal, wenn ihre inneren Spannungen einen bestimmten Pegel überschritten, Libby aus relativ nichtigen Anlässen angriff. Andererseits hatte sie es vermieden, sich in der Hauptsache durchzusetzen – dem Faktum, daß sie Libby draußen haben wollte.

Die Analyse ihres aggressiven Verhaltens half Ann, den Charakter ihrer Beziehung zu Libby besser zu verstehen. Ihre Wut hatte einen solchen Grad erreicht, daß sie Libby nicht nur hinauswerfen, sondern ihr auch die Meinung sagen wollte. Ann gab zu, daß sie durch einen Riesenkrach mit Libby vorübergehend ihren Aggressionsstau abbauen und Libby wahrscheinlich loswerden könnte.

Doch als Ann über die Gesamtsituation nachdachte, erkannte sie, daß sie Libby zwar zum Auszug bewegen wollte, daß ihr aber doch an einer gütlichen Trennung gelegen war. Ann beschloß daher, die Sache nicht aggressiv, sondern selbstsicher anzupacken: Sie würde Libby einfach auffordern, innerhalb von zwei Wochen auszuziehen, und an dieser Entscheidung auch festhalten, Wutausbrüche jedoch künftig vermeiden.

Bevor Ann beschloß, sich auf direktem Wege durchzusetzen, hatte sie ihren Zorn in falsche Bahnen gelenkt, das heißt, sich mit Nebensächlichem befaßt. Ihre fehlgeleitete Wut war wirkungslos verpufft. Sie hatte Libby nicht gesagt, daß sie sie in Wirklichkeit draußen haben wollte. Trotz ihrer wiederholten Ausbrüche war sie mit ihrer Frustration über die Lage allein geblieben und, was noch schlimmer ist, sie hatte nachher Schuldgefühle wegen ihrer Unbeherrschbarkeit – bis sie den Beschluß faßte, Libby ehrlich und direkt zu sagen, was sie von ihr wollte.

Dieses Pendeln von einem Extrem zum anderen, von selbstunsicherem zu aggressivem Verhalten, ist keine Seltenheit. Wir können unsere Gefühle oder Gedanken verdrängen, aber eines Tages machen sie sich doch in einem aggressiven Ausbruch Luft. Im Verlauf unseres Bewußtseinsbildungsprozesses empfiehlt es sich, unsere Muster aggressiven Verhaltens oder plötzlicher Wutausbrüche zu untersuchen. Manchmal fahren wir jemanden völlig unberechtigterweise an, ohne der wahren Ursache unserer Wut ins Gesicht zu sehen. In anderen Fällen leiten wir unsere Aggressionen in falsche Kanäle oder lassen unsere Wut an einem Menschen aus, dem sie im Grund gar nicht gilt. In Situationen wie den genannten können unsere Wutausbrüche ein Anzeichen dafür sein, daß wir uns vor selbstsicherem Verhalten drücken wollen.

Hinausschieben

Bevor man eine wichtige Entscheidung trifft, ist es nötig, Informationen zu sammeln und abzuwägen – eine gewisse Zeit des Schwankens ist daher als durchaus normal anzusehen. Sobald wir uns jedoch zu einer Handlung entschlossen haben, diese aber hinausschieben, kann dies ein Zeichen sein, daß wir der Selbstbehauptung aus dem Weg gehen wollen. Ein Beispiel: Jennifer, eine medizinisch-technische Assistentin, wußte, daß ihre Institutsleiterin für ein interessantes neues Forschungsprojekt zusätzliches Personal einstellte. Sie wollte ihre bisherige Stellung aufgeben und bei dem neuen Team mitarbeiten, aber sie schien nie den richtigen Augenblick zu finden, um ihr dies mitzuteilen. Wenn sie die Sache lange genug hinauszögerte, würde die Direktorin den nötigen Stab bereits beisammenhaben, und Jennifer könnte sich dann beschwichtigend sagen, daß es «ohnehin zu spät» sei.

Jennifer erörterte ihre Angst, die Leiterin wegen des neuen Jobs anzusprechen, mit der Gruppe: «Wahrscheinlich habe ich es immer wieder hinausgeschoben, weil ich fürchte, Frau Dr. Strand könnte ärgerlich werden und es mir verübeln, daß ich mich für das Projekt aufdrängen möchte. Vielleicht hoffe ich, daß sie mich von sich aus fragt, ob ich bei dem Team mitarbeiten will, so daß ich nicht an sie herantreten brauche.»

Falls Jennifer weiterhin schweigt, werden schließlich die Entscheidungen anderer Leute über ihr Leben bestimmen. Dies ist insofern eine extrem selbstunsichere Verhaltensweise, als sich Jennifer jeglicher Einflußnahme auf ihre Lage enthält. Das Aufschieben von Entscheidungen ist jedoch nicht immer ein Zeichen von Selbstunsicherheit. Die getreue Penelope zögerte zehn Jahre lang, sich für einen ihrer Freier zu entscheiden, aber dies war eine bewußte Vertröstungstaktik, weil sie immer noch hoffte, Odysseus werde zurückkehren. In vielen Fällen ist Hinausschieben jedoch kennzeichnend für Selbstunsicherheit. Wenn man solche Tendenzen bei sich selbst feststellt, empfiehlt es sich daher, sich die Frage vorzulegen: «Schiebe ich diese Sache etwa hinaus, weil ich zögere, mich selbst zu behaupten?»

Die Beantwortung der folgenden Fragen liefert uns Hinweise, ob wir zu dem genannten Verhalten neigen:

1. Verschiebe ich Telefonanrufe bzw. Rückrufe?
2. Zögere ich die Annahme bzw. Absage von Einladungen hinaus?
3. Zögere ich, um nötige Informationen zu bitten?
4. Verschiebe ich Auseinandersetzungen mit Leuten?
5. Verschiebe ich es, anderen meine Gefühle oder Meinungen mitzuteilen, obwohl ich weiß, was ich sagen möchte?
6. Schiebe ich es hinaus, andere um Hilfe zu bitten, obwohl ich ihren Beistand brauche?

Wenn wir einige der genannten Fragen mit ja beantworten müssen, erhalten wir Hinweise, in welchen Situationen es uns schwerfällt, uns zu behaupten.

Verzögerte Reaktion

Manchmal erhalten wir erst nachträglich Aufschlüsse. Beispielsweise kommt es vor, daß wir etwas sagen oder tun, was wir nachher bereuen, und uns danach fragen: «Warum habe ich nicht gesagt, was ich eigentlich dachte?» – «Warum habe ich dem zugestimmt? Ich wollte eigentlich gar nicht.» Dieses Grübeln über ein vergangenes Ereignis ist ein Fingerzeig, daß wir es versäumt haben, einen selbstsicheren Standpunkt einzunehmen. Nachher kann es zu spät sein, um an der betreffenden Situation noch etwas zu ändern; wenn wir uns die eigene Reaktion jedoch bewußt machen und im Gedächtnis behalten, kann uns das helfen, sie künftig zu vermeiden.

Als wir in unserer S.T.-Gruppe dieses Thema behandelten, wurde Mariann plötzlich ganz lebhaft und erklärte: «Das ist bei mir genauso! Jedesmal, wenn mich jemand zu irgend etwas einlädt, sei es zu einer Geselligkeit oder ins Kino, höre ich mich sagen: ‹Klar, ich komme mit›, selbst wenn es mich gar nicht interessiert oder ich die Zeit anderweitig besser nutzen könnte. Später bin ich wütend auf mich selbst, daß ich mich breitschlagen ließ.»

Gaby, ein anderes Gruppenmitglied, stimmte ihr zu: «Ich weiß, was du meinst. Ich benehme mich genauso, und dann bin ich auf denjenigen wütend, der mich eingeladen hat.»

Mariann fügte hinzu: «Einerseits möchte ich niemanden verletzen, andererseits hasse ich es, durch die vielen Zusagen, die ich gemacht habe, in Bedrängnis zu kommen.»

«Gut, du hast das Problem wenigstens erkannt», bemerkte die Gruppenleiterin. «Du siehst das Verhaltensmuster, das sich wiederholt – die vielen Gelegenheiten, bei denen du dich gefragt hast: ‹Warum habe ich *ja* gesagt? Weshalb habe ich das geschehen lassen?› Was willst du also jetzt dagegen tun?»

Mariann dachte einen Augenblick lang nach und erklärte dann: «Nun, wenn ich mich in die Ecke gedrängt fühle oder nicht recht weiß, was ich eigentlich tun möchte, könnte ich einfach sagen: ‹Danke für das Angebot, aber ich neige dazu, mir mehr aufzuhalsen, als ich bewältigen kann. Erlaube mir, daß ich darüber nachdenke und dir morgen Bescheid gebe.› Dann habe ich etwas Zeit gewonnen und kann mir überlegen, was ich eigentlich will.»

Für Mariann und Gaby war es wichtig, sich der Anlässe bewußt zu werden, bei denen es ihnen schwerfiel, sofortige Entscheidungen zu treffen. Es ging nun darum, ihr typisches Verhalten zu überprüfen und festzustellen, welche Entscheidungen sie an Ort und Stelle fällen konnten und zu welchen sie Bedenkzeit brauchten. Das Verschieben einer Entscheidung, bis wir sicher – oder sicherer – sind, welche Alternative die günstigste ist, kann uns die Ressentiments ersparen, die dann aufkommen, wenn wir Entschlüsse gefaßt haben, die falsch für uns sind – Entschlüsse, die unter dem inneren Druck zustande kamen, Konflikte zu vermeiden.

Eine solche Bitte um Aufschub auszusprechen, bedeutet nicht, sich vor selbstsicherem Handeln zu drücken; sie zeugt von unserem *bewußten* Wunsch, uns eine *befristete* zusätzliche Zeitspanne zu gönnen, innerhalb derer wir zu einer Entscheidung kommen wollen, zu der wir voll stehen können. Das Ersuchen um einen solchen Aufschub ist im Gegenteil ein Ausdruck der Selbstsicherheit – wir beanspruchen Zeit zum Nachdenken.

Niedergeschlagenheit

In unserer Gesellschaft ist es den Frauen gestattet (wenn man es nicht geradezu von ihnen erwartet), sich lustlos, gedrückt und leicht deprimiert zu fühlen – seelische und körperliche Zustände, die so verbreitet sind bzw. waren, daß Sigmund Freud sie als «normal» bezeichnen konnte. Wir sprechen hier nicht von lang andauernden Zuständen schwerer Depression, sondern von dem Stimmungstief, das oft von einem Mangel an Begeisterungsfähigkeit und an Energie begleitet wird und für das wir gewöhnlich keinen richtigen Grund benennen können.

Diese Niedergeschlagenheit läßt sich manchmal damit erklären, daß wir uns in Situationen nicht behaupteten, in denen wir den Wunsch dazu hatten, und daß wir die entstehenden Frustrationen und Aggressionen dann nach innen, gegen uns selbst kehrten. Statt uns offen zu äußern, zahlen wir mit unseren «Blues», dem inneren Monolog unserer Verstimmung, den psychologischen Preis für unser selbstunsicheres Verhalten.

Lisa, Kellnerin in einer Pizzeria, erzählte uns, daß sie jeden Freitagabend in gedrückter, leicht depressiver Stimmung nach Hause komme. Im Laufe der Erörterung dieses Problems in der S.T.-Gruppe wurde ihr klar, daß es sie ärgerte, zur Sperrstunde alle Tische säubern zu müssen, während ihre Arbeitskollegin Teresa nur die Ketchup-Behälter nachfüllen mußte, eine leichtere und weniger zeitraubende Aufgabe. Sie beschloß, Teresa zu bitten, diese Tätigkeiten abwechselnd zu verrichten, und konnte uns in der folgenden Woche berichten, daß sie sich nun allabendlich besser fühle.

Obwohl diese Angelegenheit trivial erscheinen mag, war es eine Tatsache, daß Lisas Stimmung darunter litt und daß sich daran erst etwas änderte, als sie eine simple Bitte aussprach, um ihre Depression loszuwerden.

Im Urlaub kann es besonders leicht zu einem solchen Absacken der Stimmung kommen, was um so schmerzlicher empfunden wird, als wir Druck von außen verspüren, uns dem allgemeinen Frohsinn anzuschließen. Noras Situation, wie sie sie unserer Gruppe sechs Wochen vor Weihnachten schilderte, ist ein typisches Beispiel.

«Ihr wißt ja, wie es um diese Zeit ist», meinte Nora, eine energische Frau in den Fünfzigern, die durch ihre wöchentliche Rundfunksendung in der ganzen Stadt bekanntgeworden war. «Man kann keine Zeitung oder Illustrierte aufschlagen, ohne Rezepte für Festgerichte zu finden. Auf Schritt und Tritt erinnert einen alles an die bevorstehende Weihnachtszeit – die Geschäfte, Fernsehen und Radio, die geschmückten Straßen, die Postwurfsendungen etc. Und je penetranter diese Versuche, mich in Festtagsstimmung zu versetzen, ausfallen, desto weniger kommen sie bei mir an und desto mehr vergeht mir die Lust. Ich bringe nicht die übliche Begeisterung für das ganze Drum und Dran auf – die Einkäufe, die Parties, ganz zu schweigen vom Weihnachtskartenschreiben und den Vorbereitungen, die im Hause nötig sind, weil meine Kinder mit ihren Familien und Freunden zu Besuch kommen. Sogar meiner Tochter ist meine Niedergeschlagenheit aufgefallen, als ich gestern abend mit ihr telefonierte. Sie fragte mich immer wieder, was ich hätte, aber ich wußte es selbst nicht genau.

Nachdem ich aufgelegt hatte, begann ich über ihre Reaktion nachzudenken – und über meine Gefühle. Da mich das Selbstsicherheitstraining in letzter Zeit stark beschäftigt hat, fragte ich mich: ‹Was fühle ich eigentlich?› und ‹Was will ich denn im Grunde?› Es wurde mir bewußt, daß ich mich nicht bloß lustlos und deprimiert fühle, sondern daß ich mich über meine Familie ärgere, die mir jedesmal die ganze Last der Festtagsvorbereitungen und der Gastgeberpflichten aufbürdet. Die Adventszeit ist ja erst der Anfang, die Familienfeste setzen sich über Weihnachten bis zum neuen Jahr fort – und sie finden immer in meinem Hause statt. Freilich helfen mir auch andere dabei – mein Mann und die Kinder holen den Weihnachtsbaum und schmücken ihn, beispielsweise – aber ratet mal, wer die Sachen wieder abnimmt . . .

Die Hauptverantwortung fällt mir zu. Das wird auch dieses Jahr nicht anders sein, weil es immer so gewesen ist. Und ich glaube, daß das der Grund ist, warum ich um diese Jahreszeit immer so verstimmt und niedergeschlagen bin – ich weiß, daß mir eine Menge zusätzlicher Arbeit und Organisationsaufgaben bevorsteht. Aber dann habe ich Schuldgefühle, weil mir die nötige Festtagsstimmung fehlt – und ich würde es nicht über mich bringen, meiner Familie zu sagen, wie mir zumute ist, denn damit würde ich allen die Vorfreude verderben.»

«Was wirst du also jetzt tun, da dir nun bewußt geworden ist, warum du vor den Feiertagen so deprimiert bist?» fragte eine andere Teilnehmerin. «Es genügt doch nicht, einfach zu sagen: Aha, deshalb fühle ich mich so schlecht.»

«Ich weiß es nicht», antwortete Nora. «Ich habe die Einkäufe und das Kochen, Backen und Saubermachen zu den Feiertagen immer so gut wie allein gemacht . . . und meine Familie erwartet das inzwischen von mir. Ich könnte mich zwischendurch öfter hinlegen, um mehr Energie zu haben. Oder ich könnte Beruhigungstabletten nehmen.»

«Das sind doch bloß Mittel, um eine Situation ertragen zu können, die dir mißfällt», wandte eine Teilnehmerin etwa im Alter von Noras Tochter ein. «Das sind keine echten Lösungen. Hast du je daran gedacht, daß dir die Verantwortung nicht zufällt, wie du dich ausdrückst, sondern daß du sie akzeptierst? Meinst du nicht, daß deine Familie nur deshalb von dir erwartet, daß du zu den Feiertagen den ganzen Laden schmeißt, weil *du* es immer erwartet und auf dich genommen hast?»

«Ja, ich glaube, du hast recht.»

«Wie könntest du also deine Selbstsicherheit einsetzen, um den Verlauf der Feiertage in deiner Familie zu ändern?»

Nora überlegte eine Weile. «Ich könnte meine Angehörigen einfach bitten, mir mehr zu helfen. Wie ich meine Familie kenne, würde es nichts nützen, einen allgemeinen Appell an sie zu richten – ich müßte jedem einzelnen bestimmte Aufgaben zuteilen. Und ich könnte auch einige der großen Familiendiners an andere abtreten. Sie müssen nicht immer in unserem Haus stattfinden!» Sie erwärmte sich zusehends für die Idee.

«Da am ersten Adventssonntag alle wie gewöhnlich in unserem Haus versammelt sind, werde ich die Angelegenheit beim Abendessen zur Sprache bringen.»

«Nein!» rief eine andere Teilnehmerin aufgeregt.

Nora sah sie erstaunt an. «Warum nicht?»

«Der Zeitpunkt ist falsch gewählt! Es wäre besser, wenn du sie alle vor dem Feiertag zusammentrommeln könntest – da sind alle in guter Stimmung, entspannt und hilfsbereit. Dann werden sie nicht denken, daß du sie in eine goldene Falle gelockt hast, was passieren könnte, wenn du beim Abendessen die Märtyrerin spielst. Das könnte allen die Stimmung verderben und auch deine Familie gegen dich aufbringen.»

«Du hast recht.» Nora sah erfreut aus. «Ich werde es schon diesen Sonntagnachmittag machen, wenn wir zusammenkommen. Das ist gewöhnlich ein günstiger Augenblick für Diskussionen. Wir könnten dann eine generelle Familienstrategie für die Feiertage festlegen.»

Genau das geschah auch: Nora stellte erstaunt fest, daß ihre Familienmitglieder der Aufteilung der Verantwortung nachgerade freudig zustimmten. An jenem Sonntagnachmittag wurde auch das Weihnachtsessen geplant: Nora sollte sich mit dem Dessert im Hause ihrer Tochter einfinden!

In Situationen wie den von Lisa und Nora geschilderten können unsere negativen Gefühle ein Fingerzeig, ein Appell sein, uns selbst mehr Aufmerksamkeit zu schenken. Wenn wir das tun, wird uns vielleicht auch bewußt, weshalb wir deprimiert sind. Sobald wir die Ursachen erkannt haben, können wir anfangen zu überlegen, was wir zum Ausdruck bringen wollen, und das dann auch tun.

Kontrolliste
Wann ich mich selbstunsicher verhalten könnte

Die nachstehende Liste soll Ihnen helfen, Signale zu erkennen, die auf selbstunsicheres Verhalten hindeuten. Anhand dieser Symptome können Sie Situationen identifizieren, die dann nach Art des Tagebuchs, das sich an die Kontrolliste anschließt, notiert und analysiert werden sollten.

A) Bin ich mir bewußt, ob und wann die folgenden Symptome bei mir auftreten und ob diese mit Angst zusammenhängen?

1. Zähneknirschen
2. Nägelbeißen
3. Fingertrommeln oder Fußklopfen
4. Fußwippen
5. Unechtes, nervöses Lachen
6. Schlafstörungen
7. Magenbeschwerden
8. Beschleunigter Puls
9. Zähnezusammenbeißen
10. Kopfschmerzen
11. Verspannte Nackenmuskeln
12. Andere Arten von Verspannung

B) Verrate ich durch eine oder mehrere der folgenden Verhaltensweisen, daß ich Selbstbehauptung zu umgehen suche?

1. Wutausbrüche
2. Hinausschieben von Entscheidungen
3. Unterdrücken von Gefühlen
4. Niedergeschlagenheit
5. Nachgeben, um anderen zu gefallen

Tagebuch

Obwohl sie einige Mühe kosten, zählen Tagebuchnotizen in Tabellenform zu den nützlichsten Hilfsmitteln der Selbstbeobachtung. Sie ermöglichen uns, genau jene Situationen zu beobachten, an denen wir lernen müssen, uns selbstsicherer zu verhalten. Wir empfehlen, zumindest eine Woche lang ein solches Tagebuch zu führen, um Ihre Verhaltensmuster erkennen zu können. Diese Eintragungen werden sich als sehr hilfreich erweisen, wenn wir zum 11. Kapitel kommen. Sobald wir dazu übergegangen sind, unsere selbstsicheren Verhaltensweisen systematisch zu trainieren (geben Sie nicht auf, wir kommen so weit), wird es Ihnen wesentlich leichter fallen, die für Sie schwierigen Situationen zu üben, wenn Sie ein Tagebuch geführt haben.

Modell eines Tagebuchs

Datum und Situation	*Körperliche Symptome und Verhaltensmuster*	*Mein Verhalten*	*Meine Gefühle*	*Was ich gerne getan hätte*	*Warum ich nicht tat, was ich tun wollte*
Do 23. 2. Die Kursleiterin sagte Dinge, die ich nicht verstand. Ich wollte sie etwas fragen.	Mein Herzschlag beschleunigte sich.	Ich sagte nichts.	Unwissend und frustriert.	Meine Frage gestellt.	Ich hatte Angst, mich zu blamieren.
Sa 25. 2. Abends kamen unangemeldet Freunde zu Besuch.	Ich beiße die Zähne zusammen, meine Stimme klingt forciert.	Ich lud sie ein, mit uns Abendbrot zu essen.	Überrumpelt und wütend; fürchtete, daß wir nicht genug zu essen haben würden, daß das Tischtuch unordentlich wirken könnte.	Ihnen gesagt, daß das Essen für mich und Jim fertig sei und sie gehen sollten.	Ich fürchtete, sie vor den Kopf zu stoßen.
Mo 27. 2. Mein Mann rief mich im Büro an und schlug vor, nach der Arbeit mit ihm zum Essen und ins Kino zu gehen.	Ich beiße meine Lippen und klopfe mit dem Bleistift, während ich mit ihm telefoniere.	Ich stimme dem Vorschlag widerwillig zu und hoffe, daß er das Zögern in meiner Stimme bemerkt.	Ich ärgere mich, daß er nicht merkt, wie müde ich bin.	Ihm gesagt, daß ich keine Lust hatte und mich auf einen gemütlichen Abend mit ihm zu Hause gefreut hatte.	Ich wollte ihn nicht enttäuschen und seine Pläne durchkreuzen.

6. Was kann denn schon passieren?

«Wenn ich sage, daß ich nicht zu dem Hockeyspiel mitgehen will, werden sie böse auf mich sein.»

«Welches Recht habe ich, das Urteil – und die Rechnung – des Automechanikers in Frage zu stellen? Er versteht mehr von Autos als ich.»

«Es ist nicht richtig von mir, mich zu weigern, für einen so wertvollen karitativen Zweck Geld zu sammeln.»

«Wenn wir nicht jeden Sonntag mit meiner Schwiegermutter verbringen, wird sie furchtbar gekränkt sein, und wir werden uns schuldig fühlen müssen.»

Wenn selbstsicheres Verhalten nichts weiter ist als direkte und angemessene Äußerung unserer Gedanken, Bedürfnisse und Gefühle – und das Recht und die Pflicht jeder Frau gegenüber sich selbst –, weshalb sollte es dann ein solches Problem sein? In der Realität sind viele von uns gehemmt und haben Angst, sich so selbstsicher zu verhalten, wie sie gerne möchten. Dies liegt zum Teil daran, daß wir so viele Befürchtungen in bezug auf die vermeintlich negativen Folgen offenherzigen Verhaltens haben.

Diese Ängste werden durch sog. *irrationale* (unbegründete) Überzeugungen genährt – ein Begriff, der von dem amerikanischen Psychologen Albert Ellis, dem Begründer der «rational-emotiven Therapie», entwickelt wurde. Solche irrationalen Meinungen verzerren die Realität, indem sie sich auf die «katastrophalen», «schrecklichen», ja, die schlimmsten aller denkbaren Resultate selbstsicheren Verhaltens konzentrieren, diese sogar in der Vorstellung vorwegnehmen. Diese irrationalen Überzeugungen kommen dadurch zustande, daß wir den möglichen Reaktionen unserer Mitmenschen zu große Bedeutung beimessen. Das führt gewöhnlich dazu, daß wir uns ihnen unterordnen. Irrationale Meinungen basieren nicht auf der Realität, sondern auf alptraumhaften Phantasien – wir stellen uns die negativste aller möglichen Konsequenzen unseres selbstsicheren Handelns vor. Unser Denken ist unbegründet, wenn wir uns auf diese negativen Phantasien beschränken und alle positiven Möglichkeiten ignorieren, die aus unserer Selbstbehauptung resultieren könnten. Ob wir diese Meinungen nun von unseren Eltern oder der Gesellschaft übernommen haben – Tatsache ist, daß sie sich in der Gegenwart hemmend auf viele Menschen auswirken.

Unser S.T.-Programm orientiert sich an der auch von anderen aufgegriffenen Ellisschen Grundthese, daß uns «mächtige irrationale und unlogische Vorstellungen daran hindern, ein angst- und aggressionsfreies Leben zu führen». Es vertritt die Auffassung, daß wir unsere Emotionen oder Gefühle in bezug auf uns selbst ändern können, indem wir diese irrationalen Überzeugungen abbauen und sie durch rationale (d. h. vernünftige) ersetzen. Auf diese Weise können wir die Angst mindern, die unsere Selbstsicherheit hemmt, und sind dadurch eher in der Lage, angemessen und selbstbewußt zu agieren.

Wenn wir diese Grundthese zur Entwicklung selbstsicheren Verhaltens heranziehen, müssen wir damit beginnen, unsere eigenen irrationalen Meinungen festzustellen und dann neue, rationale Ansichten an ihre Stelle zu setzen. Diese gründen sich auf eine realistischere Beurteilung der jeweiligen Situation und auf die Erkenntnis, daß jede einzelne selbstsichere Handlung nicht bloß ein, sondern viele verschiedene Ergebnisse nach sich ziehen kann. Rational ist auch die Überzeugung, daß selbst wenn unsere Selbstbehauptung negative Folgen hat, wir mit dieser Niederlage fertig werden können, da es unsere freie Entscheidung ist, ob wir an dieser zerbrechen oder nicht.

Sobald wir unsere irrationalen Meinungen erkannt und durch vernünftige ersetzt haben, können wir anfangen, auf der Grundlage dieser neuen Einstellungen zu *handeln*. Dabei empfiehlt es sich, die ersten Selbstbehauptungsversuche in Situationen zu unternehmen, mit denen wir relativ leicht fertig werden, die geringe Risiken enthalten und in denen ein Erfolg wahrscheinlich ist. Nach und nach können wir uns dann zu schwierigeren Situationen vorwagen, bei denen entsprechend mehr auf dem Spiel steht. Je öfter wir uns selbstsicher verhalten und dabei positive Verstärkung erfahren, desto geringer wird unsere Angst und desto eher werden wir bei der nächsten Gelegenheit wieder versuchen, selbstsicher zu handeln. «Worauf es ankommt, ist Aktivität. Die Einsicht, daß es an uns liegt (Änderungen herbeizuführen), ändert gar nichts. Es geht darum, zu handeln . . .

Mit jeder erfolgreichen Äußerung angstfreier Gefühle tragen wir dazu bei, uns dies zur Gewohnheit zu machen» (Joseph Wolpe). Selbstsicheres Verhalten ersetzt schlechte alte Gewohnheiten durch gute neue.

Beispiel Nr. 1

Wenn ich mich selbstsicher verhalte, werden die anderen böse auf mich sein.
Rationale Gegenposition:

Wenn ich mich selbstsicher verhalte, kann dies positive, neutrale oder negative Folgen haben. Da es bei meiner Selbstbehauptung um legitime Rechte geht, darf ich glauben, daß das Ergebnis positiv ist.

Variationsmöglichkeiten: Wenn ich mich selbstsicher verhalte, können andere Menschen auf mich böse werden oder nicht/vielleicht fühlen sie sich mir danach näher/sie finden sympathisch, was ich sage oder tue/sie helfen mir, das Problem zu lösen.

Beispiel Nr. 2

Wenn ich mich selbstsicher verhalte und die anderen mir das verübeln, werde ich am Boden zerstört sein: es wird schrecklich sein.
Rationale Gegenposition:

a) Selbst wenn andere ärgerlich und unangenehm werden, bin ich imstande, damit fertig zu werden, ohne zu zerbrechen.

b) Wenn ich mich da, wo es angemessen ist, selbstsicher verhalte, brauche ich mich nicht für den Ärger des anderen verantwortlich zu fühlen. Vermutlich ist das sein Problem.

Die irrationalen Ansichten aus den beiden Beispielen können uns ängstlich machen und davon abhalten, uns selbstsicher zu verhalten. Wenn wir (was für viele von uns gilt) gelernt haben, daß Konflikte schrecklich sind, daß es besser ist, Auseinandersetzungen aus dem Weg zu gehen als sie zu suchen, dann sagen wir uns vielleicht, daß das Risiko, jemanden zu verärgern, zu bedrohlich ist, um den Versuch zu wagen. Durch unsere «Frieden-um-jeden-Preis»-Einstellung spielen wir in unserer eigenen Welt die Rolle eines Neville Chamberlain. Vermutlich senden wir uns selbst unbewußte Botschaften wie:

«Ich ertrage es nicht, wenn jemand sehr böse auf mich wird. Ich werde mich elend fühlen und weinen.» Oder: «Wenn mich jemand anbrüllt, dann werde ich ebenfalls die Beherrschung verlieren und explodieren. Das wäre fürchterlich.»

Irrationale Einstellungen dieser Art beeinflußten auch Sara, eine junge Ehefrau und Mutter von zwei kleinen Kindern, die in einer unserer S.T.-Gruppen ihre Situation schilderte. Sie fürchtete sich vor einer Auseinandersetzung mit ihrem Schwiegervater, der sie regelmäßig zwei- oder dreimal in der Woche auf seinem Nachhauseweg nach der Arbeit besuchte, um seine Enkelkinder zu sehen. Seine Besuche fanden immer zu der Zeit statt, in der die Spannungen in Saras Haus den Höhepunkt erreichten – die Kinder waren müde, das Haus in Unordnung, und Sara fühlte sich gehetzt, weil sie das Abendessen vorbereiten und für Ordnung sorgen mußte.

Als Sara diese Szene schilderte, klang ihre Stimme gepreßt und ihr Gesicht wirkte angespannt. Sie sagte: «Ich hätte gar nichts dagegen, daß mein Schwiegervater um diese Zeit zu Besuch kommt. Es könnte mir sogar eine Hilfe sein, wenn er um fünf Uhr kommt und eine Weile mit den Kindern spielt. Aber er macht jedesmal sarkastische Bemerkungen wie: ‹Wahrscheinlich warst du wieder so mit Besuchen beschäftigt, daß dir der Schokoladenpudding entgangen ist, der da an der Wand klebt.› Oder: ‹Die Kinder sind wirklich reizend, meine Liebe, aber du würdest die Wasservorräte der Stadt nicht übermäßig strapazieren, wenn du sie manchmal baden würdest.› Ich werde so wütend, wenn er so etwas sagt, daß ich schreien könnte!»

Aber Sara schreit nicht. Sie zieht sich bloß zurück und nickt ihm mit einem schwachen Lächeln zu oder murmelt manchmal leise: «Das ist nicht komisch.»

Als wir Sara fragten, wie sie sich in einer solchen Situation fühle, antwortete sie: «Ängstlich, nervös, innerlich kochend. Jedesmal, wenn ich ihn auf unser Haus zukommen sehe, beginnt sich schon mein Magen zusammenzukrampfen. Er kann wirklich so verletzend sein», fügte sie hinzu, «daß ich Angst habe, ihn zu bitten, er solle seine kritischen Bemerkungen unterlassen, wenn er weiterhin zu Besuch kommen will – nun, ich habe Angst, daß er mich anbrüllt und mit der alten Masche kommt, ich sei unreif und verstünde keinen Spaß. Wenn er mich anschreien würde, stände ich vermutlich bloß da und würde in Tränen ausbrechen. Ich wüßte nicht, was ich tun sollte.»

Als Sara beschloß, Formen der Konfliktaustragung mit ihrem Schwiegervater zu üben, forderten wir sie auf, ihre irrationalen Einstellungen und mögliche Alternativen zu überprüfen. Sie war davon ausgegangen, daß ihr Schwiegervater selbst auf ein ruhiges und direktes Ansprechen des Problems mit Wut reagieren würde. Sie hatte mit dem Schlimmsten gerechnet, sich darauf konzentriert und in irrationaler Weise alle anderen möglichen Reaktionen außer acht gelassen. Nun war sie bereit, auch einige Alternativen ins Auge zu fassen.

«Hm», räumte sie schließlich ein, «vielleicht wird er gar nicht wütend. Vielleicht sagt er bloß: ‹He, warum hast du mir das nicht früher gesagt? Ich wußte nicht, daß dir meine kleinen Scherze unangenehm sind.› Oder vielleicht: ‹Ach komm, Sara. Du weißt, daß ich dich gern habe!› Dann müßte ich natürlich noch nachdrücklicher darauf bestehen, daß er sarkastische Bemerkungen unterläßt. Er könnte auf verschiedene Art reagieren, und es wäre irrational, nur mit der negativsten Möglichkeit zu rechnen. Und ich werde nie sicher wissen, wie er reagieren wird, solange ich nicht mit ihm gesprochen habe.»

Wenn sich Sara ihm gegenüber freundlich, aber direkt äußert, wird es ihr und ihm vermutlich gelingen, diese Schwierigkeit aus dem Weg zu räumen, denn sie stellt eine erfüllbare Forderung in einer verhältnismäßig günstigen Situation.

Aber was ist, wenn er tatsächlich wütend wird? Diese Möglichkeit ist natürlich nicht auszuschließen. Wie könnte Sara seinem Ärger begegnen? Wir erörterten diese Frage eingehend mit ihr und stimmten ihr zu, daß es nicht angenehm ist, dem Zorn eines anderen Menschen ausgeliefert zu sein, daß es aber nicht als vernichtend empfunden werden muß.

Sara sagte schließlich: «Nun gut. Ich habe es zwar nicht gern, wenn jemand böse auf mich ist. Aber die Situation, so wie sie jetzt ist, habe ich satt. Wenn Vater wütend wird – das kann passieren oder auch nicht – brauche ich mich für seinen Zorn nicht verantwortlich zu fühlen. Er ist ja dann derjenige, der beschließt, beleidigt zu sein. Und ich zerbrösle nicht zu Staub, wenn er es tut. Ich brauche mich von den Launen anderer nicht so leicht einschüchtern zu lassen. Bloß weil er auf mich wütend ist, bin ich noch kein schlechter Mensch. Und es muß nicht heißen, daß er nun für alle Zeiten böse auf mich ist.»

Aber dann schüttelte Sara den Kopf und rief aus: «Das klingt alles ungeheuer einleuchtend! Aber ich habe mein ganzes Leben lang alles getan, um Konflikten aus dem Weg zu gehen, weil ich Angst hatte, nicht damit fertig zu werden. Ich glaube nicht, daß ich das über Nacht ändern kann.»

Wir stimmten ihr zu, daß sie sich nicht von einem Tag auf den anderen spektakulär ändern werde und daß ihre neue Einsicht kein Zaubertrank sei, der sie augenblicklich in eine selbstsichere Frau verwandeln werde, die sich nicht vor dem Zorn der anderen fürchtet. Da viele von uns selbstunsichere Gewohnheiten «bis zum Überdruß» gelernt haben, indem sie dieses Verhalten viele hundert oder tausend Male wiederholten, ist realistischerweise zu erwarten, daß selbstsicheres Handeln starke Konzentration und viel Übung erfordert, bis es ebenso selbstverständlich und vertraut geworden ist wie unsere bisherigen Reaktionsweisen.

Die Erkenntnis, daß die logische Folge ihres selbstsicheren Verhaltens nicht notwendigerweise ein Krach sein mußte, half Sara dann doch, ihre Angst vor einer direkten Konfrontation mit ihrem Schwiegervater zu reduzieren. Und ihr erweiterter Horizont ließ sie befriedigende Alternativen in ihrer Beziehung zu ihm erkennen, so daß sie nicht mehr gezwungen war, zwischen zwei höchst unerfreulichen Extremen zu wählen, wie sie vorher geglaubt hatte: entweder alles hinunterzuschlucken oder einen Riesenkrach mit ihm zu riskieren. Wir forderten Sara auf, sich ihre neuen rationalen Erkenntnisse immer wieder vorzusagen, um ihre Angst vor der Konfrontation mit dem Schwiegervater zu vermindern und es ihr zu erleichtern, ihr selbstsicheres Verhalten zu erproben.

Nachdem Sara in der Gruppe geübt hatte, was sie dem Schwiegervater sagen wollte, und von den Leiterinnen und Gruppenmitgliedern durch konstruktive Kommentare unterstützt worden war, bemerkte sie: «Das hat mir jetzt gutgetan. Diese Woche noch werde ich Vater all das sagen, was mir schon seit einem Jahr auf der Zunge brennt. Selbst wenn er wütend wird, werde ich versuchen, die Sache mit ihm auszudiskutieren.»

Sara erzählte uns später, daß sie und ihr Mann den Vater zum Abendessen eingeladen hatten, als die Kinder schon im Bett waren. Nach dem Essen, als alle in entspannter Stimmung waren, hatte sie ihm ganz ruhig (obwohl ihr Herz bis zum Hals schlug) erklärt, daß sie zwar sein Interesse an den Kindern schätze, sich jedoch über seine sarkastischen Bemerkungen über ihre Erziehungsmethoden und ihre

Haushaltsführung ärgere. Dann hatte sie ihn gebeten, diese künftig zu unterlassen.

Zu ihrer großen Erleichterung reagierte der alte Herr gar nicht aufgebracht – bloß überrascht, weil es ihm nicht bewußt gewesen war, daß er sie verärgerte. Er versprach, sich zu bessern. «Er hat dieses Versprechen auch gehalten», berichtete Sara, «und die Spannung zwischen uns hat sich in Wohlgefallen aufgelöst.»

Beispiel Nr. 3

Obwohl es mir lieber ist, wenn die anderen mir gegenüber offen sind, fürchte ich, mein Gegenüber zu verletzen, wenn ich ihm gegenüber ebenso offen bin und ‹nein› sage.

Rationale Gegenposition:

a) Wenn ich mich selbstsicher verhalte, können sich andere Leute verletzt fühlen oder auch nicht.

b) Die meisten Menschen sind nicht mimosenhafter als ich selbst. Wenn ich die direkte, offene Kommunikation vorziehe, dann gilt dies wahrscheinlich auch für die anderen.

Beispiel Nr. 4

Wenn mein selbstsicheres Auftreten andere verletzt, ist das meine Schuld.

Rationale Gegenposition:

a) Wenn sich andere durch mein selbstsicheres Verhalten gekränkt fühlen sollten, kann ich ihnen zeigen, daß sie mir etwas bedeuten und kann dennoch gleichzeitig meine Wünsche oder Bedürfnisse offen aussprechen.

b) Obwohl die anderen manchmal über mein selbstsicheres Verhalten schockiert sein mögen, sind die meisten Menschen nicht so überempfindlich, daß sie daran zerbrechen.

Pat, eine etwa fünfzigjährige Frau, die sich in der Gruppe bis dahin wenig geäußert hatte, meldete sich plötzlich zu Wort: «Gut, ich verstehe jetzt, wie ich mit Konflikten und Aggressionen der anderen fertig werden kann, wenn es mir auch nicht leichtfällt und ich inzwischen erkannt habe, daß ich dazu erzogen wurde, Auseinandersetzungen aus dem Weg zu gehen. Was mich jedoch am häufigsten davon abhält, selbstsicher zu handeln, ist die Angst, die Gefühle anderer Menschen zu verletzen. Ich bin selbst empfindlich, und ich versuche daher, auch auf die Gefühle der anderen Rücksicht zu nehmen. Ich möchte niemandem wehtun. Ich befinde mich gegenwärtig in einem Dilemma», fuhr sie fort, «das zwar kein weltbewegendes Problem ist, aber für das ich doch gern eine gute Lösung wüßte. Mein Mann und ich fahren in drei Wochen zu einem Kongreß nach Chicago. Wir wohnten dort bisher immer bei meiner Schwester Hazel, und ich weiß, daß sie sich über unsere Besuche sehr freut. Aber obwohl John und ich im allgemeinen gern bei ihr sind, möchten wir dieses Mal lieber in einem Hotel wohnen und einige Zeit ganz für uns sein. Wir haben seit zwei Jahren keinen Urlaub mehr gehabt, und die Vorstellung, fünf Tage miteinander in der Stadt zu verbringen, erscheint uns beiden sehr verlockend. Aber ich weiß nicht, wie ich es Hazel beibringen soll. Ich habe solche Angst, daß sie gekränkt sein könnte. Es würde mich sehr belasten zu wissen, daß ich sie verletzt habe.»

Pat geht von der irrationalen Überzeugung aus, daß selbstsicheres Verhalten mit den leisesten negativen Untertönen auf andere Menschen verletzend wirkt. Von ähnlicher Art ist die Ansicht, daß wir die Verantwortung tragen, wenn sich andere auf Grund unseres selbstsicheren Handelns verletzt fühlen. Dieser Irrglaube schließt manchmal die Vorstellung ein, daß sich ein Mensch, dessen Gefühle wir verletzt haben, von diesem Schlag vermutlich nie erholen wird und daß unsere Beziehung zu ihm für alle Zeiten ruiniert sein wird – Irrationalismen, die vielleicht eher auf unsere Unsicherheit hinsichtlich unseres Rechts, Bedürfnisse und Wünsche ehrlich zu äußern, als auf Erfahrungen mit konkreten Fällen, in denen wir Leute gekränkt haben, zurückzuführen sind.

Als wir Pat mit der irrationalen Überzeugung konfrontierten, die sie davon abhielt, sich selbstsicher zu verhalten, und insbesondere, als wir diese ihre Einstellung bis zur Absurdität übertrieben, antwortete Pat: «Ja, es stimmt, daß ich angenommen habe, Hazel werde furchtbar gekränkt sein, wenn wir nicht bei ihr logieren. Aber nach unserem Gespräch muß ich zugeben, daß ich nicht weiß, ob das stimmt oder nicht. Möglicherweise ist es ihr sogar lieber, wenn sie nicht fünf Tage lang für uns kochen und putzen muß; vielleicht findet sie selbst, daß wir alle mehr davon hätten, wenn wir einige Dinge zusammen unternehmen, aber nicht unter einem Dach wohnen.

Aber selbst, wenn sie es uns verübeln sollte», fuhr Pat fort, «können wir mit ihr darüber sprechen. Schließlich mögen wir einander wirklich. Unsere Beziehung wird eine kleine Enttäuschung überleben.»

Pat hatte begonnen, ihre irrationale Konzentration auf ein einziges mögliches Resultat ihrer Selbstbehauptung durch andere Reaktionen zu ergänzen, die Hazel zeigen könnte. Es ist nicht realistisch anzunehmen, andere Leute seien so empfindlich, daß sie aus den Fugen geraten, wenn wir selbstsicher handeln. Unsere eigenen Erfahrungen widersprechen dem. Ebensowenig rational ist die Annahme, unsere Beziehungen zu anderen Menschen seien so brüchig, daß sie nicht einige Belastungen überdauern könnten.

Als wir Pat fragten, welches Verhalten sie sich an Hazels Stelle von ihren Hausgästen wünschen würde, antwortete sie: «Natürlich kann ich das verstehen, wenn ein Paar allein sein will. Ich wäre vielleicht enttäuscht, aber der Gedanke wäre mir noch viel schrecklicher, daß sie nur deshalb bei mir wohnen, weil sie sich dazu verpflichtet fühlen.» Die anderen Gruppenmitglieder stimmten ihr zu, daß auch sie lieber die Wahrheit erfahren würden, selbst wenn diese unangenehm sei, denn auf lange Sicht ist es leichter, mit Fakten fertig zu werden als mit der Unsicherheit, und das direkt und ehrlich geäußerte Bedürfnis trifft eher auf Verständnis als jenes, das sich hinten herum und durch Manipulation Befriedigung verschaffen will.

Natürlich gibt es Ausnahmen von dieser Regel und Augenblicke, in denen wir es vorziehen, uns nicht direkt zu äußern. Beispielsweise kann es im Interesse des Familienfriedens angebracht sein, das irritierende Verhalten eines Verwandten zu ignorieren, den wir ohnehin selten sehen. Oder wir übergehen die Unhöflichkeit eines Busfahrers, wenn wir in Eile sind. Vielleicht sind wir auch gezwungen, uns mit einem autoritären Chef abzufinden, wenn wir durch selbstsicheres Auftreten unsere Stelle riskieren würden.

Unter anderen Umständen, beispielsweise in langfristigen Beziehungen, die uns die Chance geben, auf subtile Regungen einzugehen und Schwierigkeiten zu verarbeiten, verursachen Menschen, die selbstsicheres Verhalten scheuen, oft mehr Probleme, als sie vermeiden. Ihr Zögern, ihre Selbstverleugnung oder ihre widersprüchlichen Äußerungen können für ihre Partner äußerst frustrierend sein. Wenn wir keine klare Auskunft empfangen, können wir nicht mit einer klaren Antwort reagieren; wir wissen nicht, wie wir uns verhalten sollen.

Lucy, ein anderes Gruppenmitglied, klagte: «Es kostet mich ungeheuer viel Energie, meiner Mutter eine offene Antwort zu entlocken. Wenn ich sie frage, ob sie bereit wäre, meine Kinder zu beaufsichtigen, seufzt sie jedesmal hörbar und antwortet mit einem deutlichen Mangel an Begeisterung. ‹Wie du willst, Liebes.› Ich bohre dann nach: ‹Aber hast du auch wirklich Lust dazu?› Aber statt mir unverblümt zu sagen, was sie will, läßt sie weiterhin diese einander widersprechenden Äußerungen hören: ‹Ich möchte mich um die Kinder kümmern und ich möchte es nicht.› Ich würde mich viel wohler fühlen, wenn ich wüßte, woran ich bin – selbst wenn das bedeutete, daß sie sich nie der Kinder annimmt.» Die Teilnehmerinnen unserer S.T.-Gruppen versichern immer wieder, daß sie es vorziehen, wenn sich andere direkt äußern. Wir weisen sie dann darauf hin, daß es unnötig ist, in unserem Verhalten mit zweierlei Maß zu messen, d. h. davon auszugehen, daß wir uns zwar freimütiges Betragen wünschen, alle anderen jedoch so empfindlich sind, daß wir uns aus Rücksicht auf sie selbstunsicher verhalten müssen. Indem wir uns selbst offen und direkt äußern, können wir uns von der Last befreien, die vermeintliche – und vielleicht nur eingebildete – Verletzbarkeit der anderen ständig in Rechnung stellen zu müssen. Selbstsicheres Verhalten kann auf den anderen ansteckend wirken und damit zum Aufbau offener und ehrlicher Beziehungen beitragen.

Beispiel Nr. 5

Es ist falsch und egoistisch, berechtigte Bitten abzulehnen. Meine Mitmenschen werden mich verurteilen und mich nicht mögen.

Rationale Gegenposition:

a) Selbst legitime Bitten kann man in selbstsicherer Weise ablehnen.

b) Es ist vertretbar, den eigenen Bedürfnissen manchmal Vorrang vor den Wünschen anderer einzuräumen.

c) Man kann es nicht immer allen Leuten recht machen.

Es ist schwierig, Bitten abzuschlagen, nicht zuletzt auf Grund der verbreiteten irrationalen Ansicht, daß es unmoralisch und egoistisch sei, legitime Bitten nicht zu erfüllen. Je gerechtfertigter uns eine Bitte erscheint («Du *mußt* mir helfen. Du bist die einzige, die das kann.»), desto mehr zögern wir, nein zu sagen. Nicht selten fühlen wir uns hin- und hergerissen zwischen unseren eigenen Wünschen und dem, was wir unserer Ansicht nach tun müssen, um uns die Zuneigung des anderen zu erhalten.

Unter solchen Umständen lassen wir uns oft herbei, Dinge zu tun, die wir nicht tun wollen, mit Leuten zusammenzusein, mit denen wir nicht zusammensein wollen, unsere Zeit so zu verbringen, wie jemand anderer es von uns will, statt für uns selbst zu entscheiden. Vermutlich sagen wir uns dabei: «Ich darf eine berechtigte Bitte nicht abschlagen oder nein sagen. Ich möchte nicht egoistisch sein.» – «Wenn ich anderen keinen Gefallen erweise, kann auch ich sie um keinen Gefallen bitten.» – «Wenn ich nicht tue, was die anderen wollen, werden sie mich nicht mögen. Wäre das nicht schrecklich? Ich würde ihre Freundschaft (oder Liebe) verlieren.» Befürchtungen dieser Art können Einfluß darauf haben, ob wir uns Männern verweigern, die größeren Wert auf Sex legen als wir – besonders, wenn wir diese Männer gernhaben und sie weiterhin sehen wollen.

Ellen hat ein Problem. Ihre Freundin Jeanne kandidiert für den Stadtrat und hat Ellen gebeten, in ihrer Wohnung eine Reihe von Kaffeeparties für sie zu arrangieren: Ellen meinte dazu: «Ich habe keinen triftigen Grund, um diese Bitte abzulehnen. Ich mag Jeanne und wünsche ihr, daß sie die Wahl gewinnt, aber ich habe einfach keine Lust, soviel Zeit und Energie in ihren Wahlkampf zu investieren, wie sie das von mir verlangt. Aber wie kann ich nein sagen? Sie ist meine Freundin. Ich möchte nicht, daß sie glaubt, ich mag sie nicht, oder daß sie mich für eine gleichgültige, selbstsüchtige Person hält. Auf keinen Fall möchte ich ihre Freundschaft verlieren.»

Ellen verliert die Nerven, weil sie irrationalerweise nur die möglichen negativen Reaktionen ins Auge faßt, die Jeanne zeigen könnte. Sie hat gar nicht an die Möglichkeit gedacht, daß Jeanne ihre Ehrlichkeit gut finden und Ellens Recht respektieren könnte, ihre eigenen Prioritäten zu setzen.

Ellen glaubt unrealistischerweise, es sei unvertretbar, ihre eigenen Wünsche in Betracht zu ziehen und ihnen manchmal Vorrang gegenüber denen anderer einzuräumen, speziell wenn die anderen gute Gründe für ihre Forderungen haben. Sie tut Jeanne unrecht, indem sie diese für egozentrisch genug hält, ihre Zuneigung von Ellens Bereitschaft abhängig zu machen, ihr zu helfen, wann immer sie das wünscht. Ellen leistet aber auch ihrer Freunschaft einen schlechten Dienst, indem sie irrationalerweise annimmt, sie sei so zerbrechlich, daß ein einziges Nein sie zerstören könnte.

Sicher ist uns bewußt, daß wir es nicht ständig allen Leuten recht machen können. Wenn wir uns stets nach den Wünschen anderer richteten, würde unsere Persönlichkeit zu einer qualligen Masse degenerieren, die jede erkennbare Identität einbüßen und niemandem imponieren würde. Wer sind wir dann noch?

Ellen besprach diese Situation eingehend mit ihrer S.T.-Gruppe und beschloß dann, ihre bisherigen irrationalen Ansichten durch rationalere zu ersetzen. Sie nahm sich vor, Jeanne gegenüber selbstsicher aufzutreten. In der folgenden Woche berichtete sie uns ganz sachlich, daß sie Jeanne mitgeteilt habe, sie wolle zwar nicht bei allen Kaffeegesellschaften als Gastgeberin fungieren, sei jedoch aus Freundschaft bereit, eine Party bei sich zu veranstalten. Sie erzählte: «Ich habe Jeanne einfach angerufen und zu ihr gesagt: ‹Ich freue mich, daß du für den Stadtrat kandidierst. Ich bin ganz auf deiner Seite, aber ich möchte nicht alle Kaffee-Einladungen bei mir abhalten. Wenn du willst, übernehme ich eine.›

Während ich ihr das am Telefon erklärte, begann meine Stimme zu zittern, aber ich fühlte mich wundervoll, als ich sie antworten hörte: «Du, ich bin froh, wenn du eine übernimmst, obwohl es natürlich eine große Hilfe wäre, wenn du mehr machen könntest. Trotzdem kann ich dich verstehen und bin für jede Hilfe dankbar. Wir müssen alle unsere eigenen Prioritäten setzen, und dich interessieren eben andere Dinge mehr als Politik.»

Die übrigen Gruppenmitglieder lobten Ellen für ihr erfolgreiches Vorgehen, aber eine Teilnehmerin fragte sie: «Was hättest du getan, wenn sie gekränkt oder verärgert reagiert hätte?»

Ellen antwortete: «Bevor ich anrief, sagte ich mir, daß es nicht das Ende unserer Freundschaft bedeuten werde, selbst wenn sie enttäuscht sein sollte. Und ich machte mir klar, daß ich einfach nicht jeden auf meine Kosten zufriedenstellen kann. Ich nahm mir vor, ihr so deutlich wie möglich zu sagen, daß mir an ihr liegt, falls sie sich gekränkt zeigen sollte, aber daß ich nach reiflicher Überlegung ihre Bitte abschlagen müßte. Und ich hatte ihr einen für mich akzeptablen Kompromiß anzubieten, nämlich eine Party zu arrangieren. Natürlich bin ich froh, daß sie in der geschilderten Weise reagiert hat –

aber ich glaube, ich hätte die Situation auch gemeistert, wenn sie sauer gewesen wäre.»

Wie bereits erwähnt, sind die meisten Frauen dazu erzogen worden, die Bedürfnisse anderer stets über ihre eigenen zu stellen und vor allem nicht egoistisch zu sein. Oft hören wir in unseren Gruppen die Frauen sagen: «Aber wenn ich lerne, mich durchzusetzen und zu allem nein zu sagen, was mir keinen Spaß macht, werde ich mich in eine selbstsüchtige, egozentrische Frau verwandeln.» Wir legen jedoch Wert darauf zu unterscheiden, ob man aus freiem Entschluß ja sagt, um jemanden zu helfen – selbst wenn das bedeutet, etwas zu tun, was man ungern tut –, oder nur deshalb ja zu sagen, weil man nicht wagt, nein zu sagen. Solange wir aus freier Entscheidung ja (oder nein) sagen, handeln wir selbstsicher. Wenn wir widerwillig ja sagen, bloß weil wir nicht wissen, wie wir nein sagen sollen, verhalten wir uns selbstunsicher und schleppen unsere geheimen Ressentiments vermutlich entweder mit uns herum oder projizieren sie auf irgendeine Weise.

Einige Wochen nach Abschluß ihres S.T.-Kurses erhielten wir einen Brief von Barbara, einer energischen, lebensfrohen Frau von 55 Jahren. Sie hatte den größten Teil ihrer Erwachsenenjahre ihrem Beruf als Logopädin sowie der Aufgabe gewidmet, einer Reihe von Pflegekindern ein ständiges Heim zu bieten. Sie schilderte uns ihre Bemühungen, ihre eigenen Wünsche in selbstsicherer Weise artikulieren zu lernen:

«Ich weiß, daß ich die Prinzipien des Selbstsicherheitstrainings und deren Anwendung auf mein eigenes Leben künftig weiter vertiefen werde. Es ist ein wunderschönes Gefühl, auch meine eigenen Bedürfnisse befriedigen zu können – das war eine der großen Hürden, die ich überwinden mußte. Meine Erziehung enthielt so viele Leitsätze, die mir einhämmerten, alle anderen hätten Vorrang, daß der Gedanke, auch ich hätte Rechte, an den Grundfesten meiner Weltanschauung rüttelte. Schließlich wurde mir klar, daß ich es immer für meine Pflicht gehalten hatte, für alle anderen zu sorgen, daß ich mich dabei aber selbst vernachlässigte. Nun bin ich tief innerlich davon überzeugt, daß auch ich zähle. Und ich kann anderen mehr Liebe schenken, als ich je für möglich gehalten hätte.»

Beispiel Nr. 6

Ich muß um jeden Preis vermeiden, Äußerungen zu machen oder Fragen zu stellen, die mich unwissend oder dumm erscheinen lassen.

Rationale Gegenposition:

Es ist nicht schlimm, uninformiert zu sein oder einen Fehler zu machen. Es beweist höchstens, daß irren menschlich ist.

Ebenso irrational wie die Erwartung, stets alle Leute zufriedenstellen zu können, ist die Forderung an uns selbst, allen ständig den Eindruck zu vermitteln, wir seien umfassend intelligent. Manche Frauen scheuen sich davor, eine Meinung zu äußern oder eine Frage an Leute zu stellen, die auf einem bestimmten Gebiet Experten zu sein scheinen, obwohl ihnen durch diese Zurückhaltung wesentliche Informationen entgehen oder sie sich unnötigen Sorgen aussetzen. Sie gehen dabei von der irrationalen Überzeugung aus: »Es wäre demütigend, eine dumme Frage zu stellen. Ich könnte den schlechten Eindruck, den ich damit mache, nie wieder korrigieren.»

Maria, eine Gruppenteilnehmerin im sechsten Monat ihrer ersten Schwangerschaft, erzählte uns, daß sie jedesmal mit einer Liste von Fragen zu ihrem Gynäkologen gehe. Sehr häufig verläßt sie jedoch seine Praxis wieder, ohne eine Antwort erhalten zu haben. Sie erklärte, sie wisse, daß er sehr beschäftigt sei, und fürchte, ihre Fragen könnten ihm unwichtig oder lächerlich erscheinen. Die Folge war jedoch, daß ihre Sorgen um so mehr zunahmen, je länger sie ihre Fragen mit sich herumtrug.

Eine andere Gruppenteilnehmerin bekundete Mitgefühl für Maria und fügte hinzu: «Er bekommt für seine Dienstleistung bezahlt. Du brauchst ihm nicht zu imponieren. Es kann dir egal sein, ob deine Fragen ein alter Hut für ihn sind – du gehst ja nicht hin, um ihm zu demonstrieren, wie klug du bist. Außerdem erwartet ohnehin niemand, daß du alles weißt. Warum solltest du dir also nicht alle Informationen holen, die du brauchst?»

Maria übte daher in der S.T.-Gruppe, ihre Fragen zu stellen, bis sie sich sicher genug fühlte, um sie an ihren Gynäkologen zu richten. «Ich fühle mich schon besser, weil ich die Sache jetzt anders sehe und weil ich die Übung gemacht habe. Nun erscheint es mir töricht, die Fragen nicht zu stellen.»

Bei ihrem nächsten Arztbesuch konnte Maria tatsächlich ihre Fragen loswerden und erhielt auch Antworten darauf. Dieser Erfolg bewirkte, daß sie sich wohl fühlte und erleichtert war, endlich alle Informationen zu haben, die sie sich wünschte.

Beispiel Nr. 7

Selbstsichere Frauen wirken kalt und abschreckend. Wenn ich selbstsicher auftrete, werde ich so abstoßend wirken, daß mich niemand mögen wird.

Rationale Gegenposition:

Selbstsichere Frauen sind ehrlich und offen und benehmen sich entsprechend. Sie nehmen auf die Rechte und Gefühle der anderen ebenso Rücksicht wie auf ihre eigenen. Ihre Selbstsicherheit bereichert ihre Beziehung zu anderen.

Wir können keine Selbstsicherheit gewinnen, wenn wir nicht zwischen Selbstsicherheit und Aggressivität zu unterscheiden vermögen. Wenn wir an das irrige Stereotyp glauben, selbstsichere Frauen seien kalte, unangenehme, abschreckende Geschöpfe, dann verwechseln wir *rücksichtsloses Dominieren* (das in die Kategorie «Aggressivität» gehört) mit *angemessener Kommunikation* (d. h. Selbstsicherheit). Wir müssen uns das Leitbild einer selbstsicheren Frau vor Augen halten, die liebevoll und einfühlsam, direkt und ehrlich ist und ihren eigenen Wert zu schätzen weiß.

Helen, eine junge Sozialarbeiterin, die in einem Therapiezentrum für Jugendliche mit angeschlossenem Wohnheim beschäftigt ist, schilderte uns, wie sich ihr Selbstbild veränderte und mit jeder selbstsicheren Handlung festigte. Sie sagte: «Früher akzeptierte ich alle Klischeevorstellungen von der Frau und glaubte wirklich, daß niemand starke Frauen mag. Aber in letzter Zeit bin ich zu der Überzeugung gekommen, daß niemand mich oder meine Vorstellungen respektieren wird, wenn ich es nicht tue. Ich muß für mich einstehen.»

Sie berichtete uns dann von einem Zwischenfall, der sich in der zweiten Woche an ihrem neuen Arbeitsplatz zugetragen hatte. «Ich arbeite den ganzen Tag mit den Jugendlichen und den Lehrern an dem Zentrum zusammen und gehe meist um halb fünf Uhr nach Hause. Letzten Mittwoch kehrte ich nach dem Abendessen ins Büro zurück, um einigen Papierkram aufzuarbeiten. Als ich aus dem Auto ausstieg, lief ich Ruth in die Arme, die acht Jahre lang meine Stelle innegehabt hatte, bevor ich dort zu arbeiten begann. Ich war sehr überrascht, sie zu treffen, da ich weiß, daß sie nicht mehr dort arbeitet. ‹Hallo, was machst du denn da?› fragte ich sie. Sie erzählte mir, daß im Schlafsaal der Älteren ein Problem aufgetreten sei und daß der Direktor, Mr. Bennis, sie angerufen und gebeten habe, herüberzukommen und mit den Mädchen zu reden, um die Sache wieder ins Lot zu bringen.

Nun», fuhr Helen fort, «ich antwortete ihr in sachlichem Ton, aber ihr könnt mir glauben, daß mein Herz bis zum Hals schlug und ich empört und völlig verunsichert war. Ich wußte nicht, was ich von der Sache halten sollte. Vielleicht traute mir Mr. Bennis nicht. Vielleicht hielt er mich für zu unerfahren . . . oder unfähig. Und so weiter und so fort . . . Ich ging in mein Büro und überlegte ein paar Minuten. Mir wurde klar, daß ich Mr. Bennis anrufen mußte, um ihm zu sagen, wie sehr mich die Sache beunruhige, und ihn um eine Erklärung zu bitten. Gleichzeitig fürchtete ich jedoch, daß er sein Vorgehen rechtfertigen werde, indem er mir das sagte, wovor ich die größte Angst hatte: daß er mich nicht für kompetent genug hielt. Ich rief ihn also an und sagte ihm, daß ich ihn so bald wie möglich zu sprechen wünsche – vorzugsweise am nächsten Morgen. Er bestellte mich um zehn Uhr zu sich.

Als ich in sein Büro kam, krampfte sich mein Magen vor Nervosität zusammen. Aber ich holte tief Luft und schilderte ihm genau, was ich dachte und fühlte. Ich sagte in etwa: ‹Sie haben mich in den ersten beiden Wochen in meiner Arbeit sehr ermutigt, aber ich muß Ihnen erzählen, was gestern abend passiert ist.› Dann berichtete ich ihm den Vorfall.

Mr. Bennis sah betreten aus und bekam einen roten Kopf, während er mich anhörte. Er sagte: ‹Wissen Sie, ich habe in diesem Fall Ihre Gefühle gar nicht in Erwägung gezogen, und ich muß zugeben daß ich auch nicht sicher war, wieviel ich Ihnen zutrauen kann. Wir haben ja noch nicht viel Gelegenheit zur Zusammenarbeit gehabt.› Dann erklärte er mir, daß er den Psychiater verständigt habe, als er von den Schwierigkeiten im Schlafsaal hörte, und daß dieser ihn an Ruth verwies. Ohne an mich zu denken und zu überlegen, wie ich die Sache aufnehmen würde, hatte er Ruth angerufen und sie gebeten vorbeizukommen. Er entschuldigte sich und versprach mir, dafür zu sorgen, daß dies nicht wieder vorkomme – und er dankte mir sogar für meine Offenheit. Er freute sich darüber, weil er wußte, daß ich auftretende Probleme mit ihm erörtern würde, bevor sie gefährliche Dimensionen annahmen. Der gegenseitige Respekt war gewachsen. Das war das positive Ergebnis dieser Aussprache.»

Es ist nicht immer leicht, die realen oder eingebildeten Risiken auf sich zu nehmen, die mit der Aussprache über einen Ärger oder eine Kränkung verbunden sind. Helen war zu der Überzeugung gelangt, daß sie über ihre Irritation sprechen konnte, ohne sich als «Schreckschraube» fühlen zu müssen. Sie wußte, daß sie Mr. Bennis nicht zu übertrumpfen oder zu kontrollieren suchte, sondern daß es ihr im wesentlichen darum ging, ihm ihr Unbehagen offen mitzuteilen und die Fakten festzustellen. Das Resultat war, daß sie sich viel wohler fühlte und eine Grundlage für gegenseitiges Vertrauen geschaffen war.

Schlußfolgerungen

Wenn wir uns selbstsicher verhalten möchten, es aber aus Angst vor den Folgen nicht wagen, sollten wir unser Denken auf folgende, möglicherweise irrationale Aspekte hin untersuchen:

Nehme ich an, daß meine Mitmenschen stets negativ auf mein selbstsicheres Verhalten reagieren werden? *Das ist irrational, also unvernünftig.*

Konzentriere ich mich auf negative Konsequenzen meines selbstsicheren Auftretens und ziehe andere Alternativen gar nicht in Betracht? *Das ist irrational.*

Fürchte ich, mit den Folgen meines selbstsicheren Verhaltens nicht fertig werden zu können, falls diese tatsächlich negativ sein sollten? *Das ist irrational.*

Wenn wir unsere irrationalen Überzeugungen durch rationale ersetzen, vermindern wir dadurch unsere Angst. Wir werden fähig, realistisch abzuschätzen, ob in einer bestimmten Situation selbstsicheres Verhalten angebracht ist oder nicht. Wir werden frei, kluge und befriedigende – oder zumindest erträgliche – Entscheidungen in bezug auf unser eigenes Verhalten zu treffen.

Übung

In diesem Kapitel wurden folgende irrationale Meinungen erörtert:

1. Wenn ich mich selbstsicher verhalte, werden die anderen böse auf mich sein.

2. Wenn ich mich selbstsicher verhalte und mir die anderen das verübeln, werde ich am Boden zerstört sein; es wird schrecklich sein.

3. Obwohl es mir lieber ist, wenn die anderen mir gegenüber offen sind, fürchte ich, mein Gegenüber zu verletzen, wenn ich ihm gegenüber offen bin und nein sage.

4. Wenn mein selbstsicheres Auftreten andere verletzt, ist das meine Schuld.

5. Es ist falsch und egoistisch, berechtigte Bitten abzuschlagen. Meine Mitmenschen werden mich verurteilen und mich nicht mögen.

6. Ich muß um jeden Preis vermeiden, Äußerungen zu machen und Fragen zu stellen, die mich unwissend oder dumm erscheinen lassen.

7. Selbstsichere Frauen wirken kalt und abschreckend. Wenn ich selbstsicher auftrete, werde ich so abstoßend wirken, daß mich niemand mögen wird.

Trifft eines der genannten Vorurteile auf Sie zu? Können Sie weitere nennen?

Die nachstehenden Fragen können Ihnen helfen, Ihr Verhalten realistisch zu sehen und Ihre irrationalen Meinungen durch rationale zu ersetzen. Denken Sie zunächst an eine Situation, in der Sie sich selbstsicher verhalten sollten oder wollen, sich jedoch selbst daran hindern. Dann legen Sie sich folgende Fragen vor:

1. Lasse ich mich durch vorgefaßte Meinungen, wie ich mich in dieser Situation benehmen sollte, davon abhalten, selbstsicher zu handeln?

2. Sind diese vorgefaßten Meinungen richtig? Habe ich selbst Erfahrungen gemacht, die sie bestätigen? Oder sie widerlegen?

3. Halte ich mich davon ab, selbstsicher aufzutreten, weil ich fürchte, daß das Ergebnis unangenehm, schlecht oder falsch sein könnte? Welche Beweise habe ich für diese Annahme?

4. Ist das rational oder sind auch andere Ergebnisse möglich?

5. Halte ich mich davon ab, selbstsicher zu handeln, weil ich befürchte, mit den Folgen nicht fertigzuwerden, falls diese unerfreulich oder sonstwie problematisch sind?

6. Ist das rational? Oder gibt es Wege, die befürchteten Schwierigkeiten zu meistern?

7. Wo liegt Ihr wunder Punkt?

Wie wir unser selbstsicheres Verhalten blockieren

Ein wichtiger Schritt in unserem Lernprozeß besteht darin zu erkennen, in welchen Situationen es uns schwerfällt, selbstsicher zu handeln. Bestimmte Situationen bereiten uns vermutlich viel größere Schwierigkeiten als andere. Und was für die eine Frau ein Problem ist, mag für die andere keines sein. Beispielsweise läßt sich die eine unter Umständen durch einen empörten Wortschwall einschüchtern und gefügig machen, während eine andere, die mit aggressivem Verhalten gut umgehen kann, weich wird, wenn man sie schön bittet.

In diesem Kapitel wollen wir uns mit verschiedenen Situationen befassen, die Frauen gewöhnlich große Schwierigkeiten bereiten. Es könnte sich empfehlen, in einem Tagebuch diejenigen Situationen zu notieren, die Sie als besonders schwierig empfinden. Das wird Ihnen später zustatten kommen.

Der Umgang mit eigenen und fremden Aggressionen

Den eigenen Ärger auszudrücken oder mit dem Ärger der anderen umzugehen, fällt jenen Menschen schwer, die gelernt haben, daß Zornausbrüche unschicklich, wenn nicht völlig tabu seien. Gerade für Frauen stellt dies oft ein schwieriges Problem dar, da so viele von uns von Kind auf gelernt haben, daß es nicht ladylike ist, Ärger zu zeigen.

Viele Frauen fürchten sich davor, was andere von ihnen denken könnten, wenn sie ihrem Ärger Luft machen. «Ich mache mich unbeliebt, wenn ich meinem Zorn freien Lauf lasse!» Oder sie fürchten die – eingebildete oder reale – Vehemenz ihrer Ausbrüche und leugnen deshalb, daß sie verärgert sind. «Nein, ich bin nicht wütend. Ich rede bloß laut, um meinen Standpunkt klarzumachen!» Manche Frauen versuchen, ihren Zorn zu unterdrücken in der

Hoffnung, er werde von selbst nachlassen oder ganz verschwinden. Andere verdecken ihre aggressiven Gefühle, indem sie sich gekränkt zeigen, denn viele von uns haben gelernt, daß Tränen und Traurigkeit besser ankommen als Zorn. Wieder andere sprechen sich selbst das Recht ab, zornig zu sein. «Reife, vernünftige Menschen geraten nicht in Wut.» – «Wie sollte ich ihr böse sein? Sie weiß nicht, wovon sie redet.» Bei einer solchen Leugnung wird die Tatsache übersehen, daß Zorn eine ganz normale Reaktion ist, die bei allen Menschen auftritt.

Wir können daher unsere Empörung einerseits als berechtigt akzeptieren, sollten aber andererseits erkennen, daß es möglich ist, unseren Ärger auf selbstsichere Weise auszudrücken, wenn uns daran liegt, eine Beziehung aufrechtzuerhalten oder fortzusetzen. Selbstsicheres Verhalten in einer Situation, in der sich Aggressionen stauen, bedeutet nicht, daß wir ständig freundlich und verständnisvoll sein müssen und süß lächeln sollten. Wenn wir die Beziehung intakt halten wollen, ist es wichtig, im Gespräch zu bleiben und unseren Ärger aufzulösen, statt ihn gefährliche Dimensionen annehmen zu lassen. Wir können den anderen direkt mitteilen, was wir empfinden und was wir von ihnen erwarten, ohne zu versuchen, sie zu unterdrücken, zu beleidigen oder zu demütigen und ohne unsere Meinungsverschiedenheit zu einem erbitterten Kampf eskalieren zu lassen.

Natürlich kommt es auch vor, daß wir so wütend und emotionsgeladen sind, daß wir das Bedürfnis haben zu explodieren, unsere eigenen Spannungen zu entladen oder gar die Beziehung zu dem Menschen, der uns verärgert hat, abzubrechen. Unter diesen Umständen haben wir den Wunsch, dem anderen ohne Rücksicht auf die Folgen unsere Meinung zu sagen. Denken wir daran, daß das Ziel selbstsicheren Verhaltens die offene, spannungsfreie Kommunikation ist. Wenn wir unseren Zorn auslassen wollen, wenn es uns gleich ist, wie unsere Aggressionen auf andere Menschen wirken, wenn wir jemandem etwas heimzahlen wollen, was er uns angetan hat, stecken andere Absichten dahinter; wir sind dann nicht in einer Situation, in der wir selbstsicheres Handeln anstreben.

Wenn wir aber um des lieben Friedens willen unsere Wut nur zu verdrängen pflegen, werden sich unsere Gefühle vermutlich auf indirekte Weise bemerkbar machen. Die stets pünktliche Peggy ärgerte sich über Leute, die gewohnheitsmäßig zu spät kamen. Sie haßte es, auf Lindy, ihre im übrigen gute Freundin, zu warten, deren chronisches Zuspätkommen sie allmählich immer wütender machte.

Statt Lindy zu sagen, wie sehr sie es verabscheute, auf sie zu warten, gab sich Peggy ganz gelassen, wenn ihre Freundin schließlich auftauchte, und tat ihre Entschuldigungen mit einer bagatellisierenden Bemerkung ab. Später beklagte sie sich bei ihren gemeinsamen Freundinnen über Lindys Mangel an Höflichkeit und ihre schlechte Zeiteinteilung. Manchmal besprach sie ihren Ärger auch mit den Mitgliedern ihrer Frauengruppe, aber als sie zum viertenmal davon anfing, hatte eine Teilnehmerin es satt, sich ihre unproduktiven Kommentare anzuhören, und riet ihr, mit Lindy selbst über das Problem zu sprechen.

«Ach, das brächte ich nicht fertig», meinte Peggy.

«Warum nicht?»

«Lindy würde sich ärgern.»

«Hm, ärgerst du dich denn nicht auch, so oft sie zu spät kommt?» gab ihr die strapazierte Zuhörerin zu bedenken.

Allerdings.

Da ihre unterdrückte Wut und ihre Klagen ihr selbst schadeten und das Problem nicht lösten, rang sich Peggy zu dem Entschluß durch, Lindy mit der Sache zu konfrontieren.

Peggy hatte zwei Möglichkeiten, ihren Ärger zu äußern – sie konnte es auf aggressive oder auf selbstsichere Weise tun.

Als aggressiv wäre beispielsweise folgende Äußerung zu bezeichnen: «Lindy, ich habe es satt! Zu jeder Verabredung kommst du zu spät. Es ist dir völlig egal, daß ich stundenlang auf dich warten muß. Dir sind überhaupt alle Leute egal außer dir selbst! Du bist eine solche Egoistin – ich kann es einfach nicht mehr ertragen!»

Durch ihre Aggressivität würde Peggy ihre Freundin in die Defensive und in Schuldgefühle treiben, statt sie aufzufordern, ihr Verhalten zu ändern. Die Botschaften lauten: «Du kommst immer zu spät», «du bist rücksichtslos», «du bist egoistisch», «ich warte stundenlang» und «dir sind alle egal außer dir selbst». Dies sind zwar Peggys subjektive Eindrücke von Lindys Verhalten, aber sie stellen offene Angriffe auf Lindy dar, die sie entweder in die Defensive drängen oder sie demütigen. Lindy würde den Eindruck erhalten, daß Peggy die Beziehung zu ihr am liebsten ganz abbräche. Peggys wiederholter Gebrauch des Wortes «du» – «du bist eine

Egoistin», «dir ist es egal» usw. muß Lindy als Beschimpfung und Herabsetzung empfinden.

Peggy hat jedoch auch eine andere Möglichkeit: sie kann ihrem Ärger auf selbstsichere statt auf aggressive Weise Luft machen. Sie könnte beispielsweise sagen: «Ich unternehme gerne etwas mit dir, Lindy, aber ich ärgere mich, daß ich jedesmal auf dich warten muß, wenn wir verabredet sind. Ich bitte dich, rechtzeitig da zu sein, wenn wir etwas vorhaben. Bist du dazu bereit?»

Wenn sie so vorgeht, richtet sie ihren Ärger auf die Sache, statt auf die Person.

Wenn Peggy sagt: «Ich unternehme gerne etwas mit dir», hebt sie zuerst die positive Seite ihrer Freundschaft hervor. Dann spricht sie das Problem klar und deutlich an, ohne zu übertreiben oder unnötig darauf herumzureiten. Danach äußert sie eine direkte Bitte, indem sie Lindy genau sagt, was sie künftig von ihr will. Und zuletzt fragt sie, ob Lindy bereit ist, diese Bitte zu erfüllen. Da dieses selbstsichere Anpacken des Problems vom Fortbestand der Freundschaft ausgeht und Lindy deutlich macht, daß Peggy daran gelegen ist, wird dadurch eine Brücke für weitere offene Kommunikation geschlagen – statt für einen ausufernden Streit und den möglichen Bruch. Beachten Sie auch, wie Peggy jetzt die Verantwortung für ihre eigenen Gefühle übernimmt. Sie verwendet das persönliche Fürwort «ich» statt «du»; sie sagt: «*ich* ärgere mich», *ich* bitte dich, rechtzeitig da zu sein». Peggy drückt ihre eigenen Gefühle und Wünsche in ganz anderem Ton aus als im Falle des anklagenden, verurteilenden Gebrauchs des «du» in der oben zitierten aggressiven Äußerung.

Manchmal erweist sich allein schon die Erkenntnis, daß es möglich ist, Ärger nicht bloß aggressiv, sondern auch selbstsicher und konstruktiv auszudrücken, als hilfreich gerade für Frauen, denen dies sonst schwerfällt. Wichtig ist auch die Wahl des richtigen Zeitpunkts, wenn wir unseren Unmut über etwas äußern wollen. Wenn wir ihn unterdrücken, bis wir innerlich kochen, oder wenn wir zu lange warten und über die Sache nachgrübeln, wird es uns nicht leichtfallen, uns selbstsicher statt aggressiv zu verhalten.

Wenn wir es hingegen häufig vermeiden, uns zu behaupten, weil wir fürchten, die anderen zur Revanche zu provozieren oder sie mit unseren Aggressionen vor den Kopf zu stoßen, dann müssen wir uns fragen, ob unsere Ängste von der Vernunft zu begründen sind. Dabei können wir das im vorigen Kapitel über irrationale Meinungen geschilderte Verfahren anwenden.

Die Beantwortung der folgenden Fragen mag uns Aufschluß geben über unsere Art und Weise, mit unserem Ärger umzugehen:

1. Halte ich gewöhnlich den Mund, wenn ich wütend bin?

2. Gehe ich meistens von dem anderen weg, wenn ich verärgert bin?

3. Trage ich meinen Groll tagelang mit mir umher und verschaffe mir dann mit einem großen Krach Luft?

4. Erwecke ich den Anschein, gekränkt zu sein, wenn ich in Wirklichkeit wütend bin?

5. Lasse ich meinen Zorn an einem unschuldigen Dritten aus?

6. Äußere ich meinen Ärger direkt und nachdrücklich, aber ohne den anderen zu kränken?

7. Reagiere ich direkt und effektiv, wenn jemand über mich verärgert ist, ohne die Fassung zu verlieren oder in Tränen auszubrechen? Kann ich zuhören und versuche ich, die Beschwerde des anderen zu verstehen?

8. Fühle ich mich verletzt und ziehe mich zurück, wenn jemand wütend auf mich ist?

Reaktion auf anmaßendes oder autoritäres Verhalten

Die größte Schwierigkeit macht es manchen Menschen, angemessen auf autoritäres Verhalten anderer zu reagieren. Viele von uns haben als Kind gelernt, daß wir auf die Erwachsenen zu hören haben, ohne Fragen zu stellen, daß der Vater oder Lehrer oder Polizist oder Arzt mehr von den Dingen versteht als wir. Bei manchen hat das Schulsystem die Tendenz zur bedingungslosen Unterordnung und zum Respekt vor Autoritätspersonen noch verstärkt. Da in unserer Gesellschaft Geld oft gleichbedeutend mit Macht ist, neigen manche von uns dazu, Leuten, die reicher sind als wir, übertriebene Ehrerbietung zu bezeugen. Und wie wir gesehen haben, sind Frauen oft gezwungen gewesen, sich Männern unterzuordnen. Dies ist seit der Entstehung männerbeherrschter Religionen so gewesen und lebt bis zum heutigen Tag in der Gesetzgebung fort.

Natürlich gibt es viele Leute, die über manche Dinge mehr wissen als wir, aber es ist unrealistisch, echte, auf Fachkenntnisse basierende Autorität mit autoritärem Verhalten, d. h. Anmaßung von Autorität, zu verwechseln und anzunehmen, daß alle «Experten» oder Menschen in Positionen mit großer Machtfülle oder hohem Prestige auf uns herabblicken, uns nicht zu Wort kommen lassen oder uns demütigen wollen, wenn sie dazu Gelegenheit haben. Für manche trifft das zu; sie benehmen sich autoritär. Nicht selten aber sind die mächtigsten Personen am wenigsten anmaßend. Ob die überlegene Haltung unseres Gegenübers ein Faktum ist oder nur in unserer Einbildung existiert, ob wir es vermeiden, gegenüber Autoritätspersonen selbstsicher aufzutreten oder gegenüber Menschen, die sich sachkundiger geben, als wir selbst zu sein glauben – wir trauen uns vermutlich selbst zuwenig zu und gestatten, daß sich andere über unsere Rechte hinwegsetzen. Um festzustellen, ob dies der Fall ist, empfiehlt es sich, unser Verhalten gegenüber unseren Eltern, Lehrern, Vorgesetzten und gegenüber Fachleuten, deren Dienstleistungen wir in Anspruch nehmen, näher zu überprüfen. Wenn wir uns von ihnen einschüchtern lassen oder zögern, ihnen zu sagen, was wir empfinden, dann ist dies ein Bereich, in dem wir selbstsichere Verhaltensweisen üben sollten.

Zum Beispiel:

1. Bringe ich es fertig, meine Eltern zu bitten, mich nicht zu besuchen?

2. Getraue ich mich, eine andere Meinung zu vertreten als mein Chef?

3. Getraue ich mich, eine Note anzufechten, die ich oder eines meiner Kinder von einem Lehrer erhalten hat?

4. Bringe ich es fertig, folgende Stellen um Auskünfte zu ersuchen;

a) das Finanzamt

b) das Arbeitsamt

c) die Sozialhilfeverwaltung der Gemeinde oder des Landes

d) die Wahlbehörde

e) das Amt für öffentliche Ordnung (die für Führerscheine zuständige Behörde)

f) einen Beamten der Bank, von der ich die Hypothek für mein Haus erhalten habe?

5. Getraue ich mich, meinem Arzt zu sagen, daß ich mit seinen Untersuchungen oder seiner Diagnose unzufrieden bin?

6. Kann ich gegenüber einem Menschen, den ich für intelligenter halte als mich, meine Meinung vertreten?

7. Wage ich eine Auseinandersetzung mit jemandem, der in einer viel mächtigeren Position ist als ich?

8. Getraue ich mich, bei einer Polizeidienststelle eine Beschwerde einzureichen?

Bitten ablehnen

Vielen unserer Geschlechtsgenossinnen fällt es äußerst schwer, *nein* zu sagen oder eine Bitte ohne Entschuldigung und ohne Schuldgefühle abzuschlagen, denn das widerspricht einem Großteil dessen, was sie als Frauen in unserer Gesellschaft gelernt haben. Weil so viele von uns dazu erzogen wurden, sich in der Regel entgegenkommend zu verhalten, ist es schwierig für uns, Bitten abzuweisen.

Angenommen, Sie hätten den Wunsch, die folgenden Bitten abzulehnen – würde es Ihnen schwerfallen?

1. Ein Unbekannter bittet Sie, ihm in einer langen Schlange vor der Kinokasse den Vortritt zu lassen.

2. Ihr Arbeitgeber ersucht Sie, in der Mittagspause oder nach Dienstschluß einen persönlichen Auftrag für ihn zu erledigen.

3. Eine Freundin bittet Sie, für eine Tombola eine Torte zu backen.

4. Sie erhalten das Angebot, in einer Organisation, die Sie sehr schätzen, den Vorsitz eines wichtigen Ausschusses zu übernehmen.

5. Ein Freund lädt Sie ins Theater ein. Sie wollen das Stück sehen, aber nicht mit ihm.

6. Die Organisationsleitung der Pfadfinder, denen Ihre Tochter angehört, ersucht Sie, als Gruppenleiterin einzuspringen, da die nächste Zusammenkunft sonst ausfallen muß.

7. Ihr Freund, den Sie sehr anziehend finden, drängt Sie, sexuell weiterzugehen, als Sie im Augenblick möchten.

8. Sie wissen, daß Betty jedesmal, wenn sie unangemeldet erscheint, stundenlang bleibt und Sie von der Arbeit abhält. Sie sehen sie auf Ihr Haus zukommen.

Wenn wir viele Dinge tun, die wir gar nicht tun wollen, und an zahlreichen Aktivitäten teilnehmen, zu denen wir uns gegen unseren

Willen verpflichtet haben, oder wenn wir Leuten und Situationen aus dem Weg gehen, die Bitten oder Ansprüche an unsere Zeit mit sich bringen könnten, dann haben wir noch nicht gelernt, uns durchzusetzen, indem wir *nein* sagen. Wir sollten uns dann in dieser wichtigen Kunst üben.

Bitten äußern

Dieselben Mechanismen, die unser Verhalten beeinflussen, wenn es darum geht, Bitten abzulehnen, wirken sich entgegengesetzt aus, wenn wir selbst eine Bitte äußern wollen. Wenn es uns schwerfällt, jemanden um einen Gefallen zu bitten, so liegt das vielleicht daran, daß wir bezweifeln, ein Recht darauf zu haben. Oder wir fürchten, der andere könnte glauben, *ja* sagen zu müssen – obwohl er in Wirklichkeit das Recht hat abzulehnen. Oder wir erwarten – rationalerweise oder auch nicht –, daß unser Ersuchen mit *nein* beantwortet wird.

Sie sind sich bewußt, daß die Person, an die Sie Ihre Bitte richten, das Recht hat, diese zu erfüllen oder abzulehnen. Fällt es Ihnen eingedenk dieser Tatsache schwer, folgende Bitten auszusprechen?

1. Eine(n) Freund(in)/Verwandte(n) bitten, Ihnen eine kleine/größere Summe zu leihen.
2. Eine(n) Freund(in) bitten, einen einfachen/komplizierten Auftrag für Sie zu erledigen.
3. Eine(n) Freund(in) bitten, Ihnen bestimmte Kenntnisse oder Fertigkeiten beizubringen.
4. Ihren Mann bitten, Ihnen beim Geschirrspülen/Kochen/Einkaufen/bei der Kinderbetreuung/Hausarbeit zu helfen.
5. Jemand um Hilfe bei einem persönlichen Problem bitten.
6. Jemand, den Sie gut kennen, bitten, eine Verhaltensweise aufzugeben, die Sie stört (z. B. in Ihrem Wohnzimmer nicht zu rauchen).
7. Jemand, den Sie nur flüchtig oder gar nicht kennen, um dasselbe bitten.

Gespräche beginnen und Verbindungen herstellen

Frauen, die dazu erzogen wurden, passiv zu sein und es anderen – speziell Männern – zu überlassen, die Initiative zu ergreifen und Avancen zu machen, scheuen sich manchmal davor, Gespräche zu eröffnen, insbesondere gegenüber Unbekannten oder Autoritätspersonen. Um zu erkennen, welche Situationen uns am meisten Angst einflößen, sollten wir uns die folgenden Fragen vorlegen:

1. Fürchte ich mich davor oder zögere ich, in Gruppen das Wort zu ergreifen?
2. Wenn ich bei einer Party niemanden kenne, würde ich dann ein Gespräch mit einem Unbekannten beginnen?
3. Würde ich jemanden, den ich nur dem Namen nach kenne, anrufen und ihn um eine Auskunft bitten?
4. Würde ich einen Nachbarn, den ich nicht gut kenne, anrufen und ihm mitteilen, daß sein streunender Hund meine Kinder belästigt?
5. Bin ich fähig, jemandem Komplimente zu machen oder ihn zu loben, wenn ich es für angebracht halte? Selbst wenn ich den Betreffenden nicht gut kenne?

Manche der in diesem Kapitel erörterten Bereiche mögen der Leserin kaum Schwierigkeiten machen, andere könnten weitaus problematischer sein – wie die Antworten auf die verschiedenen Fragen zeigen dürften.

Die Beantwortung des folgenden Fragebogens dürfte sich in verschiedener Hinsicht als nützlich erweisen. Zum einen wird Ihnen bewußter werden, auf welchen Gebieten Sie *keine* Schwierigkeiten haben – dies sind die Fundamente, auf denen Sie aufbauen können. Zum anderen wird es Ihnen helfen, *Ihre* spezifischen Blockierungen festzustellen, die Sie an selbstsicherem Auftreten hindern, und Sie auf die Situationen aufmerksam machen, in denen Ihnen Selbstsicherheit am schwersten fällt.

Fragebogen

Blockierungen, die mich hindern, selbstsicher zu handeln

Der folgende Fragebogen umfaßt sechs Bereiche, in denen selbstsicheres Verhalten häufig blockiert ist. In jedem Bereich werden zwei Fragen gestellt. Die erste gibt Ihnen Aufschluß über Ihre Einstellung und Ihre irrationalen Annahmen; die zweite hilft Ihnen, Ihr Verhalten zu untersuchen.

Kreuzen Sie jeweils eine oder mehrere Antworten an.

Umgang mit dem eigenen Ärger

1. Wenn ich über jemanden verärgert bin, empfinde ich gewöhnlich folgendes:

a) Ich fürchte mich davor, direkt etwas zu dem Betreffenden zu sagen, weil ich ihn nicht verletzen will.

b) Ich fürchte, daß es aggressiv klingen könnte, falls ich etwas sage, und daß mich der Betreffende deshalb nicht mögen wird.

c) Es fällt mir leicht, meine Gefühle auszudrücken.

d) Ich fühle mich ängstlich und verwirrt in bezug auf das, was ich ausdrücken möchte.

2. Wenn ich über jemanden verärgert bin, verhalte ich mich gewöhnlich folgendermaßen:

a) Ich mache Andeutungen über meine Gefühle, in der Hoffnung, daß sich der Betreffende schon auskennen wird.

b) Ich sage dem Betreffenden direkt, was ich möchte, und fühle mich dabei wohl.

c) Ich gehe dem Betreffenden eine Zeitlang aus dem Weg, bis ich mich beruhigt habe und mein Zorn verflogen ist.

d) Ich explodiere und sage dem Betreffenden meine Meinung.

e) Ich äußere meinen Ärger auf sarkastische Weise, d. h. durch witzige oder spitze Bemerkungen.

Umgang mit dem Ärger anderer

3. Wenn jemand wütend auf mich ist, reagiere ich gefühlsmäßig wie folgt:

a) Ich glaube, er/sie mag mich nicht.

b) Ich getraue mich nicht, nach dem Grund zu fragen und die Sache in Ordnung zu bringen.

c) Ich bin verwirrt und möchte weinen.

d) Ich glaube, ein Recht darauf zu haben, zu erfahren, weshalb er/sie ärgerlich ist, und darauf zu entgegnen.

e) Ich fühle mich sofort ungerecht behandelt.

f) Ich werde ebenfalls wütend.

g) Ich fühle mich schuldig.

4. Wenn jemand verärgert über mich ist, verhalte ich mich gewöhnlich folgendermaßen:

a) Ich beginne zu weinen.

b) Ich ziehe mich zurück.

c) Ich bitte den Betreffenden, seinen Ärger näher zu erklären, oder reagiere auf andere direkte Weise.

d) Ich werde ebenfalls wütend.

e) Ich entschuldige mich, wenn ich nicht verstehe, weshalb der Betreffende wütend ist.

f) Ich versuche den anderen zu beschwichtigen.

g) Ich ziehe die Sache ins Lächerliche und versuche zu erreichen, daß der andere sie vergißt.

Autoritäres Verhalten

5. Wenn ich von vielbeschäftigten Fachleuten Informationen benötige und ihre Zeit in Anspruch nehmen muß, glaube ich meist:

a) Sie werden es mir übelnehmen, daß ich ihre wertvolle Zeit beanspruche.

b) Sie werden meine Bitte für berechtigt halten und sich freuen, daß ich interessiert bin.

c) Sie werden so tun, als mache es ihnen nichts aus, aber insgeheim werden sie sich über mich ärgern...

d) Sie werden mich herablassend behandeln..

6. Wenn ich von vielbeschäftigten Fachleuten Informationen benötige und ihre Zeit in Anspruch nehmen muß, verhalte ich mich gewöhnlich folgendermaßen:

a) Ich schiebe meinen Besuch oder Anruf so lange wie möglich hinaus.

b) Ich entschuldige mich, daß ich die Zeit des Bereffenden in Anspruch nehme.

c) Ich erkläre ohne Umschweife, was ich brauche bzw. trage meine Bitte vor.

d) Ich gebe dem Betreffenden zu verstehen, daß ich sofort bedient werden möchte. Schließlich bin ich ja auch wichtig.

Bitten abschlagen

7. Wenn mich jemand um eine Gefälligkeit bittet und ich ablehne, glaube oder befürchte ich folgendes:

a) Ich fürchte, daß mich der andere hassen wird.

b) Ich fürchte, daß er über mich verärgert sein wird.

d) Ich glaube, daß er mich verstehen und nicht böse sein wird.

d). Ich glaube, daß er so tun wird, als verüble er es mir nicht, während er insgeheim doch verärgert ist.

e) Ich glaube, daß er denkt, ich mag ihn nicht.

f) Ich glaube, daß er zögern wird, mich nochmals um etwas zu bitten.

8. Wenn mich jemand um einen Gefallen bittet und ich seine Bitte nicht erfüllen möchte, verhalte ich mich gewöhnlich folgendermaßen:

a) Ich erfülle seine Bitte trotzdem.

b) Ich lasse durchblicken, daß ich seine Bitte als Zumutung empfinde, erfülle sie aber dennoch widerwillig.

c) Ich erfinde eine Ausrede, warum ich die Bitte nicht erfüllen kann.

d) Ich sage dem Betreffenden, daß ich seine Bitte nicht erfüllen möchte.

e) Ich sage dem Betreffenden, daß ich seine Bitte nicht erfüllen möchte und entschuldige mich vielmals.

Bitten äußern

9. Wenn ich etwas von jemandem brauche, empfinde ich gewöhnlich folgendes:

a) Ich sollte ihn mit meiner Bitte nicht belästigen.

b) Die anderen tun nicht gerne etwas für mich.

c) Ich möchte ihn mit meiner Bitte nicht in die Enge treiben.

d) Es ist in Ordnung, den anderen zu bitten.

e) Ich habe Angst, den anderen zu bitten, weil er *nein* sagen könnte.

f) Er sollte tun, was ich möchte.

10. Wenn ich etwas von jemandem brauche, verhalte ich mich gewöhnlich folgendermaßen:

a) Ich bitte ihn nur im äußersten Notfall.

b) Ich bitte ihn, und erkläre ihm entschuldigend, weshalb ich Hilfe brauche.

c) Ich tue für den anderen Gefälligkeiten, in der Hoffnung, daß er sich revanchieren wird.

d) Ich werde fordernd und bestehe darauf, meinen Willen durchzusetzen.

e) Ich bitte den anderen direkt und bin mir dabei bewußt, daß er meine Bitte ablehnen kann.

Verbindungen herstellen

11. Wenn ich auf eine Party komme, bei der ich niemand kenne, empfinde ich gewöhnlich folgendes:

a) Ich fürchte, daß niemand mit mir sprechen wird.

b) Ich nehme an, daß sich alle außer mir entspannt fühlen.

c) Ich habe das Gefühl, daß ich fehl am Platz bin und alle dies wissen.

d) Ich fürchte, daß ich nicht fähig sein werde, das Richtige zu sagen, falls mich jemand anspricht.

e) Ich freue mich darauf, neue Leute kennenzulernen.

f) Ich überlege mir, wie ich die Aufmerksamkeit auf mich ziehen könnte.

12. Wenn ich auf eine Party komme, bei der ich niemand kenne, verhalte ich mich gewöhnlich folgendermaßen:

a) Ich warte, bis jemand auf mich zukommt und mit mir spricht.

b) Ich stelle mich jemandem vor, der interessant aussieht.

c) Ich halte mich im Hintergrund und bleibe für mich.

d) Ich setze mir einen Lampenschirm auf oder benehme mich auf andere Weise verrückt, in der Hoffnung, daß jemand auf mich aufmerksam werden wird.

e) Ich besorge mir rasch etwas zu essen und zu trinken oder eine Zigarette, um den Anschein zu erwecken, beschäftigt zu sein und mich gut zu unterhalten.

Folgende Antworten auf dem Fragebogen kennzeichnen selbstsichere Einstellungen und Verhaltensweisen:

e) Ich besorge mir rasch etwas zu essen und zu trinken oder eine Zigarette, um den Anschein zu erwecken, beschäftigt zu sein und mich gut zu unterhalten.

Folgende Antworten auf dem Fragebogen kennzeichnen selbstsichere Einstellungen und Verhaltensweisen:

1.c
2.b
3.d
4.c
5.b
6.c
7.c
8.d
9.d
10.e
11.e
12.b

Machen Sie sich keine Sorgen, falls Sie nicht sehr gut abgeschnitten haben – niemand ist vollkommen. Sehen Sie sich Ihre Antworten nochmals an. Bei den Fragen, wo Sie die obengenannten Antworten angekreuzt haben, fällt es Ihnen vermutlich leicht, sich selbstsicher zu verhalten. In den Fällen, in denen Ihre Antworten differierten, versuchen Sie festzustellen, welche Bereiche am schwierigsten für Sie sind. Denken Sie dann an spezifische Situationen in Ihrem Leben, die in diese Problemkategorien fallen. Gehen Sie den Fragebogen nochmals durch und versuchen Sie herauszufinden, welche irrationalen Einstellungen Sie daran hindern, sich selbstsicher zu verhalten.

Machen Sie sich keine Sorgen, falls Sie nicht sehr gut abgeschnitten haben – niemand ist vollkommen. Sehen Sie sich Ihre Antworten nochmals an. Bei den Fragen, wo Sie die obengenannten Antworten angekreuzt haben, fällt es Ihnen vermutlich leicht, sich selbstsicher zu verhalten. In den Fällen, in denen Ihre Antworten differierten, versuchen Sie festzustellen, welche Bereiche am schwierigsten für Sie sind. Denken Sie dann an spezifische Situationen in Ihrem Leben, die in diese Problemkategorien fallen. Gehen Sie den Fragebogen nochmals durch und versuchen Sie herauszufinden, welche irrationalen Einstellungen Sie daran hindern, sich selbstsicher zu verhalten.

8. Weg mit der Angst

Selbstunsicheres Verhalten wuchert ständig weiter. Es wird zum Bestandteil eines Teufelskreises, in dem sich unser angeschlagenes Selbstwertgefühl ständig weiter reduziert. Wenn wir uns passiv verhalten, obwohl wir uns durchsetzen möchten, beginnt unser Selbstvertrauen zu schwinden. Je weniger Selbstvertrauen wir haben, desto mehr fürchten wir uns das nächste Mal davor, uns selbstsicher zu verhalten. Diese Angst steht unserer Selbstbehauptung zunehmend im Wege. Dieser Teufelskreis sieht so aus:

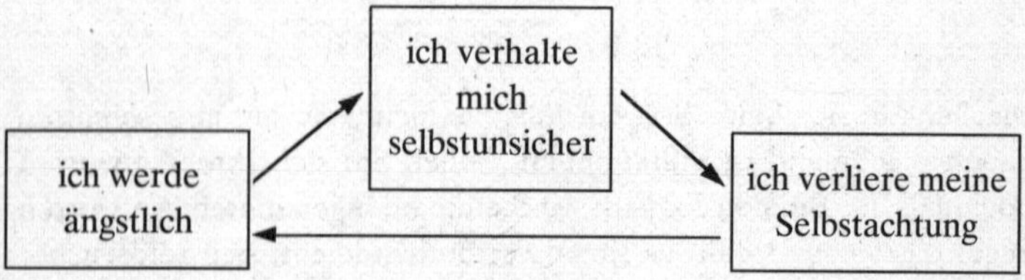

Angst wirkt hemmend auf selbstsicheres Verhalten. Dies ist ein Grundprinzip der Verhaltenspsychologie. Um uns zu ändern und selbstsichere Verhaltensweisen zu entwickeln, müssen wir uns daher unserer Angst stellen und beginnen, sie zu reduzieren. Aber wie? Nach dem theoretischen Ansatz, auf dem das Selbstsicherheitstraining basiert, müssen wir als erstes unser Verhalten ändern: die positiven Resultate werden sich einstellen, wenn wir selbstsicheres Verhalten in der Praxis ausprobieren. Sobald wir positive Resultate erzielen, verändert sich unsere Einstellung zu uns selbst; unser Selbstvertrauen nimmt zu. Je größer unser Selbstvertrauen, desto geringer unsere Angst und desto größer die Wahrscheinlichkeit, daß wir uns das nächste Mal selbstsicher verhalten werden. Wir können den alten selbstzerstörerischen Teufelskreis durchbrechen, indem wir unser Verhalten ändern, und sobald wir das tun, setzen wir einen neuen, positiven Zyklus in Gang, der folgendermaßen aussieht:

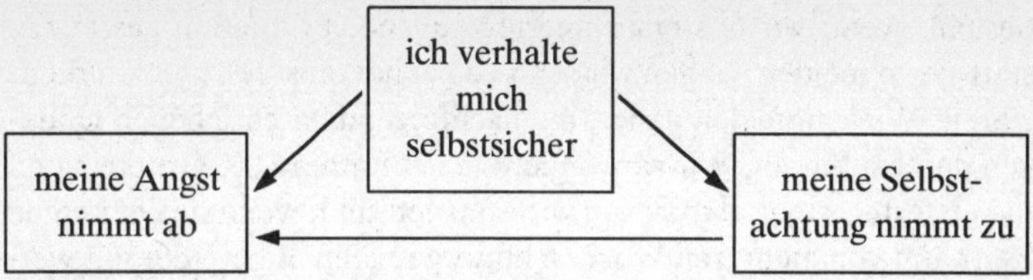

Sybil, eine junge, tüchtige Frau mit einer sanften Stimme, war in den Vorstand der Gesundheitsbehörde, in der sie arbeitet, berufen worden. Sie berichtete, daß sie sich als einziges weibliches Mitglied dieses Gremiums befangen fühle und mit sich unzufrieden sei, weil sie sich davor fürchte, bei den Vorstandssitzungen das Wort zu ergreifen.

«Ich habe das Gefühl, daß alle sehr neugierig sind, was die Alibifrau zu sagen hat. Ich bin bis jetzt so schweigsam gewesen, daß ich mich inzwischen völlig ohnmächtig fühle. Es werden Entscheidungen getroffen, mit denen ich nicht einverstanden bin, und ich sitze da und sage nichts. Je länger ich den Mund halte, desto unglücklicher fühle ich mich und desto mehr Angst habe ich, meine Meinung offen zu sagen. Die übrigen Vorstandsmitglieder halten mich wohl inzwischen für eine Null und haben ohnehin längst die Lust verloren, mir zuzuhören!»

Wir besprachen Sybils Problem in unserer S.T.-Gruppe. In dieser Diskussion gewann sie Klarheit über ihre Rechte wie ihre irrationalen Überzeugungen und beschloß dann, ihre Situation in einem Rollenspiel mit den anderen Gruppenmitgliedern darzustellen. Die Gruppe spielte den Vorstand. Durch die Diskussion und das Rollenspiel verminderte sich ihre Angst, und sie nahm sich fest vor, bei der nächsten Vorstandssitzung mindestens zweimal das Wort zu ergreifen. Wir erörterten dann bestimmte Techniken der Angstreduktion, die sie vor der Sitzung anwenden könnte.

Mit etwas Übung sind diese Techniken für jeden erlernbar. Das Grundprinzip besteht darin, den inneren Entschluß, sich selbstsicher zu verhalten, vor der Realisierung nochmals zu verstärken. Wir möchten jedoch hervorheben, daß die beste Methode zur Verringerung von Angst darin besteht, das eigene Verhalten zu verändern. Jedesmal, wenn wir uns einer angsterzeugenden Situation aussetzen, statt sie zu meiden, tragen wir schon dazu bei, unsere Angst zu reduzieren. Wir empfehlen daher, die nachfolgend beschriebenen Übungen durchzuführen. Wir verwenden sie in unseren S.T.-Gruppen und haben festegestellt, daß sie am wirksamsten sind, wenn sie über einen Zeitraum von mehreren Wochen hinweg regelmäßig wiederholt werden. Ideal wäre, wenn Sie mit einer Gruppe von Freunden üben könnten, die Sie in ihren Bemühungen unterstützen und bestärken.

Übungen zur Angstverminderung

1. Sich eine erfolgreiche selbstsichere Handlung vorstellen

Diese Übung hilft Ihnen, sich vorzustellen, wie Sie sich fühlen werden, wenn Ihnen eine selbstsichere Handlung gelungen ist. Wenn Sie sich ein positives Bild davon machen, wie es wäre, wenn Sie selbstsicher handelten, vermindern Sie Ihre Angst, es auszuprobieren.

Stellen Sie sich also eine Situation vor, die selbstsicheres Auftreten erfordert, Ihnen aber Angst macht. Schließen Sie die Augen. Stellen Sie sich vor, daß Sie sehr selbstbewußt und selbstsicher aussehen und sich auch so fühlen. Stellen Sie sich vor, daß Sie die selbstsichere Handlung erfolgreich durchführen. Denken Sie an eine oder mehrere Belohnungen, die Ihnen für diese Leistung winken. Steigern Sie sich ganz in die Vorfreude auf diese Aussicht hinein.

2. Geheime Botschaften oder Selbstermutigung

Eine weitere Methode zur Verringerung der Angst vor Beginn einer selbstsicheren Handlung besteht darin, sich eine «Botschaft» auszudenken, die einem hilft, die Situation durchzustehen. Wenn wir die Frauen in unseren Gruppen auffordern, diese Übung zu machen, fallen den meisten sehr wirkungsvolle, suggestive Beispiele ein. Nachstehend seien einige davon genannt.

Wendy, die es ständig aufgeschoben hatte, eine Einladung zu einer Party abzulehnen, sagte sich: «Wenn ich es jetzt nicht tue, muß ich es später tun.»

Abby wollte, daß ihre Mitbewohnerin die Küche saubermacht. Ihre Botschaft lautete: «Sie wird nie wissen, was ich will, wenn ich es ihr nicht sage.»

Andere nützliche Botschaften:

«Ich weiß, daß ich das *Recht* habe, das zu tun.»

«Ich brauche nicht mit der schlimmsten Möglichkeit zu rechnen.»

«Ich werde mich in meiner Haut wohler fühlen, wenn ich es tue.»

a) Denken Sie jetzt an eine Situation, die Ihnen Schwierigkeiten bereitet.

b) Überlegen Sie, was Sie davon abhalten könnte, selbstsicher zu handeln. Beschäftigen Sie sich beispielsweise nur mit den bedrohlichen Folgen?

c) Welche wirkungsvolle Botschaft könnten Sie sich selbst suggerieren, die Ihnen helfen würde, den Mut zur Tat zu finden?

d) Behalten Sie diese Botschaft bei und verwenden Sie sie von jetzt an. Schreiben Sie sie eventuell auf.

3. Bewußtes Entspannen

Wenn wir körperlich aktiv sind und uns anstrengen, atmen wir gewöhnlich in den Brustkorb. Wenn wir völlig entspannt sind, atmen wir gewöhnlich in den Bauch. Wenn wir unsere körperlichen Spannungen reduzieren wollen, können wir uns dazu erziehen, bewußt in den Bauch zu atmen und alle unsere Muskeln systematisch zu entspannen.

Es genügt dabei nicht, etwas über Atemtechniken zu lesen, unseren Bauch ein paarmal aufzublähen, tief zu atmen, während wir lesen, und dann zu erwarten, daß wir uns jederzeit nach Wunsch entspannen können. Die einzige Möglichkeit, um zu erfahren, wie man sich bei dieser Entspannung fühlt und um von ihrer Wirksamkeit überzeugt zu werden, ist, sie wiederholt auszuprobieren, d. h. sie systematisch zu erlernen.

Wenn wir also eine schwierige Situation auf uns zukommen sehen, können wir vorher bewußte Entspannung praktizieren. Eine unserer Teilnehmerinnen wendete diese Technik vor Einstellungsgesprächen an. Freilich können wir uns nicht jedesmal, wenn wir mit einer angsterregenden Situation konfrontiert sind, die selbstsicheres Handeln erfordert, auf den Boden legen und auf der Stelle unseren Körper bewußt entspannen. Wenn wir jedoch Atem- und Entspannungstechniken beherrschen, können wir unseren Körper weitgehend lokkern, indem wir mehrmals tief durch den Bauch atmen und beim Ausatmen die Verspannungen lockern. Das geht so unaufällig, daß es niemand bemerken wird. Wir können einfach ein paar Sekunden innehalten, einige Male tief durchatmen und die Verkrampfung lösen und im Stehen oder Sitzen eine selbstbewußte Körperhaltung einnehmen, bevor wir zu sprechen beginnen.

Es ist wichtig, das bewußte Entspannen häufig zu üben. Durch die Übung gewöhnen wir unseren Körper an den Zusammenhang von Bauchatmung und Entspannung, und es fällt uns dadurch viel leichter, uns durch ein paar Atemzüge nach Wunsch zu entkrampfen.

Bitten Sie eine Freundin, Ihnen die folgenden Entspannungsübungen laut vorzulesen, und führen Sie sie gleichzeitig aus. Die Anweisungen sollten langsam gelesen werden, außer wenn es darum geht, die Muskeln anzuspannen. (Nachher können Sie wechseln.) Oder sprechen Sie die Instruktionen auf Band, und spielen Sie sie dann ab. Wenn Sie das ein paarmal gemacht haben, brauchen Sie vermutlich keine Anweisungen mehr.

Tragen Sie bequeme Kleidung, ziehen Sie die Schuhe aus und legen Sie störenden Schmuck sowie Brillen und Kontaktlinsen ab. Suchen Sie sich einen ruhigen Ort mit angenehmer Beleuchtung, an dem Sie ungestört sind. Legen Sie sich auf den Rücken – auf einen Teppich oder eine Matte oder ein relativ hartes Bett. Machen Sie sich's bequem.

Schließen Sie die Augen. Werden Sie sich Ihres Körpers bewußt. Achten Sie darauf, wo Sie Spannungen verspüren . . . Verändern Sie Ihre Position, um noch bequemer zu liegen . . . Werden Sie sich Ihrer Atmung bewußt . . . Atmen Sie langsam durch die Nase ein . . . Atmen Sie noch langsamer durch den Mund aus . . . Einatmen . . . Ausatmen . . . Suchen Sie den für Sie richtigen Rhythmus zu finden . . . Ihre Atmung soll sich selbst regulieren . . . Pausieren Sie zwischen den Atemzügen, solange es Ihnen angenehm ist . . . Ausatmen . . .

Machen Sie sich alle Gedanken bewußt, die Ihnen gerade durch den Kopf gehen . . . Stellen Sie sich eine Tafel vor . . . Stellen Sie sich vor, daß alle ihre Gedanken auf dieser Tafel geschrieben stehen . . . Stellen Sie sich vor, daß Sie einen Schwamm nehmen und langsam die Worte von der Tafel löschen . . .

Konzentrieren Sie sich jetzt auf Ihren Körper. Legen Sie die Hand auf Ihren Bauch . . . Atmen Sie tief in den Bauch . . . Ihr Bauch soll beim Einatmen so rund wie ein Ballon werden und beim Ausatmen wieder ganz flach.

Atmen Sie langsam durch die Nase ein und blähen Sie dabei Ihren Bauch auf . . . Atmen Sie langsamer durch den Mund aus und entspannen Sie dabei den Bauch . . . Einatmen . . . Ausatmen . . . Einatmen . . . Ausatmen . . . Entspannen Sie Ihren Körper beim Ausatmen vollständig . . . Einatmen . . . Ausatmen . . . Bauen Sie alle Spannungen ab.

Atmen Sie im gleichen Rhythmus weiter. Nehmen Sie die Hand von Ihrem Bauch, und legen Sie sie neben sich auf den Boden (auf das Bett). Achten Sie darauf, ob Sie bequem liegen. Bleiben Sie bis zum Ende der Übung in dieser Stellung.

Spannen Sie nun Ihren ganzen Körper außer Hals und Gesicht leicht an. Halten Sie den Atem an und ballen Sie die Fäuste. Spannen Sie Ihre Muskeln an. Spüren Sie die Anspannung in den Schultern, den Armen, den Händen, in der Brust, im Rücken . . . im Magen . . . im Becken . . . im Gesäß . . . in den Schenkeln . . . den Waden . . . den Füßen . . . und den Zehen. Spannen Sie alle Muskeln an. Ihr Rücken ist durchgebogen. Ihre Gliedmaßen sind gestreckt. Nun atmen Sie aus – lassen die ganze Spannung los und ENTSPANNEN Sie sich.

Atmen Sie tief in den Bauch . . . Atmen Sie langsam aus . . . Atmen Sie nochmals tief ein . . . und wieder aus.

Atmen Sie jetzt ein. Halten Sie den Atem an und spannen Sie Ihre Muskeln wieder an. Spannen Sie sie diesmal stärker an als beim ersten Mal. Ballen Sie die Fäuste. Spannen Sie alle Muskeln an. Spüren Sie die Spannung in den Schultern, Armen, Händen, in der Brust, im Rücken, im Bauch, im Becken, im Gesäß, in den Schenkeln, Füßen und Zehen. Alle Muskeln sind angespannt. Ihr ganzer Körper ist verkrampft. Bleiben Sie so! Jetzt atmen Sie aus, und entspannen Sie alle Muskeln wieder. Lassen Sie los, und spüren Sie, wie sich Ihr Körper löst.

Atmen Sie tief in den Bauch ein . . . und aus . . . Einatmen . . . Ausatmen . . . Entspannen Sie den ganzen Körper vollständig . . . Einatmen . . . Ausatmen . . .

Jetzt atmen Sie ein . . . Halten Sie den Atem an, und spannen Sie die Muskeln so stark wie möglich an. Ballen Sie die Fäuste. Spüren Sie die

Spannung in den Schultern, den Armen, den Händen, in der Brust, im Rücken (Ihr Rücken ist hohl und berührt den Boden nicht). Spüren Sie die Spannung in Ihrem Bauch, Becken, Gesäß, in den Schenkeln, Waden, Füßen und Zehen. Spannen Sie alle Muskeln so fest Sie können an. Ihr Körper zittert vor Anstrengung . . . Jetzt atmen Sie aus . . . Lassen Sie Ihre Muskeln los und ENTSPANNEN Sie sich . . .

Atmen Sie in den Bauch ein . . . und aus . . . ein . . . und aus . . .

Ihr Körper beginnt sich zu lösen und entkrampfen. Einatmen . . . Ausatmen . . . Einatmen . . . Ausatmen . . . Spüren Sie, wie die Spannung mit jedem Atemzug nachläßt . . . Einatmen . . . Ausatmen . . . Einatmen . . . Ausatmen . . . Verbannen Sie alle ablenkenden Gedanken aus Ihrem Kopf. Konzentrieren Sie sich nur auf Ihren Körper. Setzen Sie die Bauchatmung fort . . .

Jetzt konzentrieren Sie Ihre Aufmerksamkeit auf Ihren Kopf. Spüren Sie Ihre Schädeldecke . . . Spüren Sie, wie die Spannung aus Ihrem Kopf und von Ihrer Stirn abfließt . . . Entspannen Sie den oberen Teil Ihres Kopfes . . . Warten Sie, bis Ihr Kopf völlig entspannt ist (Pause).

Spüren Sie Ihren Kiefer . . . Lassen Sie Ihr Kinn hängen . . . Ihr Kiefer ist völlig entspannt . . . Ihr ganzer Kopf . . . Ihre Augen . . . Ihr Gesicht . . . sind entspannt . . . Spüren Sie die Gelöstheit . . . Ihr Kopf ist ohne Spannung . . . völlig frei . . . (Pause).

Jetzt konzentrieren Sie sich auf Ihren Hals . . . Konzentrieren Sie sich darauf und entspannen Sie Nacken und Hals . . . Atmen Sie weiter tief . . . Entspannen Sie sich noch mehr . . . Konzentrieren Sie sich jetzt auf Ihre Schultern . . . Spüren Sie, wie sich Ihre Schultern entspannen . . . Sie brauchen nichts zu tragen und zu stützen . . . Lassen Sie sie fallen . . . bis sie völlig entspannt sind . . . Atmen Sie weiter . . . ein . . . und aus . . .

Konzentrieren Sie sich jetzt auf Ihre Arme . . . Spüren Sie ihre Lage und wie die Spannung aus ihnen abfließt . . . lassen Sie sie ganz lokker . . . Die ganze Spannung fließt nach unten und durch ihre Hände und Finger ab . . . Sie fließt durch die Fingerspitzen aus dem Körper ab. Spüren Sie, wie vollkommen gelöst Ihre Arme, Hände und Finger sind . . . Atmen Sie tief weiter . . . Einatmen . . . Ausatmen . . . Einatmen . . . Ausatmen . . .

Spüren Sie jetzt Ihren Rücken. Er liegt auf dem Boden (oder Bett) auf . . . und kann sich ganz entspannen . . . Lassen Sie die ganze Spannung aus Ihrem Rücken abfließen . . .

Jetzt konzentrieren Sie sich auf Ihre Brust . . . Entspannen Sie Ihren Brustkorb vollständig . . . Spüren Sie das gelöste Gefühl in Ihrer Brust . . . völlig spannungsfrei . . .

Spüren Sie Ihren freien und entspannten Rücken . . . Atmen Sie ruhig ein und aus . . . Ihr ganzer Oberkörper ist völlig entspannt . . . Genießen Sie dieses Gefühl . . . völliger Gelöstheit . . .

Konzentrieren Sie sich jetzt auf Ihr Kreuz und Ihr Gesäß . . . Entspannen Sie sich auch da . . . Lassen Sie die Spannung abfließen . . . Entspannen Sie Ihr Kreuz bis zum Ende Ihres Rückgrats. Entspannen Sie Ihr Gesäß . . . Atmen Sie tief weiter . . . Einatmen . . . Ausatmen . . .

Spüren Sie Ihr Becken und Ihre Genitalien. Konzentrieren Sie Ihre Aufmerksamkeit auf Ihr Becken . . . Entspannen Sie Ihr Becken . . . Die ganze Spannung fließt ab . . .

Konzentrieren Sie sich jetzt auf Ihre Schenkel . . . Spüren Sie, wie sie sich entspannen . . . wie gelöst sie sind . . .

Jetzt Ihre Knie und Waden. Ihre Knie liegen auf . . . Es wird kein Druck auf sie ausgeübt . . . Entspannen Sie Ihre Waden . . . Lassen Sie sie völlig ruhen . . . Die Spannung fließt aus Ihren Knien und Waden ab . . . Ihre Beine sind völlig entspannt.

Konzentrieren Sie sich auf Ihre Knöchel . . . sie sind nicht belastet . . . Entspannen Sie sie ganz . . . Atmen Sie tief weiter . . . Ihre Beine und Knöchel sind völlig locker und entspannt . . .

Spüren Sie jetzt Ihre Füße . . . Ihre Füße tragen viele Stunden lang das Gewicht Ihres Körpers . . . Jetzt sind sie nicht belastet . . . Spüren Sie Ihren Rist . . . Ihre Fußsohlen . . . Ihre Füße sind entspannt . . . lassen Sie sie frei schweben . . . Spüren Sie Ihre Zehen . . . Das letzte bißchen Spannung fließt durch die Zehen aus Ihrem Körper ab . . . Entspannen Sie Ihre Zehen ganz . . . Atmen Sie gleichmäßig . . . langsam . . . und tief weiter . . .

Ihr ganzer Körper ist völlig entspannt . . . Spüren Sie das Gefühl der Ruhe und Entspannung . . . der völligen Gelöstheit . . . Genießen Sie das Gefühl der totalen Entspannung . . . der totalen Konzentration auf sich selbst.

Atmen Sie tief weiter . . . Lassen Sie sich ganz gehen . . . (Lange Pause.)

Wenn Sie Lust dazu haben, strecken Sie sich und setzen Sie sich langsam auf.

Nach dieser Übung verspüren Sie wahrscheinlich ein Kribbeln im ganzen Körper. Wenn es Ihnen gelungen ist, sich völlig zu entspannen, werden Sie merken, wie verschieden dieses Gefühl von dem üblichen Zustand leichter physischer Angespanntheit ist. Wenn es schwierig für Sie war, jeden einzelnen Körperteil bewußt zu entspannen, empfehlen wie Ihnen, die Übung sooft zu wiederholen, bis es Ihnen leichterfällt. Mit jeder Wiederholung wird es Ihnen besser gelingen, sich zu entspannen. Üben Sie oft und in regelmäßigen Abständen.

9. Körpersprache verrät mehr, als Sie glauben

Fachleute schätzen, daß 65 Prozent der menschlichen Kontakte nonverbal (d. h. wortlos) und nur 35 Prozent verbal, also über die Sprache, ablaufen. Ein Großteil unserer nonverbalen Kommunikation ist unbewußt, manches davon unbeabsichtigt, dennoch wird das meiste verstanden. «Nonverbale Kommunikation», auch manchmal als «Körpersprache» bezeichnet, ist ein Begriff, der nicht nur Gestik, Mimik, Körperhaltung und -bewegungen umfaßt, sondern auch Tonfall und Höhe der Stimme, Sprechtempo, gewohnheitsmäßige Eigenheiten, angebrachtes oder unangebrachtes Lachen, und vieles mehr.

Wir lernen in frühester Jugend, Lustgefühle durch Lächeln und Unlustgefühle durch Schmollen oder Weinen auszudrücken. Als Erwachsene können wir bewußt fortfahren, unsere Gefühle auf diese Weise zu äußern. Manchmal ist uns jedoch nicht bewußt, was unser nonverbales Verhalten aussagt, denn es ist schwierig, sich selbst aus der Perspektive eines anderen zu hören und zu sehen. Dieses Kapitel dient deshalb unter anderem der Absicht, uns diejenigen Aspekte unserer nonverbalen Kommunikation bewußter zu machen, die sich auf unsere Selbstsicherheit auswirken.

Es ist zehn Uhr abends. Die müde Architekturstudentin Brenda hat vor, sich mit einem Buch auf ihre Couch zu legen und zu entspannen. Sie ist erschöpft und freut sich darauf, endlich etwas Ruhe zu genießen. Sie streckt sich auf den weichen Kissen ihres Sofas aus, zieht sich eine Decke über die Beine und will eben einen Schluck gekühlten Weines zu sich nehmen, als in der darüberliegenden Wohnung ohrenbetäubende Rockmusik erdröhnt. Sie zuckt bei den lauten Klängen zusammen, murmelt etwas zu sich selbst und sinkt auf ihr Sofa zurück, entschlossen, die Störung zu ignorieren. Nach ein paar Minuten wird Brenda klar, daß sie dem Krach nicht entrinnen kann. Nichts spricht dafür, daß die Musik leiser gedreht werden wird, wenn sie ihre Nachbarn nicht darum bittet. Sie ringt sich widerwillig dazu durch, ihr warmes, gemütliches Nest zu verlassen, schlüpft in ihre Schuhe, stapft die Treppe hinauf und drückt auf die Klingel.

Ellen und Jerry öffnen die Tür. Die Musik dröhnt mit voller Lautstärke, und die beiden sind erhitzt und lächeln; offenkundig haben sie gerade getanzt und Spaß dabei gehabt. Brenda sagt «Guten Abend» und dann: «Sie wissen es vielleicht nicht, aber man kann die Musik bis in meine Wohnung hören. Sie stört mich wirklich; bitte drehen Sie sie leiser.»

Wenn man liest, was Brenda sagte, meint man, es handle sich um eine wirkungsvolle, selbstsichere Äußerung. Sie läßt Einfühlung erkennen, und sie drückt klar aus, was sie fühlt und was sie wünscht.

Aber wir können Brendas Verhalten nicht genau beurteilen, wenn wir bloß ihre Worte in Betracht ziehen. Die nonverbalen Aspekte der Kommunikation – wie jemand spricht, gestikuliert und sich bewegt – spielen bei der Übermittlung einer Botschaft eine große Rolle. Eine verbale Äußerung, die direkt und angemessen erscheint, kann in ihrer Wirkung verstärkt oder abgeschwächt werden, wenn die nonverbalen Elemente ihr nicht entsprechen.

Sehen wir uns einmal die nonverbalen Botschaften in Brendas Äußerung an.

Selbstunsicheres Verhalten

Als Ellen und Jerry die Tür öffnen, steht Brenda mit hängenden Schultern, gesenktem Kopf und von einem Fuß auf den anderen tretend vor ihnen. Sie sieht keinen von beiden an, und als sie zu sprechen beginnt, tut sie es mit leiser und zögernder Stimme und macht lange Pausen zwischen den Worten. Sie verschränkt die Hände vor ihrem Körper, sie wirkt nervös und scheint um Entschuldigung zu bitten. Sie sagt:

«Sie . . . äh . . . wissen es vielleicht nicht . . . aber . . . man	*Sehr leise und zögernd.*
kann die Musik . . . bis in meine Wohnung hören.	*Sehr leise, aber immer schneller sprechend, als wolle sie es hinter sich bringen.*
Sie stört mich wirklich; bitte drehen Sie sie leiser?»	*Sie beendet ihre Bitte mit einer Frage, gefolgt von nervösem Lachen.*

Brenda sagt hier zwar, was sie empfindet und was sie sich wünscht, aber ihre zögernde Stimme, ihr abgewandter Blick, ihr fragender Tonfall, ihre nervösen Gesten und ihr Lachen übermitteln eine zweite Botschaft, die im Grunde besagt: «Ich möchte, daß Sie die Musik leiser drehen, aber so wichtig ist es auch wieder nicht. Ich bin nicht sicher, ob ich das Recht habe, Sie darum zu bitten. Nehmen Sie mich nicht zu ernst.»

Aggressives Verhalten

Wenn Brenda zwei Stunden auf ihrer Couch liegenbleibt und vergeblich versucht, zu lesen und sich zu entspannen, bevor sie sich dazu aufrafft, ihren Nachbarn die Meinung zu sagen, dann kann es gut sein, daß sie aggressiv reagieren wird. Wenn sie sich lange Zeit selbstunsicher verhält, wenn sie dasitzt und hofft, daß die Musik von selbst aufhören wird, wenn sie ihre eigenen Wünsche und Bedürfnisse verleugnet, werden sich bei Brenda vermutlich Aggressionen anstauen. Dann kann folgendes passieren:

Brenda knallt ihr Buch auf den Tisch und stürmt die Treppe hinauf. Sie hämmert an Ellens und Jerrys Tür. Als sie öffnen, steht sie, die Hände in die Hüften gestemmt, vor ihnen und fixiert sie mit kaltem und wütendem Blick. Sie beginnt in erregtem, lautem, forderndem Ton zu sprechen, wobei sie bestimmte Worte betont, um ihrem Vorwurf noch größeren Nachdruck zu verleihen:

«Sie wissen es vielleicht nicht,	*Höhnisch.*
aber die Musik hört man bis in meine Wohnung hinunter. Sie stört *mich wirklich. Drehen Sie sie* bitte leiser!»	*Rasches Sprechtempo, zunehmende Lautstärke. Die letzten Worte um der dramatischen Wirkung willen langsam und mit Nachdruck gesprochen.*

Dieselben Worte, in dieser Weise dargeboten, haben offenkundig eine ganz andere Wirkung als in der ersten, selbstunsicheren Präsentation. Wenn Brenda diesen aggressiven Ton anschlägt, möchte sie nicht nur die Bitte vorbringen, die Musik leiser zu drehen, sondern die anderen auch mit ihrer Wut und ihrer Feindseligkeit konfrontieren. Sie will Jerry und Ellen ihre Meinung sagen und ihnen Schuldgefühle verursachen. Ihre Worte sind immer noch korrekt vom Standpunkt der Selbstsicherheit, aber die nonverbale Botschaft, die eindeutig aggressiv ist, übertönt sie.

Selbstsicheres Verhalten

Gehen wir mit Brenda nochmals in ihre Wohnung zurück, und geben wir ihr eine zweite Chance. Sie macht es sich auf der Couch bequem, deckt sich zu und will eben einen Schluck von dem gekühlten Wein trinken. Plötzlich erdröhnt in der Wohnung über ihr laute Musik. Sie sagt sich: «Also bei diesem Krach werde ich mich nicht ausruhen können. Ich muß sie bitten, die Musik leiser zu drehen.»

Sie schlüpft in die Schuhe und geht hinauf. Vor der Tür nimmt sie eine aufrechte Haltung an und klopft ein paarmal fest an. Als Ellen und Jerry öffnen, steht Brenda vor ihnen und sieht ihnen gerade ins Gesicht. Ihre Arme hängen entspannt zu beiden Seiten ihres Körpers herunter.

Sie blickt sie an und sagt mit fester, aber warmer und wohlklingender Stimme: «Sie *wissen* es vielleicht nicht, aber die *Musik* dringt bis in meine Wohnung hinunter.

Sie stört mich *wirklich*.

Bitte drehen Sie sie leiser.»

Brenda ist entspannt, aber sie lacht nicht und disqualifiziert ihre Mitteilung auch nicht auf andere Weise. Sie bringt ihre Bitte auf eine Art vor, aus der deutlich wird, daß es ihr ernst damit ist. Ihre Haltung und ihr Tonfall stimmen mit ihren Worten überein und machen ihre Kommunikation erst überzeugend.

Die nonverbalen Aspekte selbstsicheren Verhaltens sind oft schwieriger zu erlernen als die verbalen – vermutlich, weil es relativ leicht ist, sich die Worte einzuprägen, die man sagen will; unbewußte Verhaltenseigenheiten zu unterlassen, fällt ungleich schwerer.

In unseren S.T.-Gruppen fordern wir die Teilnehmerinnen auf, sich gegenseitig zu begutachten – nicht nur den Inhalt des Gesagten, sondern auch die Art und Weise, wie es gesagt wurde. Außerhalb der Gruppen können wir die Menschen, mit denen wir im Alltag zu tun haben, um ein solches «Feedback» (Rückmeldung) bitten, wir können uns im Spiegel beobachten, ein Tonbandgerät verwenden oder gezielt unsere Körperreaktionen bei selbstsicherem Verhalten beobachten.

Bei den ersten Gruppensitzungen berichten uns die Teilnehmerinnen häufig, daß sie zwar selbstsicheres Handeln ausprobierten, ihre Versuche jedoch relativ unergiebig waren.

Als Gloria der Gruppe von ihren Bemühungen erzählte, wählte sie zwar sehr selbstsichere Worte, aber ihr nonverbales Verhalten signalisierte deutlich: «Beachtet mich nicht.» Die übrigen Teilnehmerinnen wiesen sie auf ihre schüchterne und zögernde Redeweise, ihre nervösen Gesten und ihren abgewandten Blick hin und forderten sie auf, gerade zu stehen, mit ausdrucksvoller Stimme zu sprechen und die Person, an die sie sich wandte, dabei anzusehen. Sie erinnerten sie daran, an ihre Rechte zu denken und zu erkennen zu geben, daß sie erwartete, von den anderen ernstgenommen zu werden. Trotz dieser Instruktionen sprach Gloria zurückhaltend, vermied Augenkontakt und machte einen selbstunsicheren Eindruck.

Wir forderten sie schließlich auf, ihren «Text» selbstsicher zu sprechen, aber sich dabei in einer Weise zu benehmen, die ihr übertrieben erschien. Nachdem wir sie ermuntert hatten, alle ihre Gesten zu übertreiben, richtete sie sich auf, sah ihrem Gegenüber in die Augen und gab ihre Erklärung ohne Umschweife und mit fester Stimme ab. Als sie geendet hatte, fragten wir sie, wie sie ihren Vortrag empfunden habe. Sie antwortete: «Ach, das war so extrem. Ich bin sicher, daß mich die Leute nicht mögen würden, wenn ich wirklich so aufträte.»

Noch bevor sie ausgeredet hatte, widersprach praktisch die ganze Gruppe einschließlich der Leiterinnen ihrer Auffassung, denn allen war ihr Benehmen nicht überzogen, sondern angemessen selbstsicher erschienen. Die Gruppe hob hervor, daß sie nicht dominierend, sondern direkt und geradeheraus aufgetreten sei – sowohl was ihre Haltung, als auch was ihre Gesten, ihren Tonfall und ihre Wortwahl betraf.

Wie so viele Frauen, hatte Gloria im Laufe der Jahre gelernt, sich so bescheiden und verbindlich wie möglich zu geben. Wenn sie eine Bitte äußerte oder für ihre Rechte eintrat, sprach sie mit leiser und zögernder Stimme oder bagatellisierte ihre eigenen Worte durch Lachen. Nur indem sie ihre Selbstsicherheit nach eigenem Empfinden übertrieb, war Gloria überhaupt imstande, selbstsicher

Verbale und nonverbale Verhaltenskomponenten

	selbstunsicher	*selbstsicher*	*aggressiv*
I. Verbal	Entschuldigende Worte. Verschleierte Beteuerungen. Um den Brei reden; nicht zur Sache kommen. Weitschweifig; zusammenhanglos; um Worte verlegen. Verschweigen, was man wirklich meint. «Ich glaube», «du weißt schon...»	Äußerung von Wünschen. Ehrliche Äußerung von Gefühlen. Objektive Wortwahl. Direkte Äußerung der eigenen Meinung. «Ich»-Botschaften	Hintersinnige Bemerkungen. Anklagen. Vielsagende, subjektive Ausdrücke. Befehlende, herablassende Worte. «Du»-Botschaften, die den anderen beschuldigen oder etikettieren.
II. Nonverbal A. Allgemein	Handlungen statt Worte, in der Hoffnung, daß jemand errät, was man will. Gesichtsausdruck widerspricht den Worten.	Aufmerksames Zuhören. Generell sicheres Auftreten, das Anteilnahme und Stärke signalisiert.	Übertriebene Demonstration von Stärke und Überlegenheit. Vorlaut, sarkastisch.
B. Spezifisch 1. Stimme	Leise, zögernd, schwach, manchmal schwankend	Fest, warm, ausdrucksvoll, entspannt	Erregt, schrill, laut, bebend, kalt, «tödlich ruhig»; fordernd, überlegen, autoritär.
2. Augen bzw. Blick	Blick abgewandt; gesenkt; tränenvoll, bittend	Offen, freimütig, direkt; Blickkontakt, aber nicht anstarrend	Ausdruckslos; Lider verengt, kalt; anstarrend, ohne den anderen zu «sehen»
3. Körperhaltung	Bedürfnis, sich anzulehnen; gebeugt, exzessives Kopfnicken	Beide Beine fest auf den Boden; gerade, aufrecht, entspannt	Hände in die Hüften gestemmt; Beine gespreizt; steif und starr; unhöflich; herrisch
4. Hände	Unruhig, nervös, feuchtkalt	Entspannte Bewegungen	Geballt; abrupte Gesten; mit dem Finger zeigen; mit der Faust auf den Tisch schlagen

aufzutreten und sich neue Verhaltensmuster anzutrainieren. Im Laufe der Zeit gelang es ihr durch wiederholte Übungen – vor dem Spiegel, mit Gruppenmitgliedern und Freunden – sich sowohl an die verbalen wie die nonverbalen Aspekte selbstsicheren Verhaltens zu gewöhnen.

Übertreibung kann ein brauchbares Mittel sein, um selbstsichere Verhaltensweisen zu entwickeln, wenn wir gleichzeitig lernen, die Unterschiede zwischen selbstsicherem und selbstunsicherem Benehmen in unseren Körperreaktionen und unserer Stimme zu spüren und zu erkennen. Wenn uns Freunde Feedback über unser Verhalten geben, kann uns das helfen, eine gewisse Balance zu finden, d. h. einen Verhaltensstil zu entwickeln, der uns «liegt» und der gleichzeitig selbstsicher wirkt.

In dem nebenstehenden Diagramm, das auf den Arbeiten Dr. Margaret Fagins von der Universität von Missouri (St. Louis) basiert, sind die verbalen und nonverbalen Komponenten selbstunsicheren, selbstsicheren und aggressiven Verhaltens zusammengefaßt. Es hilft uns, diese zu erkennen bzw. voneinander zu unterscheiden.

Wie ersichtlich, ist selbstunsicheres Verhalten gespickt mit Signalen, die besagen: «Ich bin nicht wichtig. Beachte mich nicht.» Diese Signale verstärken oft noch die Wirkung selbstverleugnender Worte. Es kann aber auch Diskrepanzen zwischen verbalem und nichtverbalem Verhalten geben. Wenn eine Frau beispielsweise mit leiser, zögernder Stimme sagt: «Ich leihe dir gern zwanzig Mark» und dabei mit dem Fuß auf den Boden klopft und beim Sprechen die Augen senkt, dann kommt eine widersprüchliche Botschaft zustande. Die Zuhörerin kann entweder ihrer verbalen oder ihrer nonverbalen Mitteilung Glauben schenken. Wenn sie einfach die zwanzig Mark nimmt und «dankeschön» sagt, bleibt bei der Sprecherin vielleicht eine gewisse Verärgerung zurück. «Hat sie nicht gemerkt, daß ich ihr das Geld gar nicht leihen wollte?»

Auch bei aggressivem Verhalten können die verbalen und nonverbalen Elemente einander verstärken oder auch nicht. Ob die Worte feindselig oder neutral sind, die Gesten können dominierend und zudringlich wirken. Nonverbales aggressives Verhalten kann distanziert, kalt, unhöflich, beherrscht oder herablassend sein.

Selbstsicheres Verhalten zeichnet sich hingegen durch die Übereinstimmung von verbalen und nonverbalen Botschaften aus, die sich gegenseitig verstärken. Beide sind direkt, offen und angstfrei; beide drücken die wirkliche Meinung des Sprechers aus und sollten daher klar und unmißverständlich sein.

Übungen

Weil ein Großteil unseres nonverbalen Verhaltens und unserer Reaktionen auf nonverbales Verhalten unbewußt abläuft, ist es nützlich, sich klarzumachen, was wir tun oder worauf wir reagieren. Die folgenden Übungen sind geeignet, unser diesbezügliches Bewußtsein zu erweitern. Sie sind natürlich viel wirksamer, wenn Sie sie nicht bloß lesen, sondern selbst machen. Man kann sie allein, mit Hilfe von Tonbandaufzeichnungen oder eines Helfers, der die Anweisungen vorliest, durchführen.

1. Übung

Zweck dieser Übung ist, das Körpergefühl (und dessen psychologische Komponenten) bei selbstunsicherem, selbstsicherem und aggressivem Verhalten kennenzulernen.

1. Stellen Sie sich eine Situation vor, in der es Ihnen schwerfällt, sich selbstsicher zu verhalten. Schließen Sie ein paar Sekunden lang die Augen und versetzen Sie sich in das Gefühl der Selbstunsicherheit. Öffnen Sie die Augen wieder.

Stehen Sie auf und gehen Sie im Raum umher. Lassen Sie die Schultern hängen. Heften Sie Ihre Blicke auf den Boden. Bleiben Sie jetzt stehen. Spüren Sie die Nervosität in Ihrem Magen. Vielleicht haben Sie den Wunsch, sich irgendwo anzulehnen. Ihre Füße sind unruhig. Das Gewicht der ganzen Welt lastet auf Ihren Schultern. Spüren Sie diese Last? Sie haben keine Rechte. Wer würde auf Sie hören? Empfinden Sie die Angst, die Beklemmung, die Frustration dessen, der nicht fähig ist, seine Wünsche und Bedürfnisse zu äußern.

Halten Sie jetzt inne! Denken Sie ein paar Sekunden über das eben verspürte Gefühl nach. Schütteln Sie es dann wieder ab.

2. Nehmen Sie nun eine aggressive Haltung an. Stellen Sie sich eine Situation vor, in der Sie sich aggressiv fühlen würden, vielleicht, weil Sie Ihren Ärger lange zurückgehalten haben. Stehen Sie auf.

Ballen Sie die Fäuste. Spannen Sie den Bauch an. Verengen Sie die Augenlider, bis Ihr Blick kalt und hart geworden ist. Stampfen Sie mit den Füßen, oder stellen Sie sich breitbeinig auf. Stemmen Sie die Hände in die Hüften, und marschieren oder stampfen Sie herum, und sagen Sie sich dabei: «Das werde ich ihnen heimzahlen. Die werden das noch bereuen. Die können sich auf was gefaßt machen!»

Bleiben Sie stehen, und lassen Sie dieses Gefühl einige Augenblikke in sich nachklingen. Befreien Sie sich davon.

3. Nehmen Sie nun eine selbstsichere Haltung an. Stehen Sie aufrecht, mit zurückgenommenen Schultern und erhobenem Kopf. Richten Sie den Blick geradeaus. Sie stehen gerade, aber auch bequem, entspannt und konzentriert, mit beiden Füßen auf dem Boden. Sagen Sie sich selbst: «Ich gehe mit einer positiven Einstellung zu mir selbst in eine Situation hinein. Ich kenne meine Rechte und weiß, daß ich das Recht habe, das zu tun, was ich beabsichtige. Ich werde mich angemessen verhalten. Das gibt mir ein Gefühl der Stärke und Sicherheit.»

Jetzt halten Sie inne und lassen dieses Gefühl in sich nachklingen. Kehren Sie dann wieder in die Realität zurück.

4. Beantworten Sie nun folgende Fragen für sich, oder besprechen Sie sie mit Ihrem Partner:

Wie fühlten Sie sich in jeder dieser Rollen?

In welche Rolle fanden Sie am leichtesten hinein? Sind Ihnen körperliche Anzeichen aufgefallen, die Ihnen bekannt erschienen? Könnten Ihnen diese Anzeichen helfen, zu erkennen, was Sie fühlen und wie Sie sich in bestimmten Situationen benehmen?

Überlegen Sie, wie Sie aus der selbstunsicheren oder der aggressiven Körperhaltung zur selbstsicheren Haltung gelangen könnten.

Nehmen Sie nochmals eine selbstsichere Haltung an und spüren Sie, wie Sie sich dabei fühlen.

2. Übung

Sagen Sie die folgenden Sätze auf drei verschiedene Arten: selbstsicher, selbstunsicher und aggressiv. Achten Sie darauf, wie das nonverbale Verhalten eine Mitteilung verändert. Falls Sie diese Übung mit einer Freundin machen, lassen Sie sie raten, welche Verhaltensweise Sie gerade demonstrieren wollen.

a) Ich bringe dir ein Buch zurück.
b) Klar, du kannst dir meinen Pullover ausborgen.
c) Das macht nichts.
d) Ich möchte es lieber so machen, wie ich es für richtig halte.
e) Ich möchte das nicht für dich tun.
f) Ist sie nicht reizend!

Selbstsicherheit . . .

. . . ist eine Folge des Erfolgs. Und man muß nicht reich sein, um erfolgreich zu werden.

Aber finanzielle Sicherheit gehört zur Selbstsicherheit. Etwas im Rücken zu haben, stärkt das Rückgrat ungemein.

Pfandbrief und Kommunalobligation

Meistgekaufte deutsche Wertpapiere - hoher Zinsertrag - schon ab 100 DM bei allen Banken und Sparkassen

Verbriefte Sicherheit

10. Wir lernen zuhören

Zuhören können ist ein wesentliches Element offener wechselseitiger Kommunikation. Es verringert die Angst, die unser selbstsicheres Verhalten hemmt, denn wenn wir wirklich auf das hören, was der andere sagt, konzentrieren wir unsere Aufmerksamkeit auf ihn, statt uns den Kopf über unsere Antwort zu zerbrechen oder diese im stillen einzuüben. Wenn der andere das Gefühl hat, daß wir ihm zuhören, ist er außerdem viel bereiter, uns zuzuhören. Insofern können wir als guter Zuhörer die Voraussetzungen schaffen, daß unser selbstsicheres Verhalten positiv aufgenommen wird.

In diesem Kapitel werden wir auch darauf eingehen, wie wir als Zuhörer dem Sprechenden unsere Anteilnahme signalisieren oder das Gesagte so reflektieren können, daß er die Gewißheit hat, gehört und richtig verstanden worden zu sein. Dies vermindert unsere Angst, speziell in einer Situation, wo wir Ärger angestaut haben und uns jetzt scheuen, selbstsicher aufzutreten, aus Furcht, ausfällig zu werden und es später zu bereuen.

Zuhören können reduziert schließlich auch die Gefahr von Mißverständnissen.

Jane, eine Fachschülerin, die noch bei ihren Eltern wohnt, erzählte unserer S.T.-Gruppe:

«Als ich von meinem ersten S.T.-Kursabend nach Hause kam, empfing mich mein Vater mit seinen üblichen Tiraden, daß sich meine Noten bessern müßten. Ich beschloß, mich selbstsicher zu verhalten und antwortete, ich verbäte mir künftig seine Kritik an meinen Leistungen. Ich redete offen und geradeheraus mit ihm – genau wie ihr uns geraten habt. Ich redete nicht um den Brei herum – ich kam sofort zur Sache und sagte ihm, mir gefalle das nicht, und er möge damit aufhören.

Aber wißt Ihr, was *er* machte? Er legte mein Zeugnis aus der Hand, richtete sich auf und sagte: ‹Weshalb sollte ich mir über deine Noten keine Sorgen machen? Ich komme für deine Zukunft auf, indem ich dir eine gute Ausbildung finanziere, oder nicht? Wenn es dir nicht paßt, kannst du aufhören und dir einen Job suchen!›

Ich keifte zurück», berichtete Jane, «und das war der Anfang eines neuerlichen langen Streits über dasselbe alte Thema. Wie konnte ich mich da bloß wieder hineinziehen lassen, obwohl ich diesmal so sicher war, einen Krach verhindern zu können?»

Mehrere Gruppenmitglieder sagten, sie wüßten genau, was Jane meine. Einige hatten einfach und direkt gesagt, was sie wollten und hatten gute Ergebnisse erzielt. Aber andere hatten dasselbe versucht – ohne Erfolg. Was war geschehen? Was hätte Jane anders machen können?

Wir forderten Jane auf, vor der Gruppe genau zu demonstrieren, was sich ereignet hatte, um den Ablauf der Szene besser analysieren zu können.

Erste Demonstration

Vater (von der Gruppenleiterin gespielt): Jane, ich erwarte das nächste Mal bessere Noten von dir als bisher. Deine Mutter und ich wissen, wie intelligent du bist und –

Jane (spielt sich selbst): Vater, du bist nie zufrieden. Ich bin alt genug, selbst zu wissen, was ich zu tun habe. Meine Noten sind meine Angelegenheit. Ich bitte dich, hör auf, mir damit in den Ohren zu liegen.

Cynthia (ein anderes Gruppenmitglied): Dein Vater poltert vielleicht zu stark, aber es klingt so, als mache er sich wirklich Sorgen um dich und deine Studienerfolge. Aber du hast ihn so schroff angefahren, daß ein Krach von Anfang an unausbleiblich war.

Jane: Ja, ich weiß, mein Vater macht sich wirklich Sorgen. Aber mir ist es furchtbar zuwider, wenn er mir Vorhaltungen über meine Noten macht.

Cynthia: Nun ja, du könntest ihm sagen, daß du seine Sorgen verstehst, daß du weißt, was er will. Dann könntest du ihm erklären, was du dabei empfindest – aber ohne verbalen Angriff!

Zweite Demonstration

Jane: Okay, ich will es noch einmal versuchen. Vielleicht könnte ich sagen (spielt sich selbst): Vater, ich weiß, daß du dir wirklich Sorgen um mich machst; daß du möchtest, daß ich gute Noten bekomme. Du scheinst zu befürchten, daß ich wieder lauter Vierer nach Hause bringe.

Vater: Ja, das befürchte ich in der Tat. Aber ich bin nicht böse – bloß beunruhigt, weil du nicht so viel leistest, wie du könntest, und weil sich das später auf deine Chancen, eine Stelle zu bekommen, auswirken könnte.

Jane: Okay, ich weiß, daß du nur mein Bestes willst. Aber jedesmal, wenn du mir Vorhaltungen machst, fühlte ich mich wie ein zweijähriges Kind. Ich bin für meine Arbeit selbst verantwortlich – und ich bitte dich, mich nicht ständig zu ermahnen.

Vater: Okay. Wir werden es eine Weile so versuchen, wie du es willst. Aber was die Noten betrifft . . .

Jane (fest und direkt): Aber, Vater, du hast doch eben gesagt . . .

Vater: Okay, ich bin ja schon still.

Die Gruppe war sich einig, daß dieses Verhalten viel wirkungsvoller war, und wir begannen, die Gründe dafür zu analysieren. Selbstsicheres Verhalten in zwischenmenschlichen Beziehungen bedeutet zwar gewöhnlich, dem anderen die eigenen Vorstellungen, Gefühle und Bedürfnisse *aktiv* mitzuteilen. Selbstsicherheit erfordert jedoch oft auch mehr als die bloße Äußerung von Wünschen.

Janes Hauptproblem war, daß sie durch ihr brüskes Ins-Wort-Fallen und die Wahl ihrer Worte nicht die richtige Atmosphäre für offene Kommunikation geschaffen hatte. Sie ignorierte die Besorgtheit ihres Vaters und hörte im Grunde gar nicht, was er sagte. Sie unterbrach ihn, als sie sich in die Defensive gedrängt fühlte.

Wenn Jane es verstanden hätte, sowohl als anteilnehmende Zuhörerin als auch als «Sender» von Botschaften geschickt und selbstsicher zu kommunizieren, hätte sie das nötige Klima für einen Dialog hergestellt, wie das zweite Rollenspiel zeigt, statt einen Streit vom Zaun zu brechen. Sehen wir uns einmal die «Techniken guten Zuhörens» einmal näher an, die Jane – und wir alle – zur Verbesserung unserer Kommunikation verwenden könnten.

Aufmerksames Zuhören

Aufmerksames Zuhören bedeutet einfach, dem Sprecher nonverbal zu signalisieren, daß wir ihm unsere volle Aufmerksamkeit schenken. Dazu ist es gewöhnlich erforderlich, sich so zu postieren, daß man sich möglichst gut auf den anderen konzentrieren kann. Dazu gehört, daß man den Sprecher ansieht, daß man in entspannter, aufmerksamer Stellung sitzt oder steht und Ablenkungen vermeidet. Wir haben vermutlich alle schon erlebt, wie befremdend es ist, in einem überfüllten Raum mit jemandem zu sprechen, der ständig seine Blicke umherschweifen läßt – und uns dabei zu übersehen scheint –, um sich nur ja nichts entgehen zu lassen: eine Form der Mißachtung, die einer guten Kommunikation sicher nicht förderlich ist.

Kurze ermutigende Reaktionen

Es handelt sich dabei um ganz kurze verbale Äußerungen wie «Erzähl weiter», «Mhm», «Und dann?» oder die Wiederholung von ein oder zwei Schlüsselworten, die der Sprecher eben gebraucht hat. Dies hat den Zweck, den Sprecher zu ermutigen, weiterzureden und ihm das Gefühl zu geben, daß man ihm zuhört. Ein paar Worte genügen, um dem Gegenüber zu signalisieren, daß man seinen Ausführungen folgt, ohne den Redefluß zu unterbrechen und die Stimmung zu stören. Wenn wir wirklich zuhören, reagieren wir in der beschriebenen Weise, ohne uns dessen bewußt zu sein.

Spiegelung des Inhalts und der zugrunde liegenden Gefühle

Oft ist es wichtig, dem Sprecher nicht nur zu erkennen zu geben, daß wir ihm zuhören, sondern daß wir wirklich verstehen, was er sagt. Eine bewährte Methode ist, die Essenz dessen, was der andere sagte, in eigenen Worten wiederzugeben. Man nennt dies «Spiegelung des Inhalts». Der Zuhörer kann auch die zugrunde liegenden Gefühle, die er heraushört, hervorheben, indem er auf Worte und nonverbale Signale reagiert, die Gefühle verraten. Dies nennt man «Spiegelung der Gefühle». Wenn beim Sprecher die Emotionen oder Gefühle stärker sind, als in den Worten zum Ausdruck kommt, empfiehlt es sich gewöhnlich, das Gefühl zu reflektieren, d. h. dem anderen die Gewißheit geben, daß man ihn in seinen Gefühlen verstanden hat. Dieses «Echo» dient einmal dem Zweck, dem anderen zu signalisieren, daß man ihm wirklich zuhört, und zum anderen der Vergewisserung, daß man ihn richtig verstanden hat.

Dabei ist es ratsam, unser Echo auf das Gesagte vorsichtig und tastend zu formulieren, um sicherzugehen, daß wir den anderen richtig gehört und verstanden haben. Dadurch vermeiden wir auch, über den anderen zu urteilen oder ihn zu analysieren. Um diesen Eindruck zu erreichen, können wir mit folgenden Wendungen beginnen: «Das klingt so, als hättest du das Gefühl . . .»/«als seist du der Ansicht . . .»/«als wolltest du sagen . . .» Oder (in fragendem Tonfall): «Ich frage mich, ob du damit meinst . . .»/«Willst du damit sagen . . .»/«Ich höre da heraus, daß . . .» Diese Wendungen mögen uns anfangs gespreizt vorkommen. Je mehr wir uns daran gewöhnt haben, die Aussage des anderen zu paraphrasieren und mit Einfühlung darauf zu reagieren, desto unbefangener werden wir diese Ausdrücke gebrauchen, bis wir schließlich unseren eigenen Stil gefunden haben, um diese «Spiegelungen» in unsere Reaktion zu integrieren.

Als Jane sagte: «Es klingt so, als hättest du Angst, daß ich wieder lauter Vierer bekomme, und als seist du deshalb wütend», entsprach ihre Interpretation zwar nicht ganz dem, was ihr Vater ausdrücken wollte; denn er war nicht verärgert, sondern beunruhigt. Es war jedoch richtig, seine Worte wiederzugeben, obwohl Jane nicht ganz den Kern der Sache traf. Ihr Vater erhielt dadurch Gelegenheit, ihren falschen Eindruck zu korrigieren und klarzustellen, was er wirklich meinte. Und als Jane zu ihrem Vater sagte: «Ich weiß, daß du dir um mich Sorgen machst», zeigte sie ihm nicht nur, daß sie ihm aufmerksam zuhörte und den Kern seiner Mitteilung erfaßte, sie signalisierte ihm gleichzeitig: «Was du sagst, ist mir wichtig genug, um dir meine Aufmerksamkeit zu widmen und mich zu vergewissern, daß ich dich richtig verstanden habe.»

Natürlich erfordern nicht alle Gespräche die Fähigkeit des reflektierenden Zuhörens. Wenn uns jemand um eine Auskunft bittet: «Können Sie mir sagen, wie ich zum Hauptplatz komme?» wäre es absurd, ihm zu antworten: «Es klingt so, als wollten Sie zum Hauptplatz.» Ein großer Teil unserer Alltagsgespräche, in denen Informationen, Erklärungen, Anekdoten, Geschichten, Witze und schlagfertige Bemerkungen ausgetauscht werden, bedürfen nicht unbedingt des konzentrierten Zuhörens und einfühlsamer Reaktionen. In manchen Situationen können sich diese Fähigkeiten als nützlich erweisen, in anderen nicht. In geselliger Runde, wo der Konversationsstil gelöst und witzig ist, würde man sich bloß lächerlich machen, wenn man plötzlich anfinge, nüchtern und ernsthaft reflektierendes Zuhören zu praktizieren.

Diese Technik ist in persönlichen Gesprächen hilfreich und angebracht, bei denen es um seelische Probleme, um die Lösung von Konflikten und um die Aufklärung oder Vermeidung von Mißverständnissen geht. Sie ist wertvoll in jeder Freundschaft oder helfenden Beziehung, im Umgang mit Kindern und anderen Familienmitgliedern, im Lehrberuf und bei der Diskussionsleitung. Sie erweist sich immer dann als nützlich, wenn selbstsicheres Verhalten angebracht ist, welches erfordert, daß wir die Rechte des anderen ebenso berücksichtigen wie unsere eigenen.

Übung in reflektierendem Zuhören

Gehen Sie bei jedem der folgenden Beispiele davon aus, daß der erste Satz direkt zu Ihnen gesagt wird. Sie können dann unter jeweils drei Antworten wählen. Suchen Sie diejenige heraus, die Ihrer Ansicht nach den Inhalt oder die Gefühlslage am genauesten oder angemessensten widerspiegelt: Decken Sie den Kommentar zu, bevor Sie sich für eine (oder mehrere) Antworten entscheiden, und überprüfen Sie danach Ihre Wahl.

1. *«Wenn das Telefon heute vormittag noch einmal klingelt, fahre ich aus der Haut.»*

a) «Reg dich nicht auf darüber. Sei froh, daß Leben in der Bude ist und daß du so beliebt bist.»

b) «Du Arme. Ich bewundere die Geduld, mit der du auf diese ständigen Störungen reagierst. Ich weiß nicht, wie du das aushältst.»

c) «Du hast das Telefon wirklich satt.»

Kommentar:

a) Rat, wie sich der andere fühlen sollte, unterstützt durch den Hinweis, daß die Quelle seines Ärgers ganz normal sei und er daher keinen Grund zur Aufregung habe.

b) Mitleid und Lob.

c) Spiegelung von Gefühlen.

2. *«Mama, du arbeitest zuviel. Wir haben überhaupt kein Vergnügen mehr.»*

a) «Was soll das heißen: Wir haben kein Vergnügen? Wir waren gestern abend im Kino, und wir gehen morgen eislaufen.»

b) «Du klingst ein bißchen enttäuscht über unser Leben in letzter Zeit.»

c) «Warum lädst du nicht Jody zum Spielen ein? Das würde dir Spaß machen.»

Kommentar:

a) Diese defensive Antwort wird den anderen wahrscheinlich zu einer polemischen Erwiderung provozieren.

b) Spiegelung von Gefühlen. Dadurch wird ein Klima geschaffen, daß den anderen ermutigt, über seine Emotionen zu sprechen, da er sich verstanden fühlt. Es können dann gemeinsam Lösungen des Problems gesucht werden.

c) Ein Vorschlag oder Rat, mit dem versucht wird, ein Problem zu lösen, ohne die Gefühle des anderen zu beachten und daher ohne zu verstehen, worin das Problem besteht.

3. *«Bis zum Ersten sind's noch zwei Wochen, und ich habe nur noch zwanzig Mark. Warum geht mir das jeden Monat so?»*

a) «Die ständige Mühe, mit deinem Einkommen auszukommen, macht dich ganz fertig.»

b) «Warum leihst du dir nicht was von Jane? Sie hat eben eine Gehaltserhöhung bekommen.»

c) «Das passiert, weil du dir dein Geld nicht einteilst. Du solltest sparsamer sein, dann hättest du auch am Letzten noch etwas.»

Kommentar:

a) Spiegelung von Gefühlen.

b) Ratschlag eines «Problemlösers».

c) Diese Antwort geht am Kern vorbei; die Frage wird wörtlich genommen und durch eine Information (die der Sprecherin ohnehin bekannt sein dürfte) beantwortet – das Gefühl, das diese ausdrückte, wird jedoch ignoriert.

4. *«Wo ist das Büro von Frau Hyatt?»*
a) «Ich weiß es nicht.»
b) «Sie suchen Frau Hyatt?»
c) «Sie scheinen sich hier nicht auszukennen.»
d) «Die Treppe hinauf, dann rechts und die dritte Tür links.»
Kommentar:
a) Eine offene und ehrliche Antwort.
b) Spiegelung des Inhalts; hier nicht angebracht oder nützlich.
c) Unangebrachte Spiegelung von Gefühlen. Es wurde direkt um Information gebeten.
d) Die direkte Bitte um Information wird direkt und informativ beantwortet.

5. *«Ich habe bei der Versammlung ein paar gute Vorschläge gemacht, aber niemand ist darauf eingegangen.»*
a) «Du scheinst dich darüber zu kränken.»
b) «Ich weiß genau, wie du dich fühlst. Diese Männer ignorieren alle Vorschläge, die von Frauen kommen.»
c) «Warum hast du ihnen nicht gesagt, daß du dich darüber geärgert hast?»
Kommentar:
a) Sie überprüfen Ihre Interpretation des Gefühls. Selbst wenn sie nicht genau stimmt (die Sprecherin könnte antworten: «Nein, ich kränke mich nicht, ich bin wütend!»), ist es doch richtig, diesen Punkt anzusprechen und dem anderen Gelegenheit zur Klarstellung zu geben.
b) Sie offerieren Mitleid und Mitgefühl und bewirken, daß sich die Sprecherin weiterhin unglücklich fühlt, statt sich in einer Weise in sie einzufühlen, die ihr hilft, ihr Problem selbst zu lösen.
c) Das klingt wie ein guter Vorschlag. Vielleicht ist er wirklich gut. Aber es wird auch ein Ratschlag erteilt, statt der Sprecherin die Chance zu geben, weiter über ihre Gefühle zu reden. In ihrer Antwort erklärt sie vielleicht, weshalb sie Ihren Rat nicht befolgen konnte. Oder sie stimmt Ihnen zu und fühlt sich unglücklich, daß sie bei der Versammlung nicht so gehandelt hat.

6. *«Ich muß so viele Arbeiten für die Schule machen, daß ich die Woche nicht durchstehen werde.»*

a) «Ich verstehe dich sehr gut. Ich habe drei Prüfungen vor mir und muß zwei schriftliche Arbeiten abliefern, meine Schreibmaschine ist kaputt, und ich muß diese Woche noch zwanzig Stunden als Kellnerin arbeiten.»

b) «Du scheinst dich durch den Druck, der auf dir lastet, abgehetzt zu fühlen.»

c) «Du brauchst dir keine Sorgen zu machen. Ich weiß, daß du es schaffen wirst – du schaffst es doch immer.»

Kommentar:

a) Die Sprecherin wird übertrumpft. Zwar teilen Sie ihr mit, daß Sie sich mit ihrem Problem identifizieren, aber Sie ziehen gleichzeitig die Aufmerksamkeit von ihr ab und richten sie unfairerweise auf sich.

b) Einfühlung in das emotionale Problem des anderen.

c) Beschwichtigend und Rat erteilend. Doch wird der Kern ihrer Aussage bagatellisiert – ihre Gefühle.

11. Selbstsicherheit läßt sich einüben

«Ich weiß, daß du Lust hast, heute abend auszugehen, aber ich bin müde und möchte gerne zu Hause bleiben.» – Frau zu ihrem Mann.

«Ich weiß, daß Ihnen daran liegt, daß alle diese Briefe heute noch weggehen, aber ich kann unmöglich alle erledigen, da ich noch die Arbeit für den Johnsonbericht fertigstellen muß. Können Sie mir sagen, was Ihnen dringender erscheint?» – Sekretärin zu ihrem Chef.

«Ich habe dieses Radio vorige Woche hier gekauft, aber es funktioniert nicht gut, und ich möchte es umtauschen. Hier ist der Kassenbon.» – Kunde zum Verkäufer.

Wir haben nun den Punkt erreicht, an dem wir dazu übergehen können, unser selbstsicheres Verhalten in der Praxis zu erproben. Bevor wir den ersten Versuch wagen, sollten wir uns drei Punkte in Erinnerung rufen:

a) Geben Sie dem anderen zu erkennen, daß Sie ihn hören und verstehen.

b) Teilen Sie ihm mit, was Sie fühlen.

c) Sagen Sie ihm/ihr, was Sie wollen.

Nicht jedes selbstsichere Verhalten erfordert *a* und *b*. Manchmal genügen bloße Meinungsäußerungen oder Bitten. Aber in komplizierteren Situationen empfiehlt es sich, an alle drei Punkte zu denken.

Die Methode des Rollenspiels nimmt in dem Veränderungsprozeß, der in unseren S.T.-Gruppen stattfindet, einen zentralen Raum ein. Rollenspiele helfen uns, unsere Ziele zu durchdenken und bestimmte Fähigkeiten zu entwickeln wie Zuhören, direkte Äußerung von Gefühlen und Bedürfnissen und Blickkontakt. Sie tragen auch dazu bei, unsere Angst vor Selbstbehauptung zu reduzieren, und geben uns den Mut und das Selbstvertrauen, selbstsicheres Verhalten in realen Situationen zu praktizieren.

Denken Sie daran, daß die Entwicklung von Selbstsicherheit ein schrittweiser Prozeß ist. Es ist wichtig, mit relativ risikolosen Situationen zu beginnen und sich langsam an schwierigere heranzuwagen.

Das erhöht die Chancen, positive Erfahrungen zu machen, die Ihr Selbstvertrauen stärken und Ihre Angst verringern.

Die Variante des Rollenspiels, die wir verwenden, nennt sich Probeverhalten und geht in drei Schritten vor sich:

1. Sie spielen sich selbst, und die Leiterin spielt die andere Person.
2. Sie spielen die andere Person, die Leiterin spielt Sie.
3. Sie spielen wieder sich selbst, die Leiterin spielt die andere Person.

Zuerst bitten wir die Teilnehmerin, die Situation zu beschreiben, an der sie arbeiten möchte. Wir helfen ihr, sich über ihre Ziele klarzuwerden und überlegen mit ihr Möglichkeiten, wie sie die Blockierung ihrer Selbstsicherheit überwinden könnte. Dann beginnen wir mit dem Rollenspiel. Das Gruppenmitglied spielt wie gesagt zuerst sich selbst, und die Leiterin spielt Ihren Partner. Dann tauschen Sie die Rollen.

In der Rolle des Gruppenmitglieds agiert die Leiterin selbstsicher, und die Teilnehmerin kann es ihr so schwierig machen, wie sie will. Auf diese Weise spielt sie ihre schlimmsten Befürchtungen aus, wie der andere auf sie reagieren könnte.

Schließlich tauschen beide nochmals die Rollen und geben dadurch der Teilnehmerin Gelegenheit, sich ein zweites Mal in selbstsicherem Verhalten zu üben. Diesmal kann sie das verwenden, was sie im zweiten Rollenspiel gelernt hat. Falls dieser Durchgang immer noch nicht optimal verläuft, können die beiden so lange die Rollen tauschen, bis die Teilnehmerin mit ihrem eigenen Auftreten zufrieden ist.

Zwischen jedem Rollenspiel analysieren die übrigen Gruppenmitglieder den jeweiligen Versuch, wobei Sie sowohl auf die verbalen als auch auf die nonverbalen Aspekte des gezeigten Verhaltens eingehen. Je öfter eine Teilnehmerin selbstsichere Verhaltensweisen durchspielt, desto leichter und glatter geht es, sie fühlt sich wohler dabei und verliert ihre Angst. Sobald sie mit ihrem Probeverhalten zufrieden ist, ermutigen wir sie, es in der folgenden Woche in die Praxis umzusetzen. Sehen wir uns einen konkreten Fall an.

Jane möchte sich Sandras Schlafsack für eine Campingfahrt ausborgen. Sandra will ihr den Schlafsack nicht leihen; sie hat bisher ihre Campingausrüstung oft an Freunde verliehen, aber sie mußte feststellen, daß die Sachen durch den starken Gebrauch abgenützt wurden und daß sie sich über die Entleiher zu ärgern begann. Deshalb hat Sandra beschlossen, ihre Ausrüstung nicht mehr herzuleihen, obwohl sie keinen Grund zur Annahme hat, daß Jane unachtsam damit umgehen würde.

Als Sandra der Gruppe erzählte, Jane habe eine telefonische Nachricht hinterlassen, daß sie ihren Schlafsack borgen wolle, waren wir gespannt, was sie tun würde. Sandra war bereit, ihr Verhalten mit der Gruppenleiterin zu proben.

Das lief so ab:

1. Rollenspiel

Zunächst forderte die Leiterin Sandra auf, Jane zu beschreiben, damit sie sich ein Bild von ihr machen und sie besser spielen konnte. Sandra sollte sich selbst spielen.

Sandra (als sie selbst, ruft Jane an): Grüß dich, Jane. Wie geht's dir?

Jane (von der Leiterin gespielt): Gut. Ich freue mich so auf die Campingfahrt am Wochenende, ich kann's kaum erwarten, daß es losgeht. Hat man dir meine Bitte wegen des Schlafsacks ausgerichtet?

Sandra (mit absackender Stimme): Hm . . . ja, ich hab's gehört . . . Weißt du, Jane, ich würde dir den Schlafsack furchtbar gern leihen . . . (stimmt gar nicht), aber, äh . . . ich möchte aufhören, so viele Sachen herzuleihen . . . Verstehst du, ich mach mir Sorgen, was meiner Ausrüstung zustoßen könnte . . . Ich weiß, es klingt dumm (entschuldigend), aber . . . äh . . . es ist vermutlich eine Art Komplex von mir . . . aber ich möchte es lieber nicht tun.

Jane: Ach, Sandra, ich kann sehr gut verstehen, daß du besorgt bist, aber ich werde besonders gut auf ihn achtgeben.

Sandra: Jane, es tut mir furchtbar leid . . . ich will nicht, daß du mich für egoistisch hältst, aber ich möchte ihn nicht herleihen. Es tut mir wirklich leid.

Jane: Nun, wie du meinst, Sandra. Ich bin sicher, daß ich von jemand anderem einen bekomme.

Sandra: Ich hoffe, du verstehst mich . . . Es tut mir wirklich leid . . .

An dieser Stelle brachen wir den Dialog ab. Die Gruppe lobte Sandra für ihre Standhaftigkeit, denn sie hatte es fertiggebracht, *nein* zu sagen. Aber Sandra war nicht mit sich zufrieden. Für ihr Gefühl hatte sie sich unnötig viel entschuldigt und war zu ängstlich aufgetreten. Die Gruppenmitglieder stimmten ihr zu.

2. Rollenspiel

Sandra und die Leiterin tauschten nun die Rollen: Sandra spielte jetzt ihre Freundin Jane, und die Leiterin spielte Sandra.

Sandra (von der Leiterin gespielt): Grüß dich, Jane, wie geht's dir?

Jane (von Sandra gespielt): Sehr gut. Übrigens, hast du gehört, daß ich mir deinen Schlafsack ausborgen möchte? Ich kann es kaum erwarten, am Wochenende auf Fahrt zu gehen, und dein Schlafsack wäre mir da wieder eine große Hilfe. Er hat sich das letzte Mal sehr bewährt – nicht zu schwer, aber nachts schön warm.

Sandra (eine selbstsichere Reaktion demonstrierend): Jane, ich verstehe deinen Wunsch, und ich weiß, daß du enttäuscht sein wirst, aber ich muß dir sagen, daß ich aus persönlichen Gründen einen Entschluß gefaßt habe, für den ich dich um Verständnis bitte. Ich möchte meine Sachen nicht mehr herleihen – auch nicht bloß einmal.

Jane: Okay. Ich bin enttäuscht, weil ich den Schlafsack brauche, aber ich verstehe deinen Entschluß.

In der folgenden Diskussion wiesen die Frauen darauf hin, daß die Leiterin in Sandras Rolle eine selbstsichere Reaktion demonstriert hatte, die zwar Einfühlung erkennen ließ, aber weder vergebungheischend noch schuldbewußt klang. Die Gruppe hielt dieses Vorgehen für erfolgversprechend, bezweifelte jedoch, ob Jane trotz Sandras Selbstsicherheit so rasch aufgegeben hätte.

3. Rollenspiel

Die Leiterin forderte dann Sandra auf, es noch einmal zu versuchen und dabei wieder sich selbst zu spielen. Sie sollte mit festerer Stimme sprechen, ohne sich zu entschuldigen, und sich dabei ihr Recht, nein zu sagen, vergegenwärtigen. Die Leiterin warnte sie, daß sie ihr diesmal hart zusetzen werde.

Sandra (sich selbst spielend; sie holt tief Luft und nimmt eine aufrechte Haltung ein): Tag, Jane. Hör zu, ich habe gehört, daß du campen gehst, und ich möchte mit dir wegen des Schlafsacks –

Jane (von der Leiterin gespielt; unterbricht sie): Ich freue mich ungeheuer auf diese Fahrt! Ich kann's gar nicht erwarten! Du hast doch sicher nichts dagegen, wenn ich mir wieder deinen Schlafsack ausleihe, oder?

Sandra: Das wird sicher eine schöne Fahrt. Ich verstehe, daß du meinen Sack gut brauchen könntest, aber ich habe beschlossen, meine Campingausrüstung nicht mehr herzuleihen (äußert direkt, was sie will). Die Sachen werden vorzeitig abgenutzt.

Jane: Mach dir keine Sorgen. Ich passe gut drauf auf. Das habe ich doch immer, oder?

Sandra: Ja, das stimmt, und das weiß ich auch. Mein Beschluß hat nichts mit deinem bisherigen Verhalten zu tun. Nachdem der Sack schon etwas abgenutzt ist, möchte ich ihn nicht mehr herleihen. (Läßt sich nicht beirren. Bleibt der der Sache und sagt direkt, was sie will.) Ich möchte ihn selbst zur Verfügung haben . . . Es wäre mir nicht angenehm, ihn nochmals herzuleihen . . . (Spricht ihre Gefühle aus.)

Jane (setzt ihr noch mehr zu): Hm, wenn du das so empfindest, werde ich mich wohl damit abfinden müssen. Aber Sandra, du *weißt*, daß ich damit gerechnet habe (flehende Stimme), und es ist äußerst mühsam, jetzt noch herumtelefonieren zu müssen, um alle Sachen zusammenzukriegen, die ich brauche.

Sandra: Ich kann verstehen, daß du über meinen Entschluß nicht sehr glücklich bist (Spiegelung der Gefühle), aber ich bitte dich, die Sache auch von meiner Seite zu sehen. Ich lasse mich nicht umstimmen. Ich leihe meine Campingausrüstung nicht mehr her. (Sagt, was sie will.)

Jane (versucht, ihr Schuldgefühle zu machen): Wenn ich keinen Schlafsack auftreibe, werde ich wahrscheinlich nicht fahren können. (Sie deutet an, daß das Sandras Schuld wäre.)

Sandra: Nun, ich hoffe, daß du fahren kannst, aber (wiederholt) ich habe dir meinen Entschluß mitgeteilt (behauptet sich in der gegenwärtigen Situation); höre jetzt bitte auf, mich unter Druck zu setzen.

Jane (seufzt): Also gut.

Sandra sagte der Gruppe, daß sie mit ihrem Verhalten diesmal viel zufriedener war als beim erstenmal. Ein Gruppenmitglied fragte sie, wie sie sich gefühlt hätte, wenn sie weiter unter Druck gesetzt worden wäre. Sie antwortete, sie habe erkannt, daß man sie manipulieren wolle und sei entschlossen gewesen, sich nicht umstimmen zu lassen, sondern Jane aufzufordern, sie in Ruhe zu lassen. Alle lobten sie wegen ihrer Offenheit und ihrer Einfühlung in Janes Situation, aber auch weil sie an ihrer ursprünglichen Entscheidung festgehalten hatte, als Jane ihr zusetzte. Sandra versprach schließlich der Gruppe, Jane noch am gleichen Abend zurückzurufen. Sie erklärte, sie sehe dem Gespräch gelassen entgegen und sei sicher, daß Jane es ihr nicht so schwer machen werde wie die Leiterin.

Auf diese Weise wird in der S.T.-Gruppe unter Mitwirkung der Leiterin Probeverhalten geübt. Das gleiche Verfahren kann jedoch auch mit Hilfe einer Freundin praktiziert werden, die mit dem Konzept des selbstsicheren Verhaltens vertraut ist. Viele Teilnehmerinnen üben nach Abschluß des Kurses in der beschriebenen Art miteinander.

Situationsgerechtes Verhalten

Sobald die Kursteilnehmerinnen einige Wochen Selbstsicherheitstraining hinter sich haben, probieren sie die erlernten Verhaltenstechniken in realen Situationen außerhalb der Gruppe aus und berichten uns anschließend über ihre Erfahrungen. Manchmal haben sie den Eindruck, sich für die jeweilige Situation verbal zu scharf geäußert zu haben – sie befürchten, zu weit gegangen zu sein. Wenn wir die Szene dann mit verteilten Rollen nachspielen, stellten wir fest, daß manche tatsächlich mit zu schweren Geschützen aufgefahren waren. Die Übung im Rollenspiel dient daher zum Teil dem Zweck, einschätzen zu lernen, wie entschieden wir uns in der jeweiligen Situation behaupten sollten und welche Art von Reaktion angemessen wäre.

Wenn Ihnen beispielsweise ein Vertreter ein Zeitschriftenabonnement zu verkaufen sucht, können Sie überlegen, ob Sie daran interessiert sind oder nicht, sich dagegen entscheiden und dann zu ihm sagen: «Ich danke Ihnen, daß Sie mich über das Angebot informiert haben, aber ich möchte jetzt nichts nehmen.» Damit kann die Sache erledigt sein. Insistiert der Vertreter jedoch und versucht er, Sie mit noch günstigeren Bedingungen und einer noch größeren Auswahl zu ködern, dann müßten Sie ihn deutlicher zurückweisen, indem Sie etwa erklären: «Ich habe Ihnen ja gesagt, daß ich an einem Abonnement nicht interessiert bin. Dabei bleibt es. Ich bitte Sie daher, jetzt zu gehen.»

Bei der Beurteilung einer Situation muß man zunächst die Frage beantworten, ob Selbstbehauptung erforderlich ist oder nicht. Der zweite Schritt besteht darin zu entscheiden, welches Kaliber angemessen ist und wieviel Nachdruck zum Erfolg führen wird. Bestimmend für die Schärfe des Auftretens ist nicht nur die Wortwahl, sondern auch die Entschiedenheit in Stimme und Gestik.

Üben im Alleingang

Probeverhalten kann man auch allein üben, indem man beide Gesprächspartner abwechselnd selbst spielt. Setzen Sie sich einem leeren Stuhl gegenüber und spielen Sie sich zunächst selbst. Dann stehen Sie auf, setzen sich auf den anderen Stuhl und reagieren Sie als Ihr Gegenüber. Wechseln Sie jedesmal, wenn Sie die Rolle wechseln, den Stuhl. Jeder, der Ihnen zusehen könnte, würde Sie für verrückt halten, aber lassen Sie sich davon nicht beirren: Sie erhalten dadurch Gelegenheit, eine Sache von zwei Seiten zu betrachten.

Die folgende Liste von Fragen umfaßt die wichtigsten Punkte, die wir bis jetzt behandelt haben. Sie kann Ihnen sehr helfen, Ihr Potential an Selbstsicherheit ohne Unterstützung von außen zu entwickeln.

Schritte zur Selbstsicherheit: eine Kontrolliste

1. Klären Sie die Situation und konzentrieren Sie sich auf das Problem, um das es geht. Was ist mein Ziel? Was genau möchte ich erreichen?

2. Inwiefern kann mir selbstsicheres Verhalten meinerseits helfen, mein Ziel zu erreichen?

3. Was würde ich üblicherweise tun, um mich vor selbstsicherem Auftreten zu drücken?

4. Warum möchte ich das aufgeben und mich statt dessen selbstsicher verhalten?

5. Was könnte mich daran hindern, mich selbstsicher zu verhalten?

a) Halte ich an irrationalen Annahmen fest? Wenn ja, an welchen?

b) Wie kann ich diese irrationalen Annahmen durch rationale ersetzen?

c) Habe ich als kleines Mädchen gelernt, mich auf eine Weise zu verhalten, die es mir jetzt erschwert, in der gegenwärtigen Situation selbstsicher zu agieren? Wie kann ich das überwinden,

d) Welche Rechte habe ich in dieser Situation? (Benennen Sie sie klar und deutlich.) Ist es richtig, mich auf Grund dieser Rechte über meine Erziehung hinwegzusetzen?

6. Habe ich Angst davor, mich selbstsicher zu verhalten? Welche Techniken kann ich anwenden, um meine Angst zu verringern?

7. Bin ich gründlich vorbereitet? Habe ich alle Informationen, die ich brauche, um handeln zu können?

8. Kann ich:

a) dem anderen mitteilen, daß ich ihm zuhöre und ihn verstehe?

b) dem anderen klarmachen, wie ich mich fühle?

c) dem anderen sagen, was ich will?

Diese Liste wird Ihnen Schritt für Schritt ein zuverlässiger Führer auf dem Weg zur Selbstsicherheit sein. Wir können sie uns vornehmen und sie entweder von Anfang bis Ende durchgehen oder uns diejenigen Punkte heraussuchen, die zur Zeit wichtig für uns sind. Natürlich gibt es Augenblicke, in denen wir nicht auf die Liste zurückgreifen können, sondern uns spontan behaupten müssen, wenn wir die Gelegenheit nicht verpassen wollen.

Je länger wir nach diesem Verfahren arbeiten, desto vertrauter werden uns die einzelnen Schritte, und bald lernen wir, uns rasch auf die Fragen zu konzentrieren, die für die jeweilige Situation zutreffen. Mit der Zeit werden uns diese Verhaltenstechniken zur «zweiten Natur», und wir sind dann imstande, sie auch in Situationen wirkungsvoll anzuwenden, die rasche Reaktionen erfordern.

Bei einer Kontrollsitzung sechs Wochen nach Abschluß des Kurses berichtete uns Sheila über ihre Experimente mit der Selbstbehauptung. Etwa einen Monat zuvor hatte sie an der Grundschule, an der sie unterrichtete, in ihrem Brieffach ein Schreiben der Schulbehörde vorgefunden, in dem die geplante Einsparung aller bezahlten Schulhelferinnen in der Unterstufe angekündigt wurde. Sie war sehr beunruhigt, denn sie hatte vierzig Schüler in der Klasse und brauchte die Hilfskräfte, um erfolgreich unterrichten zu können.

Sie sagte dem Rektor, wie ihr zumute war, und zu ihrer Überraschung zeigte er volles Verständnis. Aber was konnte man tun? Der Rektor erklärte, er sei in diesem Falle nicht entscheidungsbefugt und glaube, auch nicht viel Einfluß zu besitzen. «Meiner Ansicht nach», sagte er, «wäre es besser, wenn Sie direkt zur Schulbehörde gingen und den Standpunkt einer Lehrerin vortrügen.»

Sheila meinte zu der Gruppe: «Vor drei Monaten hätte ich mich entweder vollends gedrückt oder versucht, jemand anderen an meiner Stelle einzuspannen. Dieses Mal wußte ich, daß ich die Sache durchstehen würde, obwohl mir bange war. Ich sah es als eine Herausforderung an. Es war eine ideale Gelegenheit, meine Kontrolliste zu benutzen, und da es das erste Mal war, daß ich meine Selbstsicherheit auf die Probe stellte, ohne vorher mit der Gruppe zu üben, ging ich alle Fragen schriftlich durch.»

Frage: Welches Ziel möchte ich in diesem Fall erreichen? Was soll geschehen?

Antwort: Die Behördenvertreter werden sich meine Argumente für die Beibehaltung der Schulhelferinnen anhören und sich vielleicht davon überzeugen lassen.

Frage: Was würde ich tun, wenn ich mich nicht selbstsicher verhielte?

Antwort: Ich würde mich aus der Sache heraushalten und mich schließlich bei anderen Leuten darüber beklagen, daß die Helferinnen abgezogen werden.

Frage: Warum möchte ich dieses selbstunsichere Verhalten aufgeben?

Antwort: Weil ich damit zwar die Angst vor einer offenen Aussprache vermeiden würde, andererseits aber weiß, daß ich nie bekommen werde, was ich will, wenn ich nicht dafür eintrete. Außerdem fühle ich mich auf Grund meiner Qualifikation als Lehrerin verpflichtet, zu Angelegenheiten Stellung zu nehmen, die die Qualität des Bildungswesens betreffen.

Frage: Was könnte mich davon abhalten, mich zu Wort zu melden? Gehe ich von irrationalen Annahmen aus?

Antwort: Ja, das ist der Fall. Ich bin neu in diesem Schulbezirk, und ich fürchte, die Vertreter der Schulbehörde könnten es mir verübeln, wenn ich mich in einem Augenblick zu Wort melde, in dem die Finanzlage angespannt ist. Ich fände es schrecklich, wenn sie verärgert über mich wären.

Frage: Könnten die Behördenvertreter auch anders reagieren?

Antwort: Sie könnten sich für meine Darlegung interessieren. Sie könnten froh sein, neue Informationen zu erhalten. Sie könnten bereits wissen, was ich ihnen sagen möchte, und mich lästig finden.

Sie könnten verärgert sein, daß ich ihre Zeit in Anspruch nehme. Meine Sorge um die Qualität des Grundschulunterrichts könnte ihnen imponieren.

Sie könnten mir völlig gleichgültig gegenüberstehen. Sie könnten froh sein, daß ich für die Beibehaltung der Helferinnen plädiere, weil sie selbst das gleiche befürworten.

Selbst wenn sie über meine Aufmüpfigkeit verstimmt sein sollten, was ich für die schlimmste Möglichkeit halte, brauche ich mir keine Vorwürfe zu machen. Ich werde tun, was ich für richtig halte, und kann mit mir zufrieden sein.

Frage: Habe ich als Mädchen gelernt, mich in einer Weise zu verhalten, die es mir jetzt erschwert, selbstsicher aufzutreten? Wenn ja, wie kann ich das überwinden?

Antwort: Ich weiß nicht mehr, wann und wie ich zu dieser Auffassung gekommen bin, aber ich weiß, daß ich in dem Glauben aufgewachsen bin, die Männer sollten für ihre Überzeugungen eintreten, die Frauen sollten dagegen still sein und die Männer unterstützen. Niemand hat mir das je gesagt, aber mein Vater hat immer das große Wort geführt, und meine Mutter hat geschwiegen. Dieses Beispiel hatte ich vor Augen. Ich kann das auf zweierlei Art überwinden: indem ich meine Einstellung überprüfe und indem ich mein Verhalten ändere.

Frage: Welche Rechte habe ich in dieser Situation?

Antwort: Ich habe das Recht, meine Meinung zu äußern. Dies ist mein Wunsch, und ich werde mit mir zufrieden sein, wenn ich es getan habe. Ich habe auch das Recht, ernstgenommen und mit Respekt behandelt zu werden.

Frage: Gestatten mir diese Rechte, mit alten Leitbildern zu brechen?

Antwort: Das Recht auf Meinungsäußerung widerspricht dem Leitbild von der Frau, die keinen Standpunkt beziehen und ihren Mund nicht aufmachen sollte. Eingedenk meiner Rechte werde ich mir die Erlaubnis geben, der Behörde meine Auffassung darzulegen.

Frage: Habe ich Angst davor, mich selbstsicher zu verhalten? Wenn ja, welche Techniken kann ich anwenden, um meine Angst zu verringern?

Antwort: Ich hatte (und habe immer noch ein bißchen) Angst, aber ich fühle mich bereits wohler, weil ich das alles durchdacht habe. Ich weiß auch, daß ich den Beamten bei der Darlegung ihres Standpunkts aufmerksam zuhören werde. Es erfüllt mich mit Selbstvertrauen, mich auf meine Fähigkeiten verlassen zu können.

Bevor ich hineingehe, werde ich ein paarmal tief Atem holen und langsam ausatmen. Ich werde den Raum in aufrechter Haltung betreten. Ich kann vorher proben, was ich sagen möchte, und auch das wird meine Angst verringern.

Frage: Habe ich mich gründlich vorbereitet und mir alle nötigen Informationen beschafft?

Antwort: Ich habe die Protokolle der letzten vier Konferenzen gelesen, und ich habe mit meinem Rektor über die Problematik gesprochen.

Frage: Kann ich eine selbstsichere Stellungnahme formulieren, die alle drei Komponenten enthält: Einfühlung, Äußerung der eigenen Gefühle und Meinungsäußerung?

Antwort: Ja. Ich kann sagen: «Ich weiß, daß die Unterrichtsbehörde gegenwärtig eine Verknappung der Mittel zu verkraften hat und die Ausgaben entsprechend reduzieren muß. Aber ich bin sehr bestürzt über die Ankündigung, die Schulhelferinnen aus den Klassen abzuziehen. Ich bitte Sie, meinen Standpunkt anzuhören und ernsthaft in Ihre Überlegungen einzubeziehen, bevor Sie eine Entscheidung treffen.» Nach dieser Einleitung kann ich meine Einwände und Gründe anführen.

Sheila erzählte der Gruppe, wie sie mit der Kontrolliste vorgegangen war und wie sie danach der Schulbehörde ihren Standpunkt dargelegt hatte. Die Behördenvertreter hatten ihr aufmerksam zugehört, berichtete sie, und einige begrüßten es sogar, daß sie ihre Meinung vortrug. Sie gewann den Eindruck, daß ihre Einzelaktion die Tür für künftige Verhandlungen geöffnet hatte. Es war ihr aber auch klargeworden, daß es dann mehr als einer Einzelaktion bedürfen werde, um die Entscheidung der Behörde zu beeinflussen.

Die positiven Gefühle, die sie nach ihrem Auftritt empfand, ermutigten sie, jene Kollegen, die ihre Auffassung teilten, zu veranlassen, der Unterrichtsbehörde eine gemeinsame Stellungnahme vorzulegen.

Obwohl wir uns bisher auf die Entwicklung des individuellen Selbstsicherheitspotentials konzentriert haben, kann selbstsicheres Verhalten unser Selbstvertrauen so festigen, daß wir uns verstärkt um Zusammenarbeit mit anderen bemühen, um unseren Aktionen jene Durchschlagskraft zu verleihen, welche die Veränderungen herbeiführen kann, die wir für nötig halten.

Übungen zur Entwicklung selbstsicherer Reaktionen

Versetzen Sie sich in die folgenden Situationen und üben Sie Selbstbehauptung nach unserem Modell. Verwenden Sie die Kontrollliste «Schritte zur Selbstsicherheit» (S. 148), um sich über Ihre Ziele klarzuwerden und Ihre Hemmungen zu überwinden. Schreiben Sie Ihre selbstsicheren Reaktionen Punkt für Punkt auf.

1. Sie und Jessica sind Bürokolleginnen. Jessica bittet Sie, sie künftig jeden Abend in Ihrem Auto nach Hause mitzunehmen. Sie wollen es nicht tun. Deshalb antworten Sie: . . .

2. Es ist Ihre Mittagspause. Sie sitzen in einem Restaurant und warten auf Ihre Freundin. Sie rauscht mit halbstündiger Verspätung herein, setzt sich und fragt sie, ohne sich zu entschuldigen: «Wie geht es dir?» Sie antworten: . . .

2. Gerade als Sie zur Tür hinausgehen wollen, ruft Anna an. Sie beginnt, Ihnen über das Problem zu erzählen, das sie mit ihren Eltern hat. Sie wollen das Gespräch so rasch wie möglich beenden. Sie sagen: . . .

3. Sie befinden sich in der Blusenabteilung. Die Verkäuferin fragt: «Wer ist die Nächste?» Sie sind an der Reihe. Die Frau neben Ihnen antwortet: «Ich.» Sie wenden sich ihr zu und . . .

4. Sie nehmen an einer kommunalpolitischen Versammlung teil. Ein Diskussionsredner appelliert an die Wähler, keine Mittel für eine

Kindertagesstätte zur Verfügung zu stellen. Um die Leute zu überzeugen, daß kein Bedarf für eine solche Einrichtung besteht, schreckt er auch nicht vor falschen Informationen zurück. Sie finden weder seine Argumente noch seine Daten richtig. Deshalb . . .

Wenn Ihnen diese Beispiele bekannt vorkommen, so deshalb, weil sie im ersten Kapitel zitiert wurden. Blättern Sie nun zu den Seiten 18 bis 20 zurück und vergleichen Sie Ihre Antworten mit den von uns genannten. Gleichen Ihre Reaktionen in etwa den von uns als selbstsicher bezeichneten? Bedenken Sie, daß sich Ihre Antworten nicht genau mit unseren decken müssen. Wir hoffen, daß es Ihnen gelungen ist, selbstsicher zu reagieren. Falls es Ihnen noch Schwierigkeiten bereitet, selbstsichere Antworten zu formulieren, lesen Sie die Beispiele zur Auffrischung nochmals durch.

Weitere Übungen

1. Ein guter Freund hat Sie aus einem besonderen Anlaß zum Abendessen in ein Restaurant eingeladen. Sie bestellen Ihr Steak kurz gebraten, aber als Sie hineinschneiden, stellt sich heraus, daß es halb durchgebraten ist. Sie wollen die Stimmung nicht verderben, aber Sie mögen Ihr Steak wirklich lieber kurz gebraten. Der Ober kommt auf Ihren Tisch zu. Was würden Sie zu ihm sagen?

2. Sie treffen eine Freundin, die Ihnen erklärt, sie sei wütend auf Sie. Sie redet ständig davon, wie empört sie sei, ohne Ihnen zu sagen, weshalb. Sie sagt: «Ach komm doch, du weißt genau, wovon ich rede. Ich bin den ganzen Tag bei dem bloßen Gedanken daran außer mir gewesen. Ich bin so wütend, daß ich nicht einmal weiß, ob ich mit dir darüber reden kann.» Proben Sie Ihre Antwort.

3. Sie stellen sich vor einer Kinokasse an. Ein Unbekannter kommt auf Sie zu und sagt freundlich zu Ihnen: «Ich habe nicht damit gerechnet, daß die Schlange so lang sein wird und ich bin in einer Viertelstunde verabredet. Würden Sie mich bitte vorlassen?» Proben Sie Ihre Antwort.

4. Dieselbe Situation wie im dritten Beispiel, nur bittet Sie diesmal ein Bekannter, ihm den Vortritt zu lassen.

5. Sie kochen gerade das Abendessen. Das Telefon klingelt: Es ist eine Freundin, die das Gespräch mit den Worten eröffnet: «Ich weiß, daß ich dich zu einer ungünstigen Zeit anrufe, aber ich stehe vor ei-

ner wichtigen Entscheidung, und ich muß einfach mit jemandem darüber sprechen.» Proben Sie Ihre Reaktion.

6. Sie sind in einem Taxi und haben den Verdacht, daß der Fahrer Sie auf Umwegen an Ihr Ziel bringt. Wie werden Sie sich behaupten?

7. Eine Freundin ruft Sie an und nennt Ihnen den Namen eines Mannes, von dem sie meint, daß Sie ihn gerne kennenlernen würden. Sie schlägt vor, daß Sie ihn anrufen und ein Rendezvous mit ihm vereinbaren. Sie sind wirklich neugierig auf den Mann. Wie werden Sie reagieren?

8. Sie nehmen an einer Konferenz teil. Ihr(e) Tischnachbar(in) raucht eine Zigarette nach der anderen. Ihre Augen tränen, und Sie fühlen sich sehr unbehaglich. Proben Sie Ihr Verhalten.

9. Sie haben sich auf einen ruhigen Sonntag zu Hause eingestellt – den ersten nach langer Zeit. Ihre Eltern rufen Sie an und laden Sie ein, den Tag bei ihnen zu verbringen. Sie haben keine Lust. Wie werden Sie sich behaupten?

10. Ihr Arzt verschreibt Ihnen ein Medikament gegen eine immer wiederkehrende Infektion. Auf Ihre Frage, was die Medizin bewirke, antwortet er: «Ach, seien Sie unbesorgt. Die meisten Frauen nehmen irgendwann dieses Medikament. Wir rufen Sie an, falls der Laborbefund irgendwelche Besonderheiten ergibt.» Proben Sie Ihre Reaktion.

11. Sie sind in der Ankleidekabine eines Kaufhauses. Sie haben mehrere Röcke anprobiert und haben sich eben für einen entschieden, der Ihnen sehr gut gefällt. Die Verkäuferin kommt herein, Sie geben ihr den Rock und sagen ihr, daß Sie ihn nehmen wollen. Sie sagt: «Ach, meine Liebe, ich finde, der braune steht Ihnen ungleich besser. Sie sehen so aus, als ob Sie etwas von Qualität verstünden. Glauben Sie mir, der braune kostet zwar mehr, aber er ist es wert. Diesen Rock hier kann man mit dem anderen gar nicht vergleichen. Probieren Sie den braunen noch einmal an, ich bin sicher, daß Sie es sich anders überlegen werden.» Proben Sie Ihre Antwort.

12. Sie holen Ihr Auto von der Werkstätte ab, in der es abgeschmiert und mit einem neuen Reifen versehen werden sollte. Als Sie hinkommen, händigt Ihnen der Mechaniker eine Rechnung aus, die doppelt so hoch ist wie Sie erwartet haben. Auf Ihre Frage antwortet er: «Hören Sie, liebe Frau, der Mann, der Ihren Wagen gemacht hat,

ist schon weg. Was soll ich Ihnen sagen? Er hat einen Schaden am Vergaser gefunden, und außerdem mußte die Zündung neu eingestellt werden. Schauen Sie, wir tun nur, was notwendig ist. Also kommen Sie jetzt zur Kasse.» Was werden Sie ihm antworten?

13. Sie arbeiten in einem Büro. Eines Tages hören Sie von einer Kollegin, daß eine Stelle frei wird, die Sie gerne haben möchten. Sie beschließen, den Personalchef zu bitten, Sie dafür in Betracht zu ziehen. Proben Sie Ihr Auftreten.

14. Sie wollen eben eine Party verlassen. Als Sie sich dem Ausgang nähern, legt ein Mann, den Sie flüchtig kennen, den Arm um Ihre Schulter und sagt eindringlich: «Gehen Sie noch nicht. Sie sind der einzige Grund, warum ich auf dieser Party geblieben bin. Setzen wir uns. Es gibt so viel, worüber wir reden sollten.» Sie sind nicht daran interessiert, den Mann näher kennenzulernen. Proben Sie Ihre Antwort.

15. Sie erhalten die Mitteilung, daß Ihr Kind einem Lehrer zugeteilt wurde, den Sie für völlig unfähig halten. Sie beschließen, den Direktor anzurufen und ihn zu bitten, Ihr Kind in eine andere Klasse zu versetzen. Proben Sie, was Sie zu ihm sagen werden.

16. Sie nehmen an einer kleinen Party teil. Die Gäste plaudern zwanglos miteinander. Das Gespräch wendet sich Frauenfragen zu. Der Gastgeber bemerkt: «Können Sie sich vorstellen? Jetzt gibt es sogar schon Bücher, die den Frauen mehr Selbstsicherheit beibringen sollen! Sie werden mir sicher zustimmen, daß das weibliche Geschlecht bereits selbstsicher genug ist.» Wie werden Sie sich verhalten?

17. Sie haben Ihre Wohnung neu ausmalen lassen. Als Sie die Möbel wieder an ihren Platz rücken, bemerken Sie, daß der Fußboden voller Farbspritzer ist. Sie ärgern sich und beschließen, den Maler anzurufen. Proben Sie Ihr Verhalten.

18. Ihre Schwester ruft Sie an. Sie ist wütend, weil sie eben einen Streit mit einer gemeinsamen Freundin hatte, die Sie am gleichen Tag zum Kaffee erwarten. Ihre Schwester möchte Ihnen die Version des Disputs erzählen, und Sie vermuten, daß Ihre Freundin dasselbe tun will. Sie möchten in dieser Sache aber nicht Partei ergreifen. Proben Sie Ihre Antwort.

19. Sie haben mit Ihrer Freundin in einem Restaurant zu Mittag gegessen und erhalten nun die Rechnung. Sie addieren sie rasch und

merken, daß Ihnen zuviel berechnet wurde. Ihre Freundin meint: «Ach, zahlen wir einfach und machen wir keine Szene.» Aber Sie möchten nicht mehr bezahlen, als Sie schuldig sind. Was werden Sie tun?

20. Ein Bürokollege begrüßt Sie jedesmal mit einer anzüglichen Bemerkung über Ihr gutes Aussehen. Er würde vermutlich behaupten, Ihnen Komplimente zu machen, aber Sie möchten, daß er seine persönlichen Kommentare einstellt. Wie werden Sie ihn in die Schranken weisen?

Überprüfen Sie Ihre Reaktionen

1. Haben Sie gesagt, was Sie sagen wollten?
2. Waren Sie direkt und nicht schuldbewußt?
3. Sind Sie für Ihre Rechte eingetreten, ohne die Rechte anderer zu schmälern?
4. Sind Sie in selbstsicherer Haltung gesessen oder gestanden?
5. Hat Ihre Stimme fest und ruhig geklungen? Waren Ihre Gesten entspannt?
6. Haben Sie sich nach Ihrer Äußerung in Ihrer Haut wohl gefühlt?

Wir hoffen, daß Sie die meisten dieser Fragen mit «ja» beantworten konnten. Üben Sie Ihre selbstsicheren Reaktionen so lange, bis Sie sich dabei wohl fühlen.

Benutzen Sie diese sechs Fragen auch, um Ihr selbstsicheres Verhalten im realen Leben zu überprüfen.

Sie haben das Instrumentarium – wenden Sie es an

1. Wählen Sie aus Ihrem eigenen Leben Situationen, in denen Sie sich selbstsicher verhalten möchten. Falls Sie ein Tagebuch geführt haben, entnehmen Sie daraus Hinweise auf entsprechende Situationen. Es empfiehlt sich, mit Situationen zu beginnen, die Ihnen keine große Angst einjagen und gute Aussichten auf Erfolg bieten. Sie können sich dann Schritt für Schritt an schwierige Situationen heranarbeiten.

2. Sobald Sie eine bestimmte Situation gewählt haben, gehen Sie die in diesem Kapitel enthaltene Kontrolliste durch. Verfahren Sie schrittweise, um Ihr gegenwärtiges Verhalten zu analysieren und

Möglichkeiten zu seiner Veränderung herauszufinden. Proben Sie Ihr selbstsicheres Auftreten.

3. Sie verfügen nun über das nötige Instrumentarium. Es ist Zeit, es auf *Ihr* Leben anzuwenden. Gehen Sie in die Welt hinaus und wenden Sie es an.

12. Sex ist nicht obszön – sprechen wir darüber

Viele Frauen glauben, in einer intimen Situation nicht offen reden und sich selbstsicher verhalten zu dürfen. In sexuellen Beziehungen sind die emotionalen Einsätze oft sehr hoch – das kann die Hemmung verstärken.

Starke Hemmungen hindern uns vielfach daran, sexuelle Wünsche einzugestehen und sie uns zu erfüllen. Oft sind sie die Folge einer Einstellung, die wir ein ganzes Leben lang genährt haben. Der Keim zu dieser Einstellung mag in unserer Kindheit und Jugend von unseren Eltern und anderen Bezugspersonen gelegt worden sein. In vielen Familien wird den Mädchen eingeredet, Selbstbefriedigung sei schlecht; Sex sei schmutzig; Sex sei peinlich; Sex sei etwas, das die Frau erdulden müsse, ohne selbst aktiv werden zu dürfen; eine Frau müsse sich Sex für die Ehe aufsparen, sonst würden Männer sie nicht respektieren; Frauen, die Spaß an Sex hätten, müßten sich schämen oder schuldig fühlen. Die paradoxe «Botschaft» lautet: «Sex ist schmutzig – heb ihn dir für den Mann auf, den du liebst!»

Die mächtigste all dieser direkten und indirekten Botschaften in bezug auf Sex ist vermutlich: «Sprich nicht darüber. Sex ist tabu.» Die einzige Erwähnung des Themas in Gegenwart des Kindes ist oft ein trockener Vortrag der Eltern über Menstruation und «Fortpflanzung», bei dem in wohlgesetzten Worten um den heißen Brei geredet wird. Dieser Eiertanz allein ist meist schon dazu angetan, dem Kind die Erkenntnis zu vermitteln, daß Sex kein normales Gesprächsthema ist.

Wenn wir als Kinder gelernt haben, daß über Sex nicht geredet werden darf – wie wirkt sich das auf die Fähigkeit des Erwachsenen aus, sexuelle Bedürfnisse zu äußern? Wir haben vier Frauen mit verschiedenem Lebensstil gefragt, wieweit sie in ihren eigenen sexuellen Beziehungen selbstsichere Verhaltensweisen zu praktizieren vermögen. An dem Gespräch nahm auch Dr. Beverly Hotchner, die Leiterin des Center for Human Concerns, eines Sexualforschungszentrums in St. Louis teil.

Die Teilnehmerinnen waren:

Bev Hotchner, 45, seit dreiundzwanzig Jahren verheiratet, Mutter zweier erwachsener Söhne.

Amanda, 22, ledig, keine feste Bindung, Studentin, Feministin.

Lilly, 35, eben geschiedene Mutter eines kleinen Kindes, Werbegraphikerin.

Marie, 50, seit dreißig Jahren mit einem Geschäftsmann verheiratet, Hausfrau und Mutter von drei Kindern (zwei bereits erwachsen, ein Teenager); aktive Mitarbeit an Gemeinschaftsaufgaben.

Sandy, 26, Geschäftsführerin in einer Buchhandlung, lebt mit einem Studenten zusammen.

Das Gespräch:

Bev: Es ist wichtig, den Frauen bewußt zu machen, daß und wie sie ihr selbstsicheres Verhalten in sexuellen Beziehungen *selbst* blockieren. Die meisten Frauen meinen, etwas anderes hindere sie daran.

Marie: Das gilt aber nicht nur für Frauen, sondern für alle Menschen.

Bev: Natürlich gilt das für beide Geschlechter, aber heute wollen wir über Frauen reden.

Amanda: Schön, wir blockieren uns selbst – aber was ist die eigentliche Ursache, daß wir uns im sexuellen Bereich nicht selbstsicher verhalten können?

Bev: Es liegt auf der Hand, was uns blockiert. Die meisten Frauen klagen, daß ihnen das Thema peinlich ist: «Ich könnte das nie vor ihm sagen, in tausend Jahren werde ich das nicht fertigbringen. Ich kann es mir kaum selbst eingestehen.»

Oder die Frauen haben Angst vor Kränkungen: «Wenn ich das sagte, würde ich mir alle möglichen Probleme einhandeln – Herabsetzung, Zurückweisung, Ausgelachtwerden. Ich könnte es nicht ertragen, so behandelt zu werden. Das Thema ist mir auch so schon zu unangenehm.» Oder eine klassische ‹irrationale› Annahme: «Ich könnte das nicht ertragen.»

Wieder andere Frauen fürchten, allzu fordernd, ja nymphomanisch zu erscheinen, wenn sie ihre Wünsche aussprächen. Außerdem bezweifeln sie, daß diese erfüllt würden; sie fürchten, von den Männern als aufdringlich empfunden und von ihnen fallengelassen zu werden.

Lilly: Das kommt mir alles bekannter vor, als ich wahrhaben möchte. Ich weiß, daß ich mich selbst blockiere, speziell wenn das sexuelle Erlebnis nicht befriedigend ist und ich es dennoch nicht über mich bringe, es meinem Partner zu sagen. Ich fürchte, er könnte denken, daß ich ihn nicht genug liebe oder daß ich unersättlich bin . . .

Amanda: Oder daß ich etwas falsch mache.

Bev: Oder daß ich eine ewig nörgelnde Frau bin, die ständig an ihm herumkritisiert.

Lilly: Oder daß ich bloß versuche, ihn herabzusetzen.

Marie: Das war mein größtes Problem. Wenn es ein Gebiet gab, auf dem wir uns mit und ohne Worte gut verstanden, dann war's der Sex. Jahrelang hat uns das geholfen, über Krisen in anderen Bereichen hinwegzukommen, über die wir nicht sprechen konnten. Das ging so lange gut, bis auch bei uns sexuelle Probleme aufkamen. Da wagte ich nicht, Bob zu sagen, was ich dachte, aus Angst, ihn zu verletzen.

Bev: Unser Verhalten ist meist so festgelegt, daß die Männer glauben, auf sexuellem Gebiet die Lehrer und Autoritäten sein zu müssen. Wenn wir es wagen, unsere Wünsche zu äußern, und besonders wenn das neu für sie ist – schon fühlen sich viele Männer in ihrer Männlichkeit bedroht. Das ist einer der Gründe, weshalb es Männern und Frauen so schwerfällt, über Sex zu reden.

Amanda: Ich weiß, daß ich oft gedacht habe: «Wenn er mich wirklich liebte, wüßte er, was ich mir wünsche. Er sollte mich nicht zu fragen brauchen – und ich ihn auch nicht.» Wie unvernünftig!

Bev: Diese Ansicht nährt den Mythos, daß Sex stets natürlich und spontan und schön und vollkommen sein sollte! Ohne unser Zutun. Ohne daß es notwendig sein sollte, darüber zu reden oder daran zu arbeiten.

Amanda: Für mich sieht der Mythos etwas anders aus. Ich hatte bis vor kurzem keine sexuellen Erfahrungen. Da ich Feministin bin und als «eingefleischte Emanze» gelte, meine ich, daß ich alles über Sex wissen sollte. Es ist mir peinlich, daß ich so wenig weiß. Ich bin zu befangen, um zu sagen, was ich will, und um die Fragen zu stellen, die mich beschäftigen. Ich übernehme einfach nicht die Verantwortung für meine Gefühle.

Sandy: Deine Scheu zeigt doch, daß die sog. sexuelle Revolution großenteils nur ein Märchen ist. Die Vorstellung, daß wir jetzt alles wissen müßten – und zehn Orgasmen hintereinander haben sollten – ist doch nur ein weiterer Anspruch an die Frauen, den wir glauben, erfüllen zu müssen.

Amanda: Ja. Und mir paßt es nicht, das alles von einem Mann lernen zu müssen. Aber irgendwo muß ich es ja lernen. (Gelächter.) Ich bin also davon abhängig, wieviel er weiß, und ich habe Angst, daß er mich für exzentrisch hält, wenn ich ihn bitte, etwas zu tun, was er von sich aus nicht täte.

Marie: Was möchtest du denn von ihm?

Amanda: Nun ja, vor allem möchte ich mehr über das Thema reden können. Aber wenn ich mit ihm im Bett bin, bekomme ich Angst und schalte ab. Und dann ärgere ich mich über mich selbst, weil ich es nicht genießen kann.

Lilly: Das kenne ich sehr gut. In den ersten zehn Jahren meiner Ehe wußte ich überhaupt nicht, daß Sex Spaß machen kann. Ich dachte, alle, die davon schwärmten, wie schön es sei, übertrieben. Es war mir nicht klar, daß uns beiden etwas entging.

Bev: Es ist sehr wichtig, sich klarzumachen, was man sich überhaupt wünscht. Die meisten Frauen, die zu mir in Sexualtherapie kommen, wissen nicht, was sie eigentlich wollen. Sie haben ihren eigenen Körper nicht erforscht oder sich nicht gestattet herauszufinden, was ihnen Vergnügen bereitet, und wissen daher nicht, was sie mögen. Bevor sie also Wünsche an den Partner richten können, müssen sie zunächst entdecken, was ihnen Genuß bereitet.

Sandy: Ich glaube, daß sich viele Frauen davor scheuen, ihren eigenen Körper zu erforschen. Obwohl es der logische erste Schritt wäre, steht es in Widerspruch zu dem, was man uns als Kinder beigebracht hat. Es ist leichter, die Verantwortung auf jemand anderen abzuwälzen.

Bev: Leichter, den eigenen Körper von jemand anderem erforschen zu lassen?

Sandy: Natürlich. Uns hat man doch beigebracht: «Hände weg.»

Bev: Das stimmt, aber viele Frauen erforschen ihren Körper doch lieber selbst, als das jemand anderen tun zu lassen.

Lilly: Ich glaube, meinen Körper ziemlich gut zu kennen, aber wenn ich mit meinem Mann zusammen bin, fällt es mir trotzdem sehr schwer zu sagen, was ich will, obwohl ich weiß, was mir guttut. Ich sage bloß, wenn ich etwas nicht mag. Das frustriert meinen Partner, denn er möchte wissen: «Nun, was willst du dann?»

Bev: Du zeigst also nur negative Reaktionen – «das mag ich nicht» –, aber du gibst keine positiven Hinweise.

Sandy: Ich auch. Ich kann zwar spontan auf körperliches Mißbehagen reagieren und «nein» sagen oder «das tut weh» oder «hör auf». Aber dann halte ich es entweder nicht für nötig, ihm genauere Hinweise zu geben, oder ich will meinen Verstand nicht einschalten und darüber nachdenken.

Lilly: Das kann ich gut verstehen, daß du nicht belehren willst, solange du mitten drin bist. Manchmal habe ich nachher versucht, darüber nachzudenken und meinem Partner zu sagen, was ich bei unserem letzten Zusammensein schön fand und was nicht.

Sandy: Wie hat sich das bewährt?

Lilly: Ganz gut, aber es ist immer noch schwierig für mich, über Sex zu reden. Ich bin in vielen Situationen selbstunsicher, und meine Hemmungen, über sexuelle Dinge zu sprechen, sind nur ein Teil meines allgemeinen Problems.

Sandy: Hast du deinem Partner je gesagt, daß du dich scheust, über Sex zu sprechen?

Lilly: Ich habe es nur angedeutet. Ich habe ihm gesagt, ich hätte Angst, ihn zu verletzen. Er sagte: «Ich bin für mich selbst verantwortlich. Es ist unfairer mir gegenüber, wenn du mir nicht sagst, was du willst.» Vielleicht sollte ich ihm zunächst einmal gestehen, wie unangenehm es mir ist, über Sex zu sprechen.

Bev: Da hast du einen wichtigen Punkt berührt. Wir verstehen unter Selbstsicherheit meist die Fähigkeit, sich in Worten gewandt auszudrücken. Aber wenn es um Sex geht, ist nicht nur Reden, sondern auch Handeln wichtig. Es geht darum, daß man tut, was man als angenehm empfindet, sowohl was die Gebärden als auch was das Atmen, die Position oder die richtige Art der Stimulierung betrifft. Man muß genügend selbstsicher sein, um sich volle Befriedigung zu verschaffen. Und das bedarf nicht unbedingt der Worte.

Marie: Bob und mir ist es in unserer Ehe fast immer leichtgefallen, über Sex zu sprechen. Wir redeten viel darüber, was wir brauchten. Wir signalisierten einander durch Laute – «Mmmm» –, wenn etwas gut war. Oder wir benutzten Gesten, die dem anderen sagten: «Wunderbar.» Manchmal lagen wir nachher im Bett und redeten darüber, was wir besonders schön gefunden hatten oder was dem einen gefallen hatte, aber dem anderen nicht.

Wenn einer von uns beiden etwas Neues ausprobieren wollte, ließen wir uns davon nur abhalten, wenn es für den anderen schmerzhaft war. Manche unserer Experimente spielten wir nur verbal durch: «Das würde ich gern mal probieren. Was hältst du davon?» Auf diese Weise vergewisserten wir uns, wie der andere reagieren würde.

Bev: Ausgezeichnet. Du scheinst ein sehr gesundes Sexualleben zu haben.

Marie: Ja, es war beglückend. Aber als ich in die Wechseljahre kam, drückte das so auf meine Stimmung, daß manche Dinge, die mich vorher erregt hatten, nicht mehr wirkten. Ich glaube, das war mein persönliches Problem, denn meinen Freundinnen ist es nicht so ergangen. Ich war immer stolz darauf gewesen, daß ich Sex genießen konnte und gut im Bett war, aber als es auf diesem Gebiet nicht mehr klappte, bekam ich es mit der Angst zu tun. Ich hatte leicht reden, solange unsere sexuelle Beziehung gut war, aber als es damit bergab ging, mochte ich nicht darüber sprechen.

Der arme Bob war auch verunsichert und wußte nicht, was los war. Das war ein Gebiet, auf dem er sich gut auszukennen glaubte, aber jetzt gingen da Veränderungen vor. Wir sprachen nicht darüber, aber ich war auch frustriert. Ich erinnere mich, daß ich an einem sonnigen Morgen aufwachte und dachte: Das Leben macht einfach nicht mehr so viel Spaß wie früher.

Amanda: Scheußlich. Was hast du dann gemacht?

Marie: Ich habe mir gedacht: «Wenn das die nächsten dreißig Jahre so bleibt . . . um Gottes willen! Was soll ich bloß tun?» Ich wußte, daß ich nicht so weiterleben konnte.

Ich habe mit meiner S.T.-Gruppe darüber gesprochen. Dann ging ich nach Hause und sagte Bob, daß ich mit ihm ernsthaft reden müsse. Es war mir klargeworden, daß dieses Gespräch zwar schwierig sein würde, daß unser Schweigen aber noch fataler war. Und für mich stand eine Menge auf dem Spiel. Wir wählten für unsere Aussprache einen Zeitpunkt, an dem wir ungestört waren. Der Anfang war schwierig, aber sobald wir darauf zu sprechen kamen, was wir uns wünschten, was funktionieren könnte, was wir versuchen wollten . . . nun, wir redeten stundenlang, und dann landeten wir im Bett und . . . hm! Es hatte sich wirklich gelohnt!

Damit war das Eis gebrochen, und seit damals hat sich alles wieder normalisiert, und Sex ist wieder wunderschön.

Sandy: Das klingt ja großartig.

Bev: Lilly, es würde mich interessieren, ob du seit deiner Scheidung mit neuen Problemen konfrontiert bist.

Lilly: Nun ja, da ist natürlich das alte Klischee von der geschiedenen Frau, die von den Männern für unbefriedigt gehalten wird und von der sie annehmen: Sie wird mit mir ins Bett gehen, weil es keinen Grund gibt, weshalb sie es nicht tun sollte. Es schadet ja keinem. Ich habe bald gelernt, ohne Skrupel «nein» zu sagen, wenn ich keine Lust hatte.

Was mir jedoch viel schwererfällt, ist, Männern gegenüber die Initiative zu ergreifen. Plötzlich bin ich allein verantwortlich für meine sozialen und meine sexuellen Beziehungen. Wenn mir keiner die Tür einrennt, muß ich manchmal die Führung übernehmen, und das war nicht leicht. Manchmal habe ich Männern, die ich auf Parties kennenlernte, gesagt, daß ich sie gern wiedersehen würde.

Marie: Das ist prima!

Lilly: Ja, aber innerlich bin ich sehr unsicher bei dem Gedanken, daß sie «nein» sagen könnten. Ich muß mich ständig daran erinnern, daß ich ein Recht dazu habe – und daß sie das Recht haben, mir einen Korb zu geben.

Amanda: Mich hat das lange gestört, daß ich es nicht fertigbrachte, mich selbstsicher zu verhalten. Einmal beschloß ich, es meinem Freund gegenüber ernsthaft zu versuchen. Ich sagte: «Es fällt mir schwer, darüber zu sprechen, aber manchmal habe ich das Gefühl, daß du über unsere sexuelle Beziehung ganz allein bestimmst. Wir schlafen miteinander immer nur, wenn *du* es willst.» Er ist ein Morgenmensch, und ich bin ein Abendmensch. Abends schläft er ein und morgens, wenn ich schlafen will, weckt er mich auf.

Er hörte mir verständnisvoll zu, aber beim nächsten Mal verhielt er sich im Bett sehr passiv. Ich war nicht sicher weshalb, und ich fragte ihn nicht. Ich war verschreckt, aber ich wußte nicht, was ich tun sollte. Ich machte mir zu große Sorgen darüber, ob ich mich richtig anstellte, als daß ich es wirklich hätte genießen können.

Nachher sagte er zu mir: «Nun, diesmal habe ich dich bestimmen lassen. Wie fandest du es?» Ich hatte es scheußlich gefunden, aber das sagte ich ihm nicht.

Bev: Warum hast du es scheußlich gefunden?

Amanda: Ich mag nicht bestimmen, und ich wollte ihm sagen, daß *keiner* von uns beiden über den anderen bestimmen sollte.

Und ich war unglücklich, weil ich mich nicht getraute, darüber zu reden, auch nachher nicht. Ich war wütend auf mich selbst, weil ich etwas hätte sagen sollen. Obwohl wir einander vertrauen, scheut auch er vor Aussprachen zurück. Ich weiß, daß meine Reaktion vernunftwidrig war, aber wir haben beide Hemmungen, über Sex zu sprechen.

Bev: Versteht ihr euch außerhalb des Schlafzimmers gut?

Amanda: Ja.

Bev: Das läßt sich meistens relativ leicht auch aufs Schlafzimmer übertragen. Nicht immer, aber wenn die allgemeine Kommunikation schlecht ist, wirkt sich das meist auch im Schlafzimmer aus, wo die Menschen noch verletzbarer sind.

Marie: Amanda, ich habe den Eindruck, daß du den Anspruch, eine selbstsichere Frau zu sein, als Belastung empfindest. Zuerst hast du versucht, dich zu behaupten, und hast ihm gesagt, daß du es nicht magst, wenn er bestimmt. Aber dann hast du ihm nicht gesagt, was du willst und wie dir zumute war. Und schließlich hast du dich über dich selber geärgert, weil du dich nicht selbstsicher verhalten hast.

Amanda: Ja, ich glaube, ich baue mir da ein neues System von «müßte» und «sollte» auf. Ich mache mir die Selbstsicherheit zur Bürde, indem ich mir einbilde, es entweder perfekt hinkriegen zu müssen oder ein Versager zu sein.

Bev: Dadurch verdoppelt sich dein Mißbehagen: Du bist nicht nur mit dem Sex unzufrieden, sondern auch mit dir, weil du dich da nicht behaupten kannst.

Amanda: Ja, ich sehe jetzt, daß ich da einen Normenkatalog durch einen anderen ersetzt habe. Es ist eine Falle, ein weiteres unerreichbares Vorbild, dem ich nacheifere. Ich wünsche mir zwar, auf sexuellem Gebiet selbstsicherer zu werden, aber ich sollte mir nicht jedesmal Vorwürfe machen, wenn ich mein Ideal an Selbstsicherheit nicht erreiche.

Sandy: Ich habe die gleiche Erfahrung gemacht wie Amanda: Im

Bett gibt es keine Kommunikation; ich fühle mich da so allein wie in einer Menschenmenge. Obwohl es da angeblich diese ungeheure Gemeinsamkeit des Erlebens geben soll, ist es zuletzt doch immer mein einsames Privatvergnügen, obwohl ein zweiter Mensch dabei anwesend ist. Deshalb ist es eine doppelte Enttäuschung. Es ist *mein* Sex, nicht *unser* Sex. Ich empfinde vielleicht physische Befriedigung, aber das ist auch alles.

Bev: Dennoch muß es an einem bestimmten Punkt auch *dein* Sex sein, um deinetwillen, oder du hast keinen großen Lustgewinn. Dadurch wird der Partner nicht ausgeschaltet und die Schönheit der Beziehung nicht geschmälert. Du mußt dich ja auf deine eigenen körperlichen Empfindungen konzentrieren, um sie voll genießen zu können.

Sandy: Das ist mir schon klar. Aber das herkömmliche Ideal ist die vollkommene Übereinstimmung. Wenn wir nicht übereinstimmen, bleibt dieses Ideal unerreicht.

Bev: Aber du überträgst doch dein Vergnügen wortlos, und dein Partner spürt das und wird so einbezogen.

Sandy: Sicher, wenn das der Fall ist. Aber Amanda erwähnte, daß man manchmal schweigt, obwohl einen etwas stört und man darüber reden sollte. Dann läuft der Sex so weiter, aber man fühlt sich einsam dabei.

Marie: Damit sagst du, daß du bei jedem sexuellen Beisammensein Vollkommenheit erwartest. Das ist nicht möglich. Es gibt verschiedene Abstufungen. Vielleicht wird einer der beiden Partner abgelenkt, etwa durch ein Geräusch von draußen, während es den anderen nicht stört. Dieser hat aber das Recht auf Befriedigung.

Aber Sex muß nicht jedesmal für beide ein großartiges Erlebnis sein. Wenn du in deinen Erwartungen weniger fixiert wärst, könntest du entspannter sein. Du brauchst dich nicht aufzuregen und jedesmal die ganze Beziehung in Frage zu stellen, wenn's im Bett nicht hundertprozentig war.

Lilly: Das stimmt. Aber nachher könntest du sagen: «Das war nicht ganz das Richtige für mich.» Oder: «Ich hätte mir das und das gewünscht.» Zumindest darüber sprechen zu können, wäre schon eine Hilfe.

Amanda: Fällt es dir leichter, über das Positive zu sprechen?

Lilly: Ja. Ich finde es wichtig, daß wir darüber reden, was uns gefallen hat und warum, damit wir es wieder machen können.

Bev: Meiner Erfahrung nach fällt es manchen Leuten viel schwerer, über Positives als über Negatives zu sprechen.

Amanda: Oder wir äußern uns sehr allgemein – «Hm, das war schön» – statt ins Detail zu gehen, gerade was Sex betrifft.

Bev: Ich versuche, den Leuten beizubringen, so oft wie möglich «ja» zu sagen. «Nein» braucht man sehr selten zu sagen, denn es gibt Alternativen. Zum Beispiel, wenn der Mann Lust auf Sex bekundet und sie antwortet: «Ich habe einen schweren Tag gehabt und bin müde. Aber hättest du nicht Lust, mit mir unter die Dusche zu gehen?» Vielleicht geht er darauf ein, vielleicht auch nicht. Vielleicht sagt er: «Hm, lieber nicht. Aber vielleicht könntest du mir den Rücken massieren?» Auf diese Weise braucht niemand enttäuscht zu sein, und jeder hat ein bißchen Vergnügen. Eine einfache Sache, aber sie funktioniert.

Sandy: Der Ausdruck «die Verantwortung für das eigene Vergnügen übernehmen» klingt so einfach, wenn *du* das sagst.

Bev: Für die meisten von uns ist es wohl eine neuartige Vorstellung.

Amanda: Es beginnt mir zu dämmern – und das mag naiv klingen – daß Sex viel schöner für mich wäre, wenn ich selbst darum bitten würde. Es erscheint mir sehr viel aufregender zu wissen, was man will und es sich zu holen. So zu lieben wäre wundervoll!

Marie: Das ist bestimmt besser als zu meinen, man müßte für alles eine Antwort wissen oder immer das Richtige sagen. Laß dich einfach ein bißchen mehr gehen.

Amanda: Stellt euch bloß vor: Mit einem Mann ins Bett zu gehen, wenn man weiß, was man will, und ihn dazu aufzufordern. Das wäre sicher eine viel intensivere Erfahrung.

Sandy: Ja. Gleich gehe ich nach Hause und probiere es aus!

Lilly: Ich muß zugeben, daß ich mich zwar über die Einladung gefreut habe, heute hier über Selbstsicherheit und Sex zu diskutieren, aber daß ich auch nervös war. Selbst in einer Frauengruppe waren die alten Tabus noch für mich präsent. Aber ich bin froh, daß ich gekommen bin. Die Diskussion hat mir viel Stoff zum Nachdenken gegeben.

Man hat durch mehrere Generationen die Kinder beiderlei Geschlechts gelehrt, daß Sex ein tabuisiertes Thema ist. Diese mächtige Restriktion wirkt auch beim Erwachsenen weiter und beeinflußt die sexuellen Beziehungen. Sie hindert die Partner oft völlig daran, über Sex zu sprechen; tun sie es dennoch, dann in einer Atmosphäre der Befangenheit und Peinlichkeit. Speziell viele Frauen, die dazu erzogen wurden, sich passiv zu verhalten und den Männern die Führung zu überlassen, sind in sexuellen Dingen äußerst reserviert. Dies gilt für Feministinnen, die in den 70er Jahren erwachsen wurden, ebenso wie für ihre Mütter.

So zögern viele Frauen, ihren Partnern gegenüber Bitten zu äußern, seien sie negativer («Hör auf» – «Das tut weh») oder positiver («Das war wunderschön. Mach's noch einmal!») oder neutraler Art («Wie wäre es, wenn wir das versuchten?»). Und wenn die Frauen schon darüber sprechen, dann ist es ihnen peinlich, auf Einzelheiten einzugehen; nur vage und allgemeine Formulierungen erscheinen ihnen sicher.

Manche Blockierung der sexuellen Selbstsicherheit ist das Resultat irrationaler Annahmen (s. Kap. 6). Frauen lassen sich oft durch die Vorstellung hemmen, man werde sie ablehnen oder auslachen, wenn sie Bitten äußern oder die Initiative ergreifen. Ebenso hegen Frauen mitunter die falsche Auffassung, eine selbstsichere Frau sei weniger attraktiv als eine passive.

Tabus, irrationale Überzeugungen und Mythen tragen zu den Problemen der sexuellen Kommunikation bei. Obwohl nicht alle unsere sexuellen Probleme durch Selbstsicherheit gelöst werden können, schafft diese doch ein günstiges Klima für eine offenere Kommunikation. Sie verhilft uns auch zu der Erkenntnis, daß wir die Verantwortung für die Erfüllung unserer Wünsche übernehmen können, statt zu warten, bis unser Partner unsere sexuellen Bedürfnisse errät. Selbstsicherheit kann uns helfen, ehrlich miteinander umzugehen; sie kann uns ermutigen, neue Formen der Kommunikation zu riskieren, statt stumm zu leiden – oder unseren Partner leiden zu lassen.

Dr. Hotchner formulierte es so: «Wenn eine Frau selbstsicher wird und ihr Leben selbst in die Hand nimmt, fühlt sie sich stärker und zuversichtlicher. Die Folge ist, daß sie ihre Sexualität intensiver erlebt und daß ihre Beziehungen erfüllter werden. Ihre Selbstsicherheit auf sexuellem Gebiet greift oft auf andere Lebensbereiche über. Die

Kommunikation bessert sich generell, und gleichzeitig hört die Sexualität auf, nur vom Mann bestimmt zu sein – sie wird gemeinsam gestaltet.»

Worauf es letztlich ankommt, wenn sich Frauen für Selbstsicherheit entscheiden – sei es im sexuellen oder in einem anderen Bereich – ist, ob und wie sie diesen Entschluß in die Tat umsetzen.

13. Zurück auf die Schulbank, zurück in den Beruf

Vom Weiblichkeitswahn zur Selbstverwirklichung als Frau

Was geschieht mit der Frau, die mit dem Märchen vom Aschenbrödel großgezogen wurde und erwartet, «bis an ihr seliges Ende glücklich und zufrieden» zu leben? Früher beherrschte sie als Große Mutter die Frauenzeitschriften, die Werbung und die Familienkomödien. Die Große Mutter stand stets im Mittelpunkt des Geschehens. Sie war rastlos aktiv und energiegeladen, ihr Haar glänzte ebenso wie ihr Fußboden. Ihr Leben drehte sich um ihre bildschönen Kinder und ihren treusorgenden Gatten, der abends in die häusliche Idylle heimkehrte, wo dampfendes Essen, keimfreie Wohnung und harmonisches Familienleben auf ihn warteten.

Bei allen ihren Anstrengungen sollte die Frau stets lächeln und glücklich, zufrieden und erfüllt sein. Falls sie Augenblicke des Selbstzweifels hatte, behielt sie sie wahrscheinlich für sich. Wie hätte jemand, der sich in einer so beneidenswerten Lage wie sie befand, schließlich unzufrieden sein können? Und falls sie es dennoch riskierte, ihre Unzufriedenheit zu äußern, wurde sie darauf hingewiesen, wie sie ihren Tagesablauf besser organisieren könne, oder man brachte ihr Schuldgefühle bei, weil sie nicht bereit sei, die Verantwortung einer erwachsenen Frau zu übernehmen. Wenn sie erkannte, daß mit ihrer Welt etwas nicht ganz stimmte (ob sie dies nun aussprach oder nicht), fühlte sie sich allein und als Außenseiterin, weil sie solche Gefühle hatte.

Dieses Bild beginnt sich zu ändern. Ein neuer Frauentyp taucht auf: die intelligente Mutter, gleichermaßen top-fit in Haushalt und Beruf, mit gut angepaßten, liebevollen Kindern und großem Freundeskreis, der sie mit Liebe überhäuft und für Heiterkeit sorgt. Die Werbespots pflegen dieses neue Image, wenn sie etwa zeigen, wie die Mutter, eine promovierte Biochemikerin, von ihrer Arbeit im Labor nach Hause eilt, um ihren kraftstrotzenden Kindern ein nahrhaftes Getränk vorzusetzen, das diese dankbar hinunterschlucken.

Freilich: dies sind die Heldinnen des feministischen Mythos. Die Große Mutter ist nicht abgeschafft worden, über ihr strahlendes Image wurde lediglich das Bild einer Superfrau kopiert – immer noch lächelnd, immer noch mit der einen Hand einen makellosen Haushalt führend, während sie mit der anderen (fast) die Welt regiert. Die Rollenklischees des einen Mythos haben zu den Diktaten des anderen geführt. Wurden die Frauen auf Parties früher gefragt: «Wie viele Kinder haben Sie?», so lautet jetzt die Frage: «Was machen Sie?» Während man früher davon ausging, daß die Frau durch ihre Mutterschaft voll ausgefüllt sei, wird heute angenommen, daß sie einen Beruf ausübt. Tatsächlich wird die Antwort: «Ich bin zu Hause» oder «Ich bin nur eine Hausfrau» oft in entschuldigendem Tonfall vorgebracht und nicht selten mit einem kühlen «Ah», gefolgt von betretenem Schweigen, quittiert.

Die Frau, deren Leben von solchen Ideologien diktiert wird, seien sie feminin oder feministisch, sitzt in einem Käfig ihr aufgezwungener Erwartungen gefangen. Mag die Frau von heute auch versuchen, immer schneller in ihrer Tretmühle zu laufen und alle Ideale gleichzeitig zu verkörpern, sie hat dennoch häufig das Gefühl der Unzulänglichkeit und des Nichtgenügens. Ohne Zweifel ist dieses Image der «neuen Frau» von den eigentlichen Zielen des Feminismus weit entfernt, die darin bestehen, jede Frau zu befähigen, sich nach ihren eigenen Bedürfnissen zu entwickeln und die Erfüllung zu finden, welche ihrer Individualität am besten entspricht.

Selbstsicherheitstechniken können zur Überwindung der Klischees beider Ideologien beitragen. Sie können den Frauen helfen, ihr Selbst zu finden und auch den Mut aufzubringen, sie selbst zu sein statt eine Supermutter oder eine Superfrau. Eine Frau, die von ihren Rechten überzeugt ist und die Fähigkeit entwickelt, sie auszuüben, kann über die Grenzen hinauswachsen, die ihr sowohl die Ideologie der Feminität als auch des Feminismus auferlegen.

Die Frauen von heute sind oft auf der Suche nach einer neuen Identität, speziell wenn sie in die mittleren Jahre kommen und sich bewußt werden, daß ihre Kinder heranwachsen und aus dem Haus gehen. Ob sie je Supermütter waren oder nicht, sie stellen fest, daß sie aus ihrer Hauptrolle als Mutter herauswachsen. An diesem Punkt beginnen viele von ihnen, sich näher mit sich selbst zu beschäftigen, zu überprüfen, wer sie waren, wer sie sind und was sie sich für die ihnen verbleibenden Lebensjahre wünschen. Dies ist die Zeit des Übergangs und der Vorbereitung auf eine neue Rolle – nicht unbedingt die einer Superfrau, aber sehr wahrscheinlich die einer Lernenden oder Berufstätigen.

Ob wir uns die traditionellen weiblichen Rollen der Gattin und Mutter gewünscht haben oder nicht – falls wir auf nichts anderes vorbereitet worden sind, wird uns der Gedanke, etwas Neues zu versuchen, entweder bedrohlich oder aufregend erscheinen – oder beides zugleich. Falls sich unsere Sensibilität, Passivität und Fürsorglichkeit auf Kosten anderer Fähigkeiten entwickelt haben, werden wir das Gefühl haben, von unserer bisherigen Rolle nicht loszukommen. Wir fürchten uns vermutlich davor, die Sicherheit zugunsten der Herausforderung aufzugeben. Dies ist der Augenblick, in dem wir uns überlegen sollten, wie wir unser Selbstvertrauen und unsere Selbstsicherheit festigen können.

Der Entschluß zur Veränderung kann Probleme mit sich bringen. Obwohl wir als Supermütter durchaus imstande sein mögen, uns selbst zu behaupten, bedarf unser Selbstvertrauen oft einer gezielten Bestärkung, damit wir es schaffen, unsere Fähigkeiten in ein Studium, eine Berufsausbildung oder einen Beruf einzubringen.

Das Selbstsicherheitstraining gibt uns diese Bestärkung und Ermutigung. Es kann der im Übergangsstadium befindlichen Frau helfen, selbständiger zu werden und zu erkennen: «Auch ich habe Rechte, auch ich zähle.» Und es kann ihr helfen, spezifische Fähigkeiten zu entwickeln, die ihr in ihrer neuen Umgebung zustatten kommen werden.

Der Entschluß zur Veränderung: Ihre neue Selbstsicherheit kann dazu verhelfen

Das Verhaltensrepertoire, das wir durch das Selbstsicherheitstraining erworben haben, kann sich für eine Frau, die im Begriff ist, ihr Leben zu verändern, als äußerst wertvoll erweisen. Insbesondere kann es ihr helfen, sich in beruflichen oder ausbildungsbedingten Situationen zu behaupten, die praktischen, mit der Veränderung einhergehenden Probleme zu lösen und mit den möglichen negativen Reaktionen der anderen fertig zu werden.

Selbstzweifel

Der Slogan «Das Leben beginnt mit vierzig» mag für viele Frauen, die in Studienverzeichnissen, Stellenanzeigen oder Materialien der Berufsberatung nach etwas für sie Geeignetem suchen, hohl klingen. «Wie soll ich das je schaffen? Heute ist alles so viel komplizierter als damals, als ich das Abitur (oder einen anderen Schulabschluß) machte. Ich werde nie allen diesen Anforderungen genügen.» – «Ich habe mein Studium vor zwanzig Jahren abgebrochen. Die heutigen Abiturienten wissen so viel mehr als wir! Und die Konkurrenz ist so scharf. Wie kann ich mit ihnen Schritt halten?» – «Wer wird mich einstellen wollen, wenn er ein junges Ding kriegen kann?» – «Allein um meinen Haushalt in Gang zu halten, brauche ich jede Minute des Tages. Wie sollte ich mir eine zusätzliche Belastung aufbürden können?» – «Ich bin in Maschineschreiben und Steno aus der Übung.» – «Ich war schon in meiner Jugend nicht sehr gut in der Schule. Warum sollte es mir jetzt besser gehen?»

Diese typischen Selbstzweifel können sich in der Tat lähmend auswirken. Das Selbstsicherheitstraining kann uns helfen, diese Zweifel kritisch zu überprüfen und festzustellen, ob sie irrational sind oder nicht. Falls sie es sind, kann uns das helfen, von der Realität auszugehen. Vermutlich sind viele dieser Annahmen irrational, wenn sie sich auf eine Befürchtung konzentrieren und andere Faktoren außer acht lassen, zum Beispiel:

- Die Konkurrenzsituation an der Universität ist nicht an allen Instituten, in allen Fachbereichen und bei allen Professoren dieselbe. Wir müssen selbst Vergleiche anstellen.
- Betrachten wir die Jahre seit unserem Schulabschluß als vergeudet? Unterschätzen wir die Erfahrung, die wir als Mutter, Hausfrau und bei der Ausübung von ehrenamtlichen Tätigkeiten gesammelt haben? Ein gutgeführter Haushalt wird manchmal mit einem gutgeführten Unternehmen verglichen. Es lohnt sich, darüber nachzudenken.
- Obwohl es eine zusätzliche Aufgabe bedeutet, wenn wir zu einer Ausbildung oder in einen Beruf zurückkehren, bleiben uns man-

che Belastungen jüngerer Studentinnen oder Erwerbstätiger erspart, die sich allein durchschlagen oder mit einer neuen Partnerschaft oder einem Kleinkind zurechtkommen müssen. Selbst wenn es die Realität ist, daß wir älter und aus der Übung sind, können wir die Selbstsicherheitstechniken dazu benutzen, um unseren neuen Zielen näherzukommen.

Der erste Schritt zur Überwindung unserer Selbstzweifel wäre, alte Kenntnisse aufzufrischen, und bevor man sich's versieht, tritt Selbstvertrauen an die Stelle des Selbstzweifels. Unsere neu erworbene Selbstsicherheit kann uns in unserem Entschluß bestärken, auf die Schulbank oder in unseren Beruf zurückzukehren. Sie kann uns helfen, uns zur Vorbereitung darauf nach Kursen in Lese- und Lerntechnik umzusehen. Und sie wird uns helfen, unser Recht auf Information auszuüben, um festzustellen, welche Voraussetzungen wir für ein Stipendium oder für eine Umschulungsbeihilfe erfüllen müssen, und wo und wie wir uns darum bewerben können.

Die Lösung praktischer Probleme

Unsere Selbstsicherheit kann uns auch dabei helfen, Familie, Haushalt und unsere neuen Aufgaben unter einen Hut zu bringen, ohne ins Schleudern zu geraten. Obwohl die neuen Aufgaben mit unseren bisherigen, ohnehin nicht geringen Verpflichtungen in Einklang zu bringen sind, müssen wir dies nicht alles allein bewerkstelligen.

Wenn es beispielsweise darum geht, die Beaufsichtigung und den Transport der Kinder, gesellschaftliche Verpflichtungen und ein Studium miteinander zu vereinbaren, können die meisten von uns auf die Hilfe von Freunden und Verwandten zurückgreifen, wenn es auch nötig sein wird, selbstsicher aufzutreten, um diese zu erhalten.

- Wir können sie um Unterstützung bitten und einen Teil unserer Verpflichtungen an sie abtreten.
- Wir können lernen, kraft- und zeitraubende Bitten der anderen abzulehnen.
- Wir können uns nach öffentlichen und privaten Dienstleistungen wie Kindertagesstätten, Ganztagsschulen etc. umsehen, die uns einen Teil unserer Lasten abnehmen.

Mit negativen Reaktionen anderer fertig werden

Eine Menge Selbstsicherheit ist erforderlich, um mit den negativen Reaktionen unserer Umwelt fertig zu werden, wenn wir unseren Entschluß bekanntgeben, wieder in die Ausbildung oder in den Beruf zurückzukehren. Manche der folgenden Kommentare mögen Ihnen bekannt vorkommen:

1. «Gattin und Mutter sein ist die wichtigste Aufgabe, die eine Frau zu erfüllen hat, aber um sie gut zu erfüllen, muß sie sich ihr ganz widmen.»
2. «Ich verstehe nicht, warum du studieren/eine Ausbildung machen mußt, um dich selbst zu verwirklichen. Kannst du dich nicht mit anderen Dingen beschäftigen, ohne die ganze Familie in Mitleidenschaft zu ziehen?»
3. «Welches Recht hast du, herzugehen und einem Mann seinen Arbeitsplatz wegzunehmen, der ihn braucht, um seine Familie zu ernähren, speziell jetzt, wo es so viele Arbeitslose gibt? Dein Mann verdient schließlich nicht schlecht.»
4. «Wie bringst du es fertig, wegzugehen und deine Kinder im Stich zu lassen?»
5. «Einige meiner Freundinnen sind in den Beruf zurückgekehrt, und damit ist unsere Freundschaft in die Brüche gegangen. Sie haben sich völlig verändert.»
6. «Ich habe nichts dagegen, daß du studierst/Kurse machst, solange es nicht zu viele Unannehmlichkeiten mit sich bringt. Ich bin jedoch nicht bereit, im Haushalt mehr Arbeiten zu übernehmen. Schließlich bin ich derjenige, der das Geld nach Hause bringt.»

Manche dieser Äußerungen könnten einen Streit vom Zaun brechen, insbesondere, wenn sich derjenige, der sie gemacht hat, durch unseren Entschluß bedroht fühlt. Eine gute, selbstsichere Reaktion kann jedoch die Chance einer Aussprache eröffnen und einen Streit vermeiden helfen. Wir können unserem Partner signalisieren, daß wir ihn gehört bzw. verstanden haben und ihm dann unsere Gefühle mitteilen. Die folgenden Reaktionen mögen als Beispiele dienen:

1. «Ja, Gattin und Mutter sein ist sehr wichtig, aber meine Arbeit ist es nicht minder. Wir müssen uns künftig vielleicht mit mehr Staub auf dem Fußboden und weniger Feinschmecker-Mahlzeiten abfin-

den, aber es ist dennoch das Beste für mich, und es wird auch der übrigen Familie nicht schaden.»

2. «Ich weiß, daß du dir wegen meiner Familie Sorgen machst, ich übrigens auch. Wir sind eben dabei, eine neue Arbeitsteilung zu vereinbaren, denn ich bin an einem Punkt in meinem Leben angelangt, wo ich mir beweisen muß, wozu ich tauge.»

3. «Du hast recht, daß die Familienväter Vorrang haben, besonders bei der herrschenden Arbeitsknappheit. Aber ich bin nun einmal für diesen Beruf ausgebildet, ich habe dasselbe Recht darauf wie jeder andere mit meiner Qualifikation, und ich möchte versuchen, die Stelle zu bekommen.»

4. «Das ist eine berechtigte Frage. Ich habe vormittags einen guten Kindergarten für sie, und nachmittags wird sich Dan zeitweilig um sie kümmern können. Die Kinder sind gut versorgt – und wir brauchen das zusätzliche Einkommen, das ich verdiene.»

5. «Ich finde es gut, daß du mir sagst, daß dir das Sorgen macht. Ich glaube, wenn wir beide unsere Freundschaft aufrechterhalten wollen, wird uns das auch gelingen. Ich bin bereit, das meine dazu beizutragen. Du auch?»

6. «Ich weiß, und du hast immer gut für die Familie gesorgt. Aber ich habe das Recht, auf meine Weise Erfüllung zu finden. Außerdem, wenn ich jetzt eine Ausbildung mache, habe ich später die Chance, einen Job zu bekommen – und das wird auch für dich eine Entlastung bedeuten.»

Selbst wenn unsere Antworten den Gesprächspartner nicht von seinen Ansichten abbringen, können wir mit uns selbst zufriedener sein, weil wir offen und ehrlich unsere Meinung kundgetan haben und gleichzeitig das Recht des anderen auf seine Sicht der Dinge bestätigten. Das Selbstsicherheitstraining verhilft uns dazu, direkte Aussagen zu machen, ohne uns in die Defensive drängen zu lassen. Es vermittelt uns darüber hinaus die Erkenntnis, daß wir als Ehefrauen, als Mütter und als Menschen Rechte haben – einschließlich des Rechts, selbst zu bestimmen, was wichtig für uns ist, und des Rechts, ernstgenommen zu werden und uns für die negativen Reaktionen der anderen auf unsere Entscheidungen nicht verantwortlich fühlen zu müssen.

Selbstsicherheitstraining und die Arbeitswelt

Um einen Arbeitsplatz zu finden, müssen wir uns zunächst entscheiden, was wir tun wollen, und uns dann über den Stellenmarkt informieren. Wir werden kaum zu einem Job kommen, wenn wir dasitzen und warten, bis er uns in den Schoß fällt. Wir müssen uns alle verfügbaren Informationen verschaffen, mit Leuten sprechen, die in der uns interessierenden Branche arbeiten, wir müssen jedem erzählen, daß wir eine Stelle suchen, wir müssen Fragen stellen und überall die Stellenangebote lesen – und nochmals Fragen stellen.

Die ersten Stadien der Stellensuche sind oft langwierig und frustrierend. Wir werden uns an unsere Rechte erinnern und uns erneut fragen müssen, welche irrationalen Überzeugungen uns zurückhalten mögen. Wir haben das Recht, um Informationen und Termine für Vorstellungsgespräche zu ersuchen. Die anderen haben das Recht, unsere Bitten abzulehnen. Wenn wir uns aufdrängen, liegt es an ihnen, uns das zu sagen. Wir brauchen uns nicht den Kopf zu zerbrechen, ob wir Leuten ungelegen kommen oder dumme Fragen stellen; falls dem so ist, werden sie es uns sagen (vorausgesetzt, daß sie genügend selbstsicher sind).

Die nächste Phase der Stellensuche besteht aus den Vorstellungsgesprächen. Als wir die Personalchefin eines großen Unternehmens fragten, ob Selbstsicherheit für die berufstätige Frau von Vorteil sei, antwortete sie: «Ich bin ständig auf der Suche nach selbstsicheren Leuten. Unsere Firma stellt niemand in den Verkauf und die Verwaltung ein, der nicht selbstsicher auftreten kann.» Die Hand zum Gruß ausstrecken, Fragen stellen, das Wort ergreifen, das Gehalt aushandeln – alle diese Elemente des Einstellungsgesprächs verlangen Selbstsicherheit.

Es empfiehlt sich, vor solchen Terminen Entspannungsübungen zu machen oder mit einer Freundin Fragen – und Antworten auf vorhersehbare Fragen – durchzuspielen. Wir haben das Recht, um Informationen über die betreffende Stelle zu bitten: über Arbeitszeit, Pflichten, Bezahlung, Sonderzuwendungen, Aufstiegsmöglichkeiten. Die erwähnte Personalleiterin erzählte uns, daß sie schockiert gewesen sei, als sie einer Frau eine Stelle anbot und diese sie annahm, ohne sich über die Höhe des Gehalts zu erkundigen.

In einer unserer S.T.-Gruppen berichtete uns kürzlich Olivia, Meinungsforscherin mit Studienabschluß in Politologie, von ihren Bemühungen, eine Stelle zu finden, als sie und ihr Mann Washington verlassen hatten und in den Mittelwesten übergesiedelt waren. Olivia hatte im letzten Wahlkampf die Meinungsumfragen für einen Präsidentschaftskandidaten unter ihrer Regie gehabt, und sie besaß genaue Vorstellungen davon, in welcher Weise sich ihre Kenntnisse für die einzelnen Unternehmen verwerten lassen könnten.

Sie ließ sich von Mr. Kohlman, dem Direktor der größten Werbeagentur in ihrem neuen Wohnort, einen Termin für ein Vorstellungsgespräch geben. Sie erklärte ihm, wie sie sich ihre Tätigkeit vorstellte, und fügte hinzu: «Sie sind sich vielleicht nicht bewußt, daß mich Ihr Unternehmen brauchen kann. Ich bin jedoch davon überzeugt und bitte Sie, mir die Gelegenheit zu geben, es Ihnen zu beweisen.»

Mr. Kohlman hörte sie an und beschloß, ihr die Chance zu geben, als freie Mitarbeiterin für die Firma tätig zu werden. Olivias selbstsicheres Auftreten hatte sich bezahlt gemacht. Sie hatte zumindest «den Fuß in der Tür».

Während sie freiberuflich für diese Firma arbeitete, blieb sie mit dem Direktor in Verbindung, um sicher zu sein, daß er über ihre Leistungen informiert wurde. Nach sechs Monaten ständiger freier Mitarbeit sprach Olivia wieder bei Mr. Kohlman vor. Dieses Mal sagte sie: «Sie kennen inzwischen meine Arbeit, und Sie haben mir gesagt, daß Sie zufrieden damit sind. Ich bin Ihnen dankbar, daß Sie mir Gelegenheit gegeben haben, als freie Mitarbeiterin für Ihre Firma tätig zu sein, aber nun bin ich an einer festen Anstellung interessiert.» Olivia erzählte uns, daß sie Bedenken hatte, sich so direkt zu äußern, aber ihre Selbstsicherheit machte sich erneut bezahlt. Sie bekam eine Stelle angeboten und erhielt die Chance, eine eigene Abteilung aufzubauen.

In den vergangenen zwei Jahren hat sich ihr Mitarbeiterstab auf fünf Angestellte und achtzig teilzeitbeschäftigte Interviewer erweitert. Vor kurzem wurde Olivias Abteilung aus der Mutterfirma ausgegliedert und ist nun ein selbständiges Unternehmen, an dessen Spitze die 28jährige Olivia steht.

Eine ebenso ermutigende Geschichte wurde uns von Joan, einer 39jährigen Anwältin berichtet, die ein Jahr als Staatsanwältin gearbeitet hatte. Ihre Lage wurde kritisch, als ein neuer Generalstaatsanwalt gewählt wurde und sich rasch die Kunde verbreitete, er werde einige seiner bisherigen Mitarbeiter in sein neues Amt mitbringen. Da Joan erst ein Jahr amtierte, war ihre Stellung gefährdet. Ihr Kollege, der das gleiche Dienstalter aufwies, sah sich sofort nach der Wahl um eine neue Stelle um.

Joan war jedoch nicht gewillt, sich der politischen Tradition zu beugen, sofern dies den Verlust ihres Arbeitsplatzes bedeutete, sondern bereitete sich auf eine Konfrontation mit ihrem neuen Chef vor. Sie ließ sich von einigen der Behörden, für die sie gearbeitet hatte, den Wert ihrer Leistungen bescheinigen. Sobald sie diese Empfehlungsschreiben in der Hand hatte, sprach sie bei dem neuen Generalstaatsanwalt vor, wobei sie die Unterredung wie folgt eröffnete: «Ich möchte Ihnen gern darlegen, weshalb es ein Fehler wäre, mich zu entlassen. Zum einen möchte ich Ihnen einen Überblick geben, was ich im vergangenen Jahr gemacht habe, zum anderen möchte ich Ihnen sagen, was ich in den kommenden vier Jahren vorhabe.» Sie schilderte ihm daraufhin ihre Leistungen, ohne defensiv zu wirken und ohne ihre Kollegen herabzusetzen.

Der Generalstaatsanwalt hörte sie an, ohne seine Reaktion erkennen zu lassen. Wenige Tage später wurde sie offiziell in ihrem Amt bestätigt. Einige Monate danach sagte ihr Chef ihr, daß ihn ihr wohlüberlegtes, direktes Auftreten und ihr Wunsch, ihre Arbeit fortzusetzen, beeindruckt hätten. Deshalb habe er beschlossen, sie nicht abzulösen. Durch ihr selbstsicheres Verhalten hatte sie ihre Stellung gerettet.

Sobald wir einen Arbeitsplatz gefunden haben, kann uns ein selbstsicheres Verhaltensrepertoire auch helfen, mit unseren Kollegen auszukommen. Manchmal wird es nötig sein, Bitten abzulehnen; die ungerechtfertigte Alternative wäre, zu viele Aufgaben zu übernehmen und zuletzt keine wirklich gut zu bewältigen.

Eine erfahrene Chefsekretärin empfiehlt folgende selbstsichere Reaktion auf Versuche, uns allzuviel Arbeit aufzubürden: «Ich weiß, daß viel zu tun ist, Mr. Fields, aber ich bin im Augenblick überlastet. Sagen Sie mir, welche Dinge am dringlichsten sind, und ich werde sie als erstes erledigen.»

Es kann auch nötig sein, selbstsicher aufzutreten, wenn wir selbst Bitten äußern müssen: um Gehaltserhöhung, um freie Zeit, um eine Neuverteilung der Aufgaben, um eine Beförderung, um Material oder um Informationen. Vielleicht werden wir auch für unser Recht, ernstgenommen zu werden, eintreten müssen. Als der Chef einer Verkaufsleiterin sie bei einer Vorstandssitzung als «die hübscheste Bezirksleiterin, die ich habe» vorstellte, erwiderte sie: «Ich möchte nicht die hübscheste, sondern lieber die beste sein.» Wenn wir auf der Karriereleiter höherklimmen und über Macht zu verfügen beginnen, wird es ein Zeichen von Selbstsicherheit sein, unseren Untergebenen offen und direkt zu begegnen und sie zu ermutigen, sich uns gegenüber ebenso zu verhalten.

Rita war in ihrer Firma, einem technischen Unternehmen, in eine leitende Position befördert worden. In den ersten zwei Monaten wurde ihr klar, daß sie eine Aussprache mit John herbeiführen mußte, einem Ingenieur, der sich ständig verspätete – sowohl am Arbeitsplatz als auch bei der Fertigstellung von Projekten. Da sich John erfolglos um Ritas neue Position beworben hatte, war es eine besonders heikle Aufgabe, an ihm Kritik zu üben.

Vor der Unterredung mit ihm ging sie die Kontrolliste für Selbstsicherheit durch. Sie machte sich Mut, indem sie sich vor Augen hielt, daß sie auf Grund ihrer Stellung nicht nur berechtigt, sondern verpflichtet war, John zur Pünktlichkeit zu ermahnen. Wenn sie sich selbstunsicher verhielt oder sich auf erfolglose Weise zu behaupten suchte, würde sie – soviel war ihr klar – die Achtung vor sich selbst und den Respekt ihrer Mitarbeiter verlieren. Sie wußte auch, daß sie sich einen Kollegen, der für die Firma wertvoll war und mit dem sie weiterhin zusammenarbeiten mußte, nicht zum Feind machen wollte. Sie beschloß deshalb, bei dem Gespräch mit John folgende Ziele im Auge zu behalten:

1. Ich werde mich auf Johns Arbeitsrückstand und seine Unpünktlichkeit konzentrieren.

2. Ich werde ihm gut zuhören und zu verstehen versuchen, was er sagt und was er empfindet. Ich werde ihn wissen lassen, daß ich ihn gehört und verstanden habe.

3. Ich werde ihm meine Einstellung zu ihm klarmachen: ich schätze ihn als Mensch, ich finde seine Arbeit qualitativ gut und ich arbeite gern mit ihm zusammen. Vielleicht erwähne ich auch, daß ich über die Notwendigkeit dieser Unterredung nicht erbaut bin, aber . . .

4. Ich werde ihm mit dem nötigen Nachdruck sagen, was ich von ihm erwarte.

Rita erzählte uns, die Sache sei allein dadurch leichter für sie geworden, daß sie sich Ziele setzte und an ihre Befähigung glaubte, sie selbstsicher zu vertreten. Die Ergebnisse übertrafen ihre Erwartungen. Ihr Gespräch mit John verlief positiv und gab ihr das Gefühl, in seiner Achtung gestiegen zu sein. Und ihr Vertrauen in ihre Fähigkeit, mit dem neuen Job fertig zu werden, war ebenfalls gewachsen.

Roslyn, eine Angestellte der Universitätsverwaltung, schilderte uns ihre Erfahrungen in Zusammenhang mit ihrer Beförderung zum einzigen weiblichen Mitglied des Verwaltungsrats. «Ich machte eine ganze Reihe recht guter Vorschläge, wie mir schien», sagte sie. «Aber ich mußte feststellen, daß die Männer, sobald ich ausgeredet hatte, ihre Diskussion fortsetzten, als ob nichts geschehen sei. Zuerst nahm ich an, meine Ideen seien eben nicht gut genug gewesen.

Aber dann stellte sich heraus, daß einer der Männer später genau dasselbe sagte, was ich eben vorgebracht hatte, vielleicht mit etwas anderen Worten, und daß es dann als *die* Lösung gefeiert wurde. Die Männer fanden in der Runde stets offenes Gehör.

Wenn ich zu meinem Mann nach Hause kam, sagte ich oft zu ihm: ‹Ich scheine Kommunikationsschwierigkeiten zu haben.› Aber allmählich erkannte ich, daß dies nicht an mir lag, sondern daß die männlichen Mitglieder dieses Gremiums einfach taube Ohren für alles hatten, was aus dem Munde einer Frau kam.

Es wurde mir klar: Ich mußte erreichen, daß man meine Beiträge anerkannte, falls ich irgendeinen Einfluß gewinnen wollte. Bei der nächsten Konferenz meldete ich mich zu Wort und sagte: ‹Meine Herren, ich habe heute zwei Vorschläge gemacht, die keine Beachtung fanden. Später wurden sie von anderer Seite in anderen Worten wiederholt und begeistert aufgenommen. Ich möchte darauf hinweisen, weil dies nicht zum erstenmal geschieht und weil es mich stört.›»

Roslyn erzählte uns, daß die Ausschußmitglieder etwas befremdet über ihr selbstsicheres Auftreten waren, sie leugneten jedoch nicht, daß die angenommenen Anträge des Tages Neuformulierungen ihrer ursprünglichen Vorschläge waren. Schon bei der nächsten Besprechung fiel Roslyn auf, daß ihr die Männer aufmerksam zuhörten. Sie hatte das Gefühl, als ebenbürtig akzeptiert zu werden.

Die berufstätigen Frauen, mit denen wir über das Problem der Selbstsicherheit gesprochen haben, wiesen auf die Notwendigkeit hin, stets die damit verbundenen Risiken abzuschätzen. Sie werden sich hüten, um eine zusätzliche Woche Urlaub zu bitten, obwohl Sie

sie gerne hätten, wenn Sie wissen, daß Ihre Vorgängerin aus diesem Grund gefeuert wurde. Manchmal sind die Risiken der Selbstbehauptung einfach zu groß – Sie müssen das selbst beurteilen. Aber auch innerhalb der von der Machtstruktur gesetzten Grenzen können Sie Ihre eigene Macht meist vervielfachen, wenn Sie selbstsicher reagieren. Je selbstsicherer Sie auftreten, desto größer werden Ihr Selbstvertrauen und Ihr Verantwortungsbewußtsein sein und desto mehr Erfolg wird Ihnen beschieden sein.

Schlußfolgerungen

Wenn Sie, liebe Leserin, die Rolle der Ehefrau und Mutter mit der einer Studentin, Auszubildenden oder Berufstätigen vertauschen wollen, sollten Sie mit folgenden Schritten vorgehen:

1. Machen Sie sich Ihre eigene Einstellung zu Ihrer gegenwärtigen Rolle und zu der von Ihnen angestrebten möglichst klar bewußt. Welches sind Ihre kurz- und langfristigen Ziele? Wie wollen Sie in fünf, in zehn Jahren, bis an Ihr Lebensende leben? Wird Sie Ihre Rückkehr in die Berufsausbildung oder in den Beruf diesen Zielen näherbringen?

2. Überprüfen Sie, ob Ihre Erwartungen realistisch sind. Dazu ist es notwendig, sich alle verfügbaren Informationen über die in Frage kommenden Ausbildungsmöglichkeiten und Berufe zu beschaffen.

3. Frischen Sie Ihre Kenntnisse und Fertigkeiten auf. Bereiten Sie Ihre Familie und Ihre Freunde auf die geplanten Veränderungen vor, indem Sie mit ihnen über ihre gefühlsmäßigen Reaktionen auf Ihren Entschluß sprechen und indem Sie die praktische Seite der Probleme wie Neuverteilung der Hausarbeit, Versorgung der Kinder usw. regeln.

4. Handeln Sie selbstsicher und führen Sie Ihre Pläne aus! Melden Sie sich für die entsprechenden Lehrgänge an, suchen Sie sich eine Stelle!

5. Halten Sie an Ihrem Entschluß fest. Zweifel, Schwierigkeiten bei der Tageseinteilung, stärkere Belastungen der Familie, unvorhergesehene Probleme werden auftreten, wenn Sie alles auch noch so gründlich geplant haben. Manchmal wird es Ihnen leichter erschei-

nen, einfach aufzugeben. Aber bevor Sie die Dinge eine so dramatische Wende nehmen lassen, erwägen Sie die Alternativen. Was wollen Sie *wirklich?* Und was sind Sie zu tun bereit, um es zu bekommen – und zu behalten?

Ihre neuerworbene Selbstsicherheit kann Ihnen helfen, selbständige Entscheidungen zu treffen und sich darüber klarzuwerden, wer Sie sind und wer Sie sein wollen. Und das Selbstsicherheitstraining kann Ihnen helfen, die Fähigkeiten und die Kraft zu entwickeln, sich nicht in die Rolle einer von extremistischen Ideologien verherrlichten Supermutter oder Superfrau drängen zu lassen, sondern Sie selbst zu werden und zu bleiben.

Sie werden es schon schaffen

Wir sind vom Wert selbstsicheren Verhaltens überzeugt. Wir haben miterlebt, wie sich viele Frauen diese Verhaltensweise aneigneten und begannen, ihr Leben in die eigene Hand zu nehmen. Wir haben gesehen, wie sie wuchsen und sich gegenseitig Hilfen gaben. Es ist immer wieder aufregend, diese Entwicklungsprozesse mitzuerleben – die Teilnehmerinnen unserer S.T.-Grupppen sind davon stets ebenso begeistert wie wir. Sie wagen jetzt, Dinge in Angriff zu nehmen, die sie sich früher nie zugetraut hätten, und sie lernen, sich im Umgang mit sich selbst und anderen wohler zu fühlen.

Die Entwicklung selbstsicheren Verhaltens ist ein fortlaufender Prozeß. Ein Teil dieses Prozesses ist die Schärfung des Bewußtseins in bezug auf die Selbstblockierungen, eigenen Rechte und Verhaltensmuster. Zu diesem Prozeß gehört auch das Erproben und Üben neuer Verhaltensweisen. Es mag eine Weile dauern, bis Sie sich an diese so gewöhnt haben, daß Sie sich dabei wohl fühlen, aber vergessen Sie nicht: Sie haben das Recht, Fehler zu machen! Erproben Sie Ihr selbstsicheres Verhalten immer wieder und geben Sie sich dadurch die Chance, Fortschritte zu machen.

Die Autorinnen dieses Buches und die Teilnehmerinnen an ihren S.T.-Kursen haben die Erfahrung gemacht, daß selbstsicheres Verhalten eine positive Einstellung zur eigenen Person bewirkt. Selbstsicherheit ist natürlich kein Allheilmittel. Aber sie kann uns helfen, unsere Beziehungen untereinander zu verbessern, unsere Bedürfnisse zu befriedigen und uns selbst mehr zu mögen. Selbstsicherheit führt zu Selbstvertrauen, und Selbstvertrauen führt zu noch größerer Selbstsicherheit.

Frauen, die lernen, sich selbstsicher zu verhalten, eröffnen sich mehr Möglichkeiten ihrer Selbstverwirklichung, mehr Unabhängigkeit und Einfluß und letztlich mehr Kontrolle über ihr eigenes Schicksal.

Viele Frauen haben diesen Weg erfolgreich beschritten. Wir hoffen, er wird auch Sie Ihrem Ziel näherbringen.

Bücher zum Thema

Bach, George R. /Deutsch, Ronald M.: Pairing. Intimität und Offenheit in der Partnerschaft. Rowohlt Taschenbuch Verlag, Reinbek 1979

Beauvoir, Simone de: Das andere Geschlecht. Sitte und Sexus der Frau. Rowohlt Taschenbuch Verlag, Reinbek 1968

Chesler, Phyllis: Frauen – das verrückte Geschlecht? Rowohlt Taschenbuch Verlag, Reinbek 1977

Ellis, Albert: Die rational-emotive Therapie. Das innere Selbstgespräch bei seelischen Problemen und seiner Veränderung. Pfeiffer, München 1977

Friedan, Betty: Der Weiblichkeitswahn oder Die Selbstbefreiung der Frau. Ein Emanzipationskonzept. Rowohlt Taschenbuch Verlag, Reinbek 1970

Hennig, Margaret/Jardim, Anne: Frau und Karriere. Der Weg zur Spitze in einer männerbestimmten Arbeitswelt. Rowohlt Taschenbuch Verlag, Reinbek 1978

Mayo, Michael/Bloom, Martin/Pearlman, Joan: Effectiveness of Assertive Training for Women: A Report of a Questionnaire Study, 1975

O'Connor, Diane & Dick: Macht eure Männer zärtlicher. Liebevolle Ratschläge für ein neues Rollenverhalten. Rowohlt Taschenbuch Verlag, Reinbek 1979

O'Neill, Nena & George: Die offene Ehe. Konzept für einen neuen Typus der Monogamie. Rowohlt Taschenbuch Verlag, Reinbek 1975

Smith, Manuel D.: Sage nein ohne Skrupel. Techniken zur Stärkung der Selbstsicherheit. Rowohlt Taschenbuch Verlag, Reinbek 1979

Teegen, Frauke/Grundmann, Anke/Röhrs, Angelika: Sich ändern lernen. Anleitung zu Selbsterfahrung und Verhaltensmodifikation. Rowohlt Taschenbuch Verlag, Reinbek 1975

Unser Körper – Unser Leben. Our Bodies – Ourselves. Ein Handbuch von Frauen für Frauen in zwei Bänden. Rowohlt Taschenbuch Verlag, Reinbek (erscheint voraussichtlich Januar 1980).

Wagnerová, Alena K.: Mutter – Kind – Beruf. Praktischer Ratgeber. Rowohlt Taschenbuch Verlag, Reinbek 1976

Ehrenwirth Beratungsbücher

James L. Anderson / Martin Cohen
Fitness – Kondition durch Bewegung und Ernährung
224 Seiten mit zahlreichen Abb., Pbck. DM 22,–.

Dr. med. Bernard A. Bäker
Migräne und Kopfschmerzen sind heilbar
2. Auflage. 120 Seiten. Pbck. DM 19,80.

Eleanor Berman
Die aktive Familie
So hält die moderne Familie zusammen.
124 Seiten. Pbck. DM 19,80.

Lutz Bernau
Das Große Akupressur-Buch
Schmerzfrei ohne Tabletten.
Vorwort von Prof. Dr. med. Adolf-Ernst Meyer.
312 Seiten mit zahlreichen Abb. Pbck. DM 29,80.

Thérèse Bertherat/Carol Bernstein
Der entspannte Körper
Schlüssel zu Vitalität, Gesundheit und Selbstbestimmung
120 Seiten. Pbck. DM 19,80.

Lynn Caine
Auf sich gestellt
Wie eine Frau ihr Leben meistern kann.
124 Seiten. Pbck. DM 19,80.

Dr. Hermann Hirschfeld
Alles über Allergien
Verursacher, Behandlungsmethoden, Heilungsaussichten.
Fachärztliche Überarbeitung: Dr. med. I. Schindler.
132 Seiten. Pbck. DM 19,80.

Angela Kilmartin
Blasenentzündung
– Zystitis, Urethritis –
Anleitungen zur Selbsthilfe
168 Seiten mit zahlreichen Abb., Pbck. DM 22,–.

Mariann Kjellrup
Bewußt mit dem Körper leben
Spannungsausgleich durch Eutonie.
2. Aufl., 96 Seiten mit 100 Zeichnungen und einem ärztlichen Beitrag.
Pbck. DM 19,80.

Hiltrud Lodes
Atme richtig
Der Schlüssel zu Gesundheit und Ausgeglichenheit.
140 Seiten, zahlreiche Abbildungen.
Pbck. DM 19,80.

Jörg Müller
Körperliche Krankheiten und ihre seelischen Ursachen
148 Seiten mit Abbildungen.
Pbck. DM 19,80.

Dr. Ingeborg Schindler/ Dr. Isolde Bräckle/Brigitte Karch
Das Kochbuch für Allergiker
168 Seiten mit 8 Farbfotos.
Pbck. DM 24,80.

Chris Stadtlaender
Schönheit aus Blüten und Früchten
Kosmetika zum Selbermachen.
148 Seiten. Pbck. DM 19,80.

Elli Wolf
Keine Angst vorm Schulanfang
Wie Eltern helfen können
196 Seiten mit Abbildungen.
Pbck. DM 19,80.

Ehrenwirth Verlag München

Cheryl Benard
Edit Schlaffer

Die ganz gewöhnliche Gewalt in der Ehe
Texte zu einer Soziologie von Macht und Liebe
rororo aktuell 4358

Notizen über Besuche auf dem Land
Ein grauer Blick ins Grüne
rororo sachbuch 7462

Der Mann auf der Straße
Über das merkwürdige Verhalten von Männern
in ganz alltäglichen Situationen
rororo sachbuch 7305

Liebesgeschichten aus dem Patriarchat
Von der übermäßigen Bereitschaft der Frauen,
sich mit dem Vorhandenen zu arrangieren.
288 Seiten. Brosch.

Rowohlt

1087/1

rororo aktuell

rororo aktuell

Herausgegeben von Freimut Duve im Rowohlt Taschenbuch Verlag

Frauen aktuell

Herausgegeben von Susanne v. Paczensky

Baumgartner-Karabak, Andrea / Landesberger, Gisela
Die verkauften Bräute
Türkische Frauen zwischen Kreuzberg und Anatolien
(4268)

Benard, Cheryl / Schlaffer, Edit
Die ganz gewöhnliche Gewalt in der Ehe
Texte zu einer Soziologie von Macht und Liebe
(4358)

Bick, Martina
Warum sollen wir Dicken uns dünne machen?
Klage gegen den Schlankheitsterror
(4729)

Block, Irene / Enders, Uta / Müller, Susanne
Das unsichtbare Tagwerk
Mütter erforschen ihren Alltag
(4828)

Boßmann, Dieter
Mütterfeindlichkeit
Von der Schande, Kinder zu haben. Frauen berichten
(4539)

Brechmann, Theresia
Jede dritte Frau
Protokoll einer Vergewaltigung
(4930)

Edding, Cornelia
Jede kann helfen
Was tut eine Beratungsgruppe konkret? Ein Arbeitsbuch
(4434)

Egidi, Karin / Bürger, Gislind
Das Gefühl der Befriedigung
Was Sexualforscher nicht erfassen können, sagen die Frauen selbst
(4730)

Einsele, Helga / Rothe, Gisela
Frauen im Strafvollzug
(Arbeitstitel/4855 – in Vorbereitung)

Häusler, Ingrid
Kein Kind zum Vorzeigen?
Bericht über eine Behinderung
(4524)

Harrendorf, Julia
Vom Umgang mit dem Sozialstaat
Ein streitbarer Leitfaden
(4841)

Hering, Heide
Weibs-Bilder
Zeugnisse zum öffentlichen Ansehen der Frau. Ein häßliches Bilderbuch
(4536)

2003/1

rororo aktuell

Herausgegeben von Freimut Duve im Rowohlt Taschenbuch Verlag

Frauen aktuell

Herausgegeben von Susanne v. Paczensky

Janssen-Jurreit, Marielouise (Hg.)
Frauenprogramm – Gegen Diskriminierung
Gesetzgebung – Aktionspläne – Selbsthilfe. Ein Handbuch
(4426)

Jochimsen, Luc
Sozialismus als Männersache oder Kennen Sie «Bebels Frau»?
Seit 100 Jahren ohne Konsequenz
(4350)

Kaiser, Marianne (Hg.)
Wir wollen gleiche Löhne!
Dokumentation zum Kampf der 29 «Heinze»-Frauen
(4623)

Löw, Angelika
«Was wird aus uns, wenn keine sich wehrt?»
Kolumbien: Die alltäglichen Kämpfe der Frauen
(4853)

Mamozai, Martha
Herrenmenschen
Frauen im deutschen Kolonialismus
(4959)

Müller-Münch, Ingrid
Die Frauen von Majdanek
(Arbeitstitel/4948)

Novarra, Virginia
Vom Wert der weiblichen Arbeitskraft
(Arbeitstitel/4723 – in Vorbereitung)

Paczensky, Susanne v. (Hg.)
Frauen und Terror
Versuche, die Beteiligung von Frauen an Gewalttaten zu erklären
(4277)

Wir sind keine Mörderinnen!
Streitschrift gegen eine Einschüchterungskampagne
(4635)

Perincioli, Cristina
Die Frauen von Harrisburg
oder «Wir lassen uns die Angst nicht ausreden»
(4719)

Pro Familia Bremen (Hg.)
Wir wollen nicht mehr nach Holland fahren
Nach der Reform des § 218 – Betroffene Frauen ziehen Bilanz
(4272)

Randzio-Platz, Christa (Hg.)
Frauen und Frieden
(Arbeitstitel/5021)

Thiam, Awa
Die Stimme der schwarzen Frau
Vom Leid der Afrikanerinnen
(4840)

Thomas, Carmen (Hg.)
Die Hausfrauengruppe oder Wie elf Frauen sich selbst helfen
(4359)

Weiss, Ruth
Frauen gegen Apartheid
Zur Geschichte des politischen Widerstandes von Frauen
(4351)

Wiegmann, Barbelies
Ende der Hausfrauenehe
Plädoyer gegen eine trügerische Existenzgrundlage
(4530)

2003/1a